중부
유럽
경제사

중부
유럽
경제사

—

서양 문명의 변경에서
떠오르는 경제의 심장으로

양동휴 · 김영완 지음

미지북스

19세기 말에 서방세계에는 독일제국 형성(1871년)과 함께 '중부 유럽'의 성장을 경계하는 경향이 생겨나 서로 경쟁하는 과정에서 크게 충돌하기도 했다. 즉 유럽에는 개인의 자유 개념에 입각한 자유주의, 민주주의, 자본주의, 자유무역주의, 국제주의 등을 꽃피운 서유럽 이외에도 그런 역사가 별로 알려지지 않았거나 이를 대체하려는 다양한 유럽이 존재해왔다.

그런데도 그동안 우리말로 된 서양 경제사 서술은 주로 서유럽, 정확히는 영국 남부, 프랑스 북부, 라인 강 서쪽 독일 지역을 포함한 곳에 국한시켜, 봉건제와 장원제, 과학혁명, 계몽주의, 공업화만 교과서적으로 다루었다. 중부 유럽에서는 이런 현상이 많이 달랐거나 별로 나타나지 않았다. 하지만 유럽에 서유럽만 존재하는 것도 아니며 지역별 경제사적 결과도 많이 달랐으므로 이를 별도로 분

〈지도 1〉 중부 유럽(2010년)

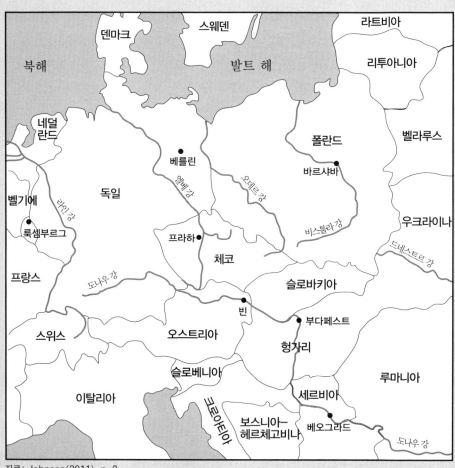

자료: Johnson(2011), p. 2

리하여 비교사적 관점에서 돌아볼 필요가 있다. 이는 유럽 각 지역의 공통점과 차이점, 지역별 독자성을 이해하고 나아가 유럽 전체를 이해하는 데도 유용하다. 중부 유럽의 경제사를 별도로 조망하는 의미가 여기에 있다.

중부 유럽을 서유럽, 동유럽, 남동 유럽과 구분짓는 기준은 첫째, 종교와 문화적 전통이다. 중부 유럽 대부분은 동방의 그리스정교와 대비되는 로마가톨릭을 수용했다. 또한 남동 유럽은 오랫동안 이슬람의 오스만제국 지배를 경험했다. 두 번째 기준은 중세 제국과 왕국의 경계다. 이 경계는 서쪽으로는 1500년경 신성로마제국, 남동쪽으로는 헝가리왕국, 동쪽으로는 폴란드-리투아니아를 포함하며, 시간적, 공간적으로 숱한 변천을 겪었다. 세 번째 특징은 오랜 세월에 걸친 다국적 제국과 다인종, 언어, 전통의 혼합 경험이다. 이처럼 정의된 중부 유럽은 경제적, 정치적으로 서유럽보다 성장이 느렸으나 19세기 말부터 그 속도가 빨라졌다(Johnson 2011, pp. 3~5. 〈지도1〉~〈지도4〉 참조).

책의 차례는 초기 독일 지역부터 시작하여 합스부르그 치하의 중부 유럽, 다음은 때를 맞추어 등장한 러시아 부분으로 구성했다. 러시아는 중부 유럽은 아니지만 역사적으로 유럽을 지향하려는 노력이 많이 있었을 뿐만 아니라 인접국으로서 중부 유럽과 잦은 접촉이 있어 양측 이해에 필요하고, 비교사적 시각의 필요에서도 포함시켰다. 중부 유럽이 각양각색이라서 뭉뚱그려 다루기에 어려움이 있지만 그간의 '교과서적' 서양 경제사에서 벗어나 서유럽의 독자성과 중부 유럽 나라들 간의 비교사 연구를 시도하는 데 도움이 되리라 믿는다. 원래 중부 유럽^{Mitteleuropa}의 범주에 들어가던 동부 독일, 헝가리, 체코, 폴란드는 냉전 시절 '동유럽'으로 지칭되었지만 이는 소련의 위성국 개념의 정치적 용어일 뿐 역사적인 자리매김은 아니며 냉전 이후로는 소멸된 용어라 할 수 있다.

내가 본격적으로 중부 유럽 경제사에 관심을 갖고 연구를 시작한 것은 훔볼트 재단의 지원을 받아 1994년부터 1995년, 또다시 2003년, 2005년 베를린에 장기 체류했던 시절로 거슬러 올라간다. 바이마르공화국 사회경제사, 나치 초기 경제 회복, 마셜플랜, 서독과 일본의 미군 점령기 비교연구 등에 관한 저술을 하면서 틈틈이 자료를 모았다. 베를린 시절에 오스트리아, 헝가리, 체코, 폴란드 등을 실제로 돌아다녀보았다. 이 책의 계기는 내가 '경제사 한 장면'이라는 제목으로 2009년 1월부터 2012년 7월까지 격월간지 『이머징 인베스터』에 기고한 글들이다. 전반적으로 그곳의 글을 바탕으로 수정과 대폭 보완작업을 했고, 19세기 이후의 독일(4~8장)은 거의 모두 새로 썼다. 독일 부분을 새로 쓸 때 일반적으로 누락되던 부분까지 빼지 않고 포함시키고자 노력했다. 새로 쓴 부분은 자연히 나머지와 글의 완급이 달라졌고 체제도 차이가 있지만 서로 연결 지어 이해할 필요가 있다는 생각에서 통합시켜 출간하기로 했다. 이 책을 통하여 일반 독자가 요즘 말로 이머징 마켓인 중부 유럽을 서유럽과의 비교사적 관점에서 짧은 시간에 이해하는 데 도움이 되리라 믿는다. 대부분의 개설서가 그렇듯이 인용한 내용을 주석 형태로 일일이 밝히지는 않았다. 다만 참고문헌 목록은 이 분야를 더 자세히 공부하고 싶은 분들에게 길잡이가 될 것이다.

이 책의 저술은 서울대학교 경제학부 발전기금의 지원을 받아 이루어졌음을 밝힌다. 또한 독일사를 전공한 김영완 박사의 기여도가 매우 컸으므로 김박사가 공저자가 되는 것이 마땅하다. 지금은 『글로벌 인베스터』로 바뀐 『이머징 인베스터』의 박덕건 편집장에게 감사한다. 상업성을 고려하지 않고 책 출간을 맡아준 미지북스 이지열 사장, 오영나 부장과 편집진에게도 고마움을 표한다.

2016년 2월 반포 남동서실에서

양동휴

1장

서유럽 문화적 요소들:
그리스-로마의 유산, 서유럽 봉건제, 절대왕정

중부 유럽은 10세기 이래 이어진 서유럽의 팽창, 식민화, 문화적 이식을 경험했다. 지정학적으로 서유럽의 영향을 많이 받았지만 경제사적, 정치적 결과는 서유럽과 많이 달랐다. 하층민의 생활만 비교해도 농노의 실질적 해방이 약 500년이나 차이 난다. 자본제 작동의 필수 요건인 법적 사유재산권 확립도 네덜란드나 영국은 17세기 후반인데, 중부 유럽은 19세기까지 지체되었다. 러시아는 사유재산권 개념 없이 서유럽의 특정 사상을 바탕으로 '사회주의혁명'을 겪었다. 뒤늦게 자본주의로의 '전환transition'을 시도하는 중이다.

서유럽과 중부 유럽

흔히 우리는 유럽과 서양 문명을 거의 동의어로 쓰지만, 사실 '서양'은 유럽의 일부인 서유럽을 가리키는 말이다. 서양은 서양^{Occident}이 아니라, 라인 강 서쪽$^{the\ West}$을 뜻한다. 고대 그리스 문화를 계승, 발전시킨 로마제국이 기울어갈 때, 로마는 게르만족의 이동과 침입을 결국 감당하지 못했다. 이어진 '무질서와 혼란의 시대'에 고대 그리스-로마 문명의 유산이 게르만적 요소와 혼합되었다. 이러한 혼합이 당시로서는 로마 문명적 요소(로마의 정치 이론과 행정 기술)를 간직하고 유일하게 살아남은 실체인 기독교에 의지하여 지중해 서부에서 라인 강 서쪽까지의 지역에서 새로운 문명을 싹틔웠다. 이것이 서양 문명이다.

무질서와 혼란의 시대에 서유럽은 여러 차례 외부로부터 유린당했다. 이후 서유럽은 이민족의 침입을 면한다. 이민족의 '침입'이 있었다 해도 그것은 서유럽의 변경을 스치는 정도였다. 서유럽이 내부 간 불화 말고는 외부의 공격이나 외부인에 의한 단절을 겪지 않은 채 정상적인 문화적, 사회적 발전이 가능했던 것은 분명 서유럽 문명의 기본 요소 가운데 하나다. 중부 유럽 대부분의 지역은 늦게까지 외부의 침입에 많이 시달렸다.

　서유럽은 10세기부터 팽창하기 시작한다. 서유럽인은 엘베 강 동쪽의 빈 땅이나 기존 원주민 지역을 개척, 이주하며 서유럽 문화를 이식하거나, 원주민을 흡수, 동화시켜갔다. 이 과정에서 서유럽 이외의 유럽에 고대 그리스-로마 문명의 유산이나 서유럽에 고유한 역사적 경험이 부분적으로 이식되었다. 혹은 서유럽 문화가 덜 알려졌거나 별로 알려지지 않기도 했다. 이에 따라 전형적인 서유럽 문명과 구분되는 역사가 이어졌다.

　그렇다면 서양(서유럽) 문명은 고대 그리스, 로마에게서 어떤 유산을 물려받았는가? 바꿔 말해, 중부 유럽에 덜 알려졌거나 결여된 고대 문화의 유산이 무엇이었는가?

고대 그리스: 개인의 자유
기원전 8세기부터 기원전 2세기 사이에 이루어진 고대 그리스의 역사적 발전은 정도와 다채로움의 면에서 이보다 2배 이상 긴 기간에 걸쳐 이루어진 서유럽의 발전에 필적한다.

경제 면에서 시장과 교환, 계획과 재분배, 두 유형 모두 고대 그리스에 기원을 두고 있다. 그리스인은 이를 거의 그들 스스로의 힘으로 최고 형태까지 발전시켰다. 기원전 4세기 말 아티카에서 시장을 통해 식량을 분배하는 관습이 생겨났다. 예컨대 아테네의 도공이 만든 항아리를 흑해로 수출하여 교환해온 곡물은 아테네인의 식량문제 해결에 기여했다. 이로써 아테네의 후생, 경제성장이 가능했다. 국가가 노심초사하여 빈곤 해결 정책이나 자선 행위를 의도적으로 실시하는 것이 아니라, 인간의 이윤 추구를 자연스럽게 인정함으로써 해결하는 방식이다. 마케도니아 계통 그리스인의 지배하에 있던 프톨레마이오스왕조의 이집트는 이보다 조금 늦게 시장이 없는 중앙집권적 계획경제 체계를 만들어냈다. 이집트에서는 고대 파라오 시대부터 계승된 축적과 재분배의 방법이 세련된 계획경제 차원으로 발전했다.

정신적으로 그리스인은 인간 정신을 집단의 정신 구조에 매몰된 형태로서가 아니라 '개인으로서의 인간'으로 의식하는 문화를 이룩했다. 무엇보다도 이는 고대 그리스비극의 주제와 여러 장면에서 잘 드러난다. 개인주의란 인간 행동의 근원이 전통이나 특정한 절대자가 부과한 덕목에 있는 것이 아니라, 개인 자신, 즉 자신의 욕구, 희망, 감정, 이념 가운데 있으며, 자신의 내면생활을 자기 스스로 결정한다는 생각을 말한다.

이러한 자기 발견은 외부 세계의 발견과 결부되어, 자아를 느끼고 의식하는 것이 타자를 느끼고 인정하는 것과 함께 성장했다. 이것은 기원전 6세기 철학의 경향과 관련된다. 나아가 그리스인은 자신과 다른 존재, 우주의 물리적 측면, 사물의 기본 성질 등에 특별한 관심을 보였다. 이로부터 과학적 자연관을 발전시켰다. 이 철학자들은 비판적 논쟁에 의거해서 사고한다는 새로운 전통을 창시했다. 이것은 개성화된 정신의 중요한 징후였다. 그리스인은 진리란 각기 독립적 존재인 개인 사상가 간의 논쟁과 비판을 통해서 도달되는 것이라고 생각했다. 비판적 방법은 고도의 개인적 자유를 전제하는 것이었다. 이로써 그리스인은 자신의 정신이 지닌 힘을 신뢰하고, 상투적 사고방식으로부터 자유로워질 수 있게 되었다.

기원전 6세기 말에 출현한 도시국가는 이러한 개인주의 문명에 상응한 정치 질서였다. 드라콘, 솔론, 클레이스테네스의 개혁이 이를 웅변한다. 이들은 범죄행위에 대한 책임을 범죄자가 속한 집단에게 묻는 것이 아니라 범죄를 저지른 개인 당사자로 축소하고자 노력했다. 또한 가문 차별을 재산 차별로 대치하여 개인화를 촉진했다. 집단 소유지를 억제하고, 지참금 관련 법규, 상속권, 유증의 자유를 법적으로 규제하여 토지를 집단 소유에서 풀어놓았다. 가부장적 권위를 제한함으로써 개인의 자유를 고양시켰고, 개혁을 통해 그리스 문화는 전통적인 부족phratra 제도를 합리적인 민회demos로 대치시켰다. 부족사회의 전통적 속박에서 벗어나 해방된 개인끼리의 협력에 토대를 둔 새로운 형식의 사회조직이 출현한 것이다.

한마디로 고대 그리스인은 '개인의 자유' 이념을 탄생시켰고, 자유를 '법 아래서의 자유' 혹은 '법이 왕이 되는 상황'으로 인식했다.

고대 로마: 로마법

페르시아전쟁 후 그리스 문화는 절정에 도달했다. 알렉산드로스 대왕이 그리스 문화를 오리엔트 세계에 전파하여 헬레니즘 문화가 탄생했다. 이를 바탕으로 로마는 다시 고대의 여러 문화를 종합하여 지중해 문명을 이룩했다.

로마는 그리스인이 발전시킨 시장, 계획 양쪽 방식의 영향을 모두 받았다. 처음에 로마인은 그리스인의 교역과 주화 사용, 남부 이탈리아인이 행하던 은행 업무, 부기 관행 등을 계승했다. 나중에는 저장소와 현물 계산에 기초를 둔 프톨레마이오스식 재분배 방법이 로마제국의 행정, 재정적 재편성 방법에 영향을 미쳤다. 로마의 전 역사를 보면, 먼저 공화제 말기에 상업이 절정에 달하고 교환 기술이 고도로 발달하다가 마침내 재분배적 실물경제로 복귀하여 시장 소멸에 이르는 경로를 거쳤다.

문화 면에서 고대 로마인 키케로, 리비우스, 아우렐리우스는 그리스인의 자유 이념이 로마에서 재생하는 데 기여했다. 특히 로마 사람들은 사적 소유 개념을 엄격히 해석하는 데 집중하여 개인주의적 사법을 유럽에 전달했다. 유스티니아누스 시대에 명문화한 이 법은 통치 권력을 제한시키는 개념과도 연결되었다. 로마법의 우월성은 절대적 소유권 개념, 형평의 원칙, 증거주의, 전문적 직업 법관을 강조한 데 있다.

로마 민법은 공화정 말엽에 통일성을 갖추었다. 로마법은 사적 시민끼리의 계약, 교환관계 규율에 주안점을 두어 매매, 고용, 임대, 상속, 담보의 경제적 거래와 결혼, 유언 등 가족 관계 관련 문제를 정교하게 다루었다. 즉 공법, 형법이 아니라 재산 관계 소송을 다루는 민법이 발달했다. 공화정의 법학자들은 개개의 상업적, 사회적 교류행위 분석에 적용할 계약 유형을 안출하여 민법 체계를 출현시켰다.

로마에서 상품 교환경제가 성장함에 따라 후기 공화정 때 상법이 등장했다. 로마 상법은 로마 시민권에 기초한 소유권 개념을 창안하고 무제한적(절대적) 사유재산 개념을 도출했다. 로마인은 특히 노예 소유권 부문을 중요하게 다뤘다. 로마인은 중세의 조건부 토지 보유가 아니라 무제한적 사유재산 개념을 만들었으며 이는 근대 이후 서유럽에서 사유재산제도와 자본주의 발생에 기여했다.

로마인이 세운 정치적 절대권의 원칙도 로마가 유럽 문화에 남긴 중요한 유산이다. 로마인은 전제정 이래 공식적으로 황제권의 절대성을 확립한 법을 세웠다(정치적 절대권^{imperium}). 그 의미는 다음과 같다.

도시국가 시절 로마에서는 혈통귀족 신분이 국가 최고 행정관직을 제도적으로 독점했다. 이들은 토지를 겸병하여 빚을 진 가난한 자유농민을 노예로 만들고 공유지를 사유화하는 한편, 하층민의 물질적 욕구를 잠재우기 위해 공공의 곡물 배급 방식을 도입했다. 도시국가에서 제국으로 이행하던 무렵, 혈통귀족 신분은 통치를 맡는 통일된 지배계급을 형성했다. 로마 귀족이 속주를 통치하는 과정에서 속주는 속주로서만 로마 공동체에 법적으로 통합되었다. 즉 로마 귀족은 속주에 배타적이었다. 이 배타적 특권 때문에 속주들은 원로원 관직에 진출하거나 권력의 심장부로 들어가지 못했다.

이런 상황에서 이탈리아 토착 향신층은 안토니우스와 옥타비아누스가 대결한 악티움해전 때 옥타비아누스 휘하에 모였다. 동방주의를 표방하는 안토니우스 진영에 대항하여 옥타비아누스 쪽은 이탈리아 전통과 그 특권의 수호자를 자처했다. 양측이 벌인 세 차례 내전에서 승자는 매번 서방을 통제하는 측이었다. 동방에 근거를 둔 측은 부와 자원이 훨씬 풍부했는데도 싸움에서 졌다. 새로운 패권자 아우구스투스(옥타비아누스)는 후기 공화정 내의 불만과 각 분파 세력을 통일하고 황제의 절대권을 확립했다. 훗날 서유럽이 권력 세분화 상태의 봉건시대 이후 절대국가를 형성하는 시기에, 로마 황제의 이 정치적 절대권 개념은 왕들의 중앙집권화를 위한 중요한 법적 기초를 제공하게 될 것이었다.

로마의 지중해권 정복이 갖는 역사적 의의는 무엇인가. 그리스의 생산은 로마처럼 대규모가 아니었다. 또한 그리스인의 정치 방식은 폴리스를 다스리고 지배하기는 했으나, 로마처럼 다른 지역을 그리스에 통합시키지는 못했다. 헬레니즘 문명에서도 노예제 농업은 뿌리내리지 못했다. 로마 공화정은 대토지 소유와 대규모 노예제 생산방식을 대대적, 조직적으로 결합시켜 광대한 대토지를 운영하는 능력을 보였다. 로마 문명은 18세기 이전에 성취된 문명 가운데 최고 수준이었다.

이러한 최고의 문명이 3세기 말 인플레이션으로 기울기 시작했다는 주장은 틀린 말이 아니다. 로마제국은 그리스를 추종하여 계속 가격통제를 시행했다. 처음에 가격통제는 시장가격 이하로 내려가는 수준이 아니었으므로 별 문제가 되지 않았다. 인플레이션이 시작될 무렵, 디오클레티아누스는 황제의 유일무이한 재정 수단인 통화의 품질 저하 방식을 적극적으로 썼다. 로마 정부는 주화 발행 때 점점 더 많은 동을 은에 섞었다. 그 바람에 통화량이 증가했고 물가가 상승했다. 로마 황제들은 가격통제만 강행한 것이 아니라 값을 올리려는 자들에 대해 사형도 불사할 정도였다. 그러나 당국이 허용한 가격이 인플레이션에 의해 형성될 여러 상품의 잠재가격을 밑돌았기 때문에, 그 손해를 감당하면서 공급할 생산자가 없었다.

그 결과 도시에서 식료품 공급이 더욱 감퇴했다. 도시 거주자가 시골로 이동하는 것을 금지한 법률에도 불구하고, 먹을 것이 없어 굶주리는 사람들은 도시를 떠나 농사일로 돌아갈 수밖에 없었다. 분업의 문제점과 시장가격에 미치는 인플레이션의 영향 등을 해석할 분석 도구를 개발하지 못한 로마인은 이런 현상을 이해할 수 없었다. 시장이 사라진 도시에서 도시의 장인도 버틸 수 없었다. 분업이 시들해지고 도시들이 몰락해갔다. 결국 자급자족적 장원villa이 출현했으며 이것은 중세 장원의 한 기원이 되었다.

4세기 초 제국의 동부를 제외하고는 진정한 대도시가 사라졌다. 수도도 제국의 내륙에 위치한 로마에서 항구 콘스탄티노플로 이전했다. 수출 중심지도 지중해 동부에만 집중되고, 로마제국 내륙 쪽의 상업은 점차 위축되었다. 제국의 재정 부담은 증가하고 로마의 인구는 감소했으며 게르만족이 로마 영내를 넘보기 시작했다. 게르만족이 3세기에 최초로 로마 국경 지대를 공략한 후 남쪽으로 밀고 들어왔을 때 로마제국은 1세기 반 동안은 여전히 이들을 제지할 수 있었다. 그러나 이 때문에 재정과 군사력을 소진했고 게르만족에게 점점 밀렸다. 5세기 초에 제국의 서부 전체가 게르만왕국으로 변해버렸다. 이제 로마 세계는 동부 쪽으로만 축소되었고 로마제국의 경계와 기독교 세계의 경계가 일치하지 않게 되었다. 게르만족이 로마제국 영내에 들이닥쳐 이 일대가 한동안 황폐해지기는 했으나, 게르만족에게는 로마제국을 파괴할 의사나 능력이 없었다. 게르만족은 수준 높은 로마 문명을 누리고 싶어했다. 이 과정에서 로마적 요소의 게르만화가 일어났다.

서유럽 봉건제의 독자성:
대의제와 근대적 국민국가 탄생으로 이어질 계약 이념

서유럽 봉건제는 언제 생겨났는가. 로마제국이 게르만족의 침입을 감당하지 못하고 서부가 무너졌다. 한동안 무질서와 혼란의 시대를 거쳐 지중해 서쪽부터 라인 강 서안에 걸쳐 새로운 정치 질서, 즉 서유럽 봉건제가 자리 잡았다. 당시는 인적 교류와 화폐유통이 너무 위축되어 봉급제 관료층이 유지될 수 없었고, 사람들의 기억은 짧은데 낡은 사회는 격렬하게 무너져버려 정규적인 카스트가 엄격하게 형성될 수 없었다. 봉건사회는 사람들이 직접 오관으로 감지할 수 있는 것과 주변 가까이의 것에 의존하고 집착하는 심성을 전제로 한 사회였다.

혈족 집단의 보호와 국가조직이 무너졌으니 사람들은, 예컨대 자유농민층은 자발적으로라도 자유를 버리고 우선 당장 가까운 데서 힘센 보호자를 찾아야 했다. 사람들은 점차 땅에 결박된 농노로 변해갔다. 이 사실만 보더라도 역사적으로 인류가 반드시 해방을 향한 발걸음만을 내디뎌왔다고 볼 수 없다. 시장이 소멸하고 일반적으로 봉급제가 불가능해지자 봉사 보유지(즉 봉토) 제도가 채택되었다. 사회가 불안하여 전문적인 전사 계급이 사회의 우월한 위치를 차지했다. 전사 계급 내에서는 보호와 복종의 유대 관계인 가신제가 통용되었다. 이러한 봉건적 유대 관계는 불충분한 혈연적 유대를 대체한 인위적 친족 관계였다. 봉건적 관계에서 개인은 고대 그리스 문명의 개인처럼 스스로 자기 인격의 주인이 되기가 매우 어려웠다. 르네상스 시기 이전 중세 서유럽 문명에서, 또한 정도의 차이는 있으나 그 한참 이후까지도, 인간은 그가 어느 신분에 속했는가, 어느 종족, 단체, 조합의 구성원인가로서만 간주되었다.

봉건제는 중앙집권적 국가와 대립되는 개념이다. 그렇지만 서유럽 봉건시대 사람들의 기억 속에서 국가 관념이 완전히 사라진 것은 아니었다. 국가가 무기력해지고 권력의 세분화가 더욱 진행되는 와중에서도 친족 집단과 국가적 요소가 어느 정도 잔존했다. 그러다가 이 요소들은 봉건시대 후기에 새로운 활력을 찾기 시작했다. 이는 서유럽 봉건제의 중요한 특징 가운데 하나다.

봉건화는 서유럽 안에서도 같은 정도로, 같은 리듬으로 진행되지 않았다. 또한 서유럽 어느 곳에서도 봉건제의 모든 요소를 고스란히 갖춘 봉건제가 존재한 적도 없었다. 대체로 봉건화는 자생적 봉건제 지역(오늘날의 프랑스)보다는 이식된 지역(잉글랜드와 남부 이탈리아)에서 정도와 규칙이 철저했으며, 다른 지역에 비해 잉글랜드에서는 왕권도 상대적으로 강했다. 나머지 지역에서는 불규칙하고 때로는 드물게 나타나기도 했다. 또한 봉토만 존재한 것이 아니라 자유 토지도 도처에 흩어져 있었다.

장원은 교역과 화폐유통이 부진하고 국가 공권력이 미미한 가운데, 땅에 비해 노동력이 귀하고, 개인에게는 유력자의 보호라도 필요한 시절의 사회경제적 제도였다. 역사적으로 장원제가 일정 시기 동안 봉건사회에 상응했던 것은 사실이지만, 봉건제가 장원제의 결과로서 생긴 제도라고 말할 수는 없다. 그런 주장은 역사적 사실에 기초한 것이 아니다.

장원의 경작지에는 영주 직영지와 농민 보유지가 있는데, 영주 직영지의 경작은 농민이 제공하는 부역으로 이루어졌다. 장원 농민의 대다수인 농노는 토지에 결박되어 이동의 자유가 없었다. 장원의 영주가 바뀌면 농노는 장원과 더불어 새 영주에게 예속되었다. 농노는 부자유 신분을 표시하는 인두세를 납부했고, 예컨대 혼인의 자유도 제한받았다. 장원의 영주권은 경제 논리와 상관없이 작동했다. 영주권 가운데는 여러 가지가 있으나 가장 핵심적인 것이 영주 재판권으로, 농노를 부자유 신분으로 묶어두고 농민을 토지에 결박시키는 권리였다. 또한 영주는 본질상 국가 공권에 속하는 화폐 주조권 같은 권한도 가졌다. 그래서 장원제는 영주제라고도 한다.

장원에는 이러한 영주제적인 면과 구분되는 공동체적 규제와 권리도 존재했다. 이는 농업기술 수준이 낮았던 시절, 농업 소출 실패의 위험부담을 줄이기 위한 방편이기도 했다. 경작지에 심는 곡식의 종류, 파종과 수확 시기 등이 전체적으로 정해져 있었다. 장원제 하에서는 경작 방식의 특성상 농민은 물론이고 영주라 하더라도 독자적이고 개별적인 농업경영이 불가능했다. 봉건사회의 정치 영역에서 개인이 스스로 자기 인격의 주인이 되기가 매우 어려운 것에 부합하기라도 하듯, 장원의 공동체적 규제나 관습 역시 원칙적으로 개인의 자발성, 창조성, 자유경쟁을 배제하는 것이었다.

흔히 봉건제와 장원제(영주제)는 동일시된다. 장원제가 전사 집단인 봉건 지배층의 토지 경영 방식이긴 했다. 하지만 장원제는 봉건제보다 기원이 더 앞섰으며, 봉건제보다 훨씬 늦게까지 잔존했다. 예컨대 프랑스혁명 때 사람들이 봉건제 타파를 선언하면서 가장 우선하여 공격하려 한 것은 실은 농촌 장원제였다. 봉건제는 이미 오래전에 사라졌다. 전문용어의 건전성을 지키기 위해서 봉건제와 장원제, 두 개념을 분명히 구분하는 것이 중요하다.

서유럽 봉건시대의 전문적 전사 계급은 그다음 시대에 군사적 봉사를 조건으로 한 조건부 토지 소유와 개별적 사법권을 누리는 귀족 계급으로 이어졌다. 봉封의 보급은 귀족 계급 내부에 신분적 불평등과 계약의 상호성을 동시에 간직하는 유대를 형성했다. 자기네에 대한 명칭도 관직 귀족 계급에 맞서 '칼을 찬 귀족(대검 귀족)'으로 호칭되기를 고집했다. 대검 귀족 계급의 이런 감정은 다른 문명에서는 찾아보기 힘들다. 다른 한편으로, 서유럽 나라들마다 양상이 조금씩 다르긴 했으나, 예컨대 프랑스 귀족 계급은 군사적 소명을 구실 삼아 재정적 이권을 끌어내는 것을 정당화했다. 즉 귀족 신분은 나라를 지키는 군무로 인해 전쟁 위험에 노출되어 있으므로 타유세稅를 물 필요가 없다고 주장했다. 또한 일찍이 1215년에 영국 귀족들의 왕에 대한 요구 사항을 담은 '마그나 카르타'는 '왕이라 하더라도 귀족의 동의 없이 함부로 자금을 염출하지 못한다'는 문구를 명시한 바 있다.

서유럽 가신의 신종선서: 진정한 계약
서유럽에서 통용되던 가신의 신종선서는 진정한 계약이자 쌍무적이었다. 영주(혹은 상급자)는 자신의 계약상 의무를 위반하는 경우 가신(하급자)에 대한 권리를 잃었다. 가신이 여러 주인을 섬길 수 있었기 때문에 이런 일이 가능했다. 이런 모습은 서유럽 봉건제 지역에만 있었다.

　봉건제가 사라질 무렵, 쌍무적 계약의 신종선서가 통용되던 곳에서는, 예컨대 잉글랜드에서 '의회', 프랑스에서 '삼부회', 독일에서 '신분제의회', 스페인에서 '코르테스' 같은 대의제 제도가 서로 약속이라도 한 듯이 등장했다. 중층적 조건부 소유 체계, 권력에 대해 구속력을 행사할 수 있는 협약의 관념 등이 정치의 영역으로 옮아가, 못된(계약을 이행하지 않거나 하급자를 보호하지 못하는) 상급자는 내친다는 '저항권' 개념과 대의제 제도로 구체화된 것이다. 따라서 미약한 사람에게는 서유럽 봉건제가 분명 가혹한 제도였다 해도, 권력에 대해 구속력을 행사할 수 있는 메커니즘의 중요함에 관한 유산을 남겼다. 권력은 분산되어 있어야 한다며 삼권분립을 강조한 몽테스키외가 봉건제는 세계사의 보편적 현상이 아니라 서유럽에서 단 한 번 일어난 사건이었다고 주장한 것 역시 서유럽 봉건제의 이 같은 독자성에 근거를 둔 것으로 보인다.

서유럽에서 봉건시대의 권력 분산 상태는 자치 상업도시와 독립된 보편 교회의 성장도 가능하게 했다. 이는 다음 시기에 귀족, 성직자에 더해 점차 도시민까지 포함하는 대의제 제도로 발전했다. 이들의 기본 전제는 봉건 서열의 맨 위에 있는 군주가 자신의 종주권을 넘어서는 행동을 할 때는 집단적 동의가 필요하다는 것이었다. 애초에 발생 당시부터 이질적인 두 요소(로마적 요소와 게르만적 요소)가 서로 갈등하면서 생긴 서유럽 봉건제는 외부로 확산되는 경향이 있어서, 매우 복잡한 왕조와 희미한 국가 모습의proto-national 모자이크를 만들어냈다. 중세에 교회의 자율을 허용할 수밖에 없었던 점, 대의제를 출현하게 한 요인 등은 서유럽 봉건제의 독자성과 국제적 성격을 표현한다.

또한 서유럽 봉건제에는 그리스, 로마 문명과의 연결 사슬이 존재했다. 로마법이 서유럽에서 12세기부터 부활, 연구되기 시작하여 르네상스 시기, 즉 절대왕정이 등장하는 시기에 결정적으로 수용된다. 경제적인 면에서 로마 민법의 부활은 토지의 조건부 보유가 절대적 사유권으로 이행하는 움직임, 상업의 발달 등에 부응하는 것이었다. 이는 도시와 농촌의 자유로운 자본 성장에 도움이 되었고 서유럽에서 자본제 출현에 필수적이었다. 로마 민법의 탁월성은 절대적, 무제한적 사적 소유 개념에 있었고, 따라서 로마법은 조건부 토지 보유가 지배적이던 봉건사회에서는 사장되어 있을 수밖에 없었다. 중세 상업도시에서 자생적으로 발전한 상법도 있었다. 이는 로마의 선례보다 한 걸음 앞서긴 했지만, 통일적인 법 이론 및 절차라는 면에서는 로마법에 훨씬 뒤졌다. 이외에 앞에서 말한 대로 로마법의 우월성은 형평의 원칙, 증거주의, 전문적 직업 법관의 강조 면에서 두드러졌다.

일본 봉건제?

일본도 봉건시대 이래의 서유럽 문명처럼 외부 침입으로 인한 문화적 단절을 겪지 않았다. 그런 면에서 일본은 서유럽과 역사적 공통점이 있다. 또한 일본에도 서유럽 봉건제와 유사한 제도가 있었다고들 한다. 하지만 서유럽 봉건제에서는 가신이 여러 주인을 섬길 수 있었기 때문에 하급자와 상급자 간에 신분적으로 불평등한 관계에서도 계약의 상호성이 유지될 수 있었다. 이에 반해 '사무라이는 두 주인을 섬기지 않는다'는 일본의 주군과 가신 관계에서는 주군에 대한 가신의 복종 의무가 서유럽 봉건제에 비해 훨씬 더 일방적이었다. 또한 서유럽 군주와 달리 천황의 신적 권력은 신종선서로 구축된 체제 바깥에 있었다. 그래서였는지 일본 봉건제에서는 대의제 제도나 절대왕정 체제 같은 것이 전혀 생겨나지 않았다. 문화적으로도 일본에는 고대 그리스, 로마 문화의 중요한 유산인 개인의 자유, 무제한적인 사적 소유권 개념 같은 것도 없었다. 서유럽 르네상스에 비견할 만한 과학, 법률, 철학, 정치, 경제 이론 등도 발달하지 않았다.

절대왕정은 전적으로 유럽적인 현상

14, 15세기에 유럽은 장기적인 경제 침체 위기를 맞았다. 이때 서유럽 경제 위기의 여파는 중, 동부 유럽 지역의 식민화 작업의 중단과 인구 감소로 이어졌다. 서유럽에서 곡물 수요가 감소하자 곡물 가격이 하락했다. 이로 인해 동유럽 경제도 타격을 받았다. 영주의 화폐 수입도 줄고 기근, 흑사병, 전쟁 등이 빈발했다. 폴란드, 보헤미아, 헝가리 등에서 강력했던 왕정은 15세기 무렵이면 대부분 붕괴했다. 농민에 대한 영주의 압박은 커졌다. 러시아에서도 끊임없는 내란과 약탈로 농업이 파괴되고 폐촌 현상이 나타났다.

15세기 중엽부터 서유럽에서는 상업도시가 위기 극복의 힘이 되었다. 서유럽 도시들에서 일어난 일련의 기술 진보, 즉 금은 분리법, 환금작물 생산의 증대, 청동제 대포, 인쇄술, 조선술 혁신 등, 서유럽 르네상스의 토대가 된 이들 기술혁신은 모두 15세기 후반에 몰려 있다. 중세적 철학과 우주관, 즉 중세 신학자들이 아리스토텔레스의 사고를 기독교 교리와 조화시키느라 우주와 자연을 사실과 다르게 가둬놓은 틀에서 벗어나려는 조짐도 이미 나타나고 있었다. 르네상스 인문주의, 인문학이란 구체적으로 중세 신학의 틀에서 벗어나, 한동안 중단되었던 고대 문화를 회복하고 이으려는 태도, 사고방식, 과학이란 뜻이다.

1470년 무렵 영국, 프랑스 등에서 농업 불황이 타개되었으며, 나라마다 정치적 주권이 재확립된 것도 이 시기다. 14, 15세기의 서유럽이 겪은 사회, 경제적 위기는 16세기에 절대왕정 출현으로 귀결되었다. 절대왕정 역시 전적으로 서유럽적 현상이었다. 절대왕정이 다른 전제정과 다른 점은 절대군주의 정치 지배력 증대가 귀족의 토지 소유권을 위협한 게 아니라 사유재산권의 보호와 증대를 가져왔다는 점이다.

　정치적인 면에서 로마법의 부활은 절대왕정 시대 왕권의 권력 집중 노력과 관련된다. 서유럽 나라들의 절대왕정은 고대 로마제국의 고정된 영토적 통일과 중앙 집중적인 행정을 이상으로 삼았다. 이를 위한 최대의 무기가 로마법이었다. 일찍이 모든 제약에서 벗어난 절대권을 확립한 교황권 역시 로마법을 활용한 것이었다. 교황의 이러한 절대권이야말로 서유럽 절대왕정의 모범이었을 뿐만 아니라, 신흥 왕국의 중추적 관리들도 바로 교황청의 교회법 전문가 출신이었다. 로마법 개념에 물든 이들 법률 관료는 각국의 절대왕정 초기에 왕권 강화에 정력적으로 기여했다. 서유럽 절대왕정의 '절대'란 무제한적 독재란 뜻이 아니다. 그것은 중세 권력의 분산 상태와 비교해볼 때 영토 내에 존재하는 그 어느 세력보다도 왕이 더 강하다는 뜻이었다. 절대왕정의 지배자는 영토 내에서 사법 당국, 제도, 이익 그룹과 경쟁하고 영토 내 종교적 분파를 성공적으로 다스릴 수 있어야 했다. 그러기 위해 왕은 전적으로 왕에게 종속되는 관료 집단과 상비군을 갖춰 무력을 독점하는 것이 필수적이었다. 관료의 충원 배경은 다양할지언정 관료는 왕이 임명하고 왕에게만 책임을 지는 경력 관리로 구성되었다. 절대군주의 권력과 성공의 열쇠는 재정 문제 해결에 있었다. 중세의 왕들은 필요할 때마다 귀족과 협상하여 재정 지원을 받았으나, 절대왕정이 창출한 새로운 관료제는 왕의 이해관계에 맞춰 나라 경제생활의 방향을 결정하고 세금을 올리거나 세입을 늘릴 방안을 고안했다.

절대왕정 시대 정치사상의 중심 과제는 주권과 국가이성의 문제였다. 국가이성이란 국가가 국가의 존립과 발전을 위해 가지는 욕구를 말한다. 이는 경우에 따라 국가 내에서 다른 모든 이해관계보다 앞선다. 이를 일찍이 간파한 사람은 마키아벨리였다. 보댕^{Jean Bodin} 역시 주권을 '법의 구속을 받지 않는, 또한 어떤 상위자도 인정하지 않는, 국가에서의 최고의 권력'이라고 규정하고, 그 내용으로 입법권, 군대 유지권, 전쟁 및 평화 체결권, 최고 사법권, 과세권, 화폐 주조권 등을 열거했다. 보댕은 이러한 주권은 당연히 군주가 행사해야 한다고 주장하여 당시 형성 과정에 있던 절대왕정을 옹호했다. 이후 정치사상은 왕권신수설, 이보다 좀더 합리적으로 왕권의 절대성을 주장한 홉스를 거쳐, 절대왕정을 무너뜨린 명예혁명을 정당화하며 의회 중심의 입헌정치^{constitutionalism} 시대를 연 로크의 사상으로 이어졌다. 이와 함께 절대왕정과 그 이후 시대의 경제이론과 정책들도 성장했다.

중, 동부 유럽에는 도시가 별로 발달하지 못했다. 즉 도시 부르주아가 성장하지 못했다. 몇몇 소수의 도시는 농업 위축에 대처할 여력이 별로 없었다. 인구가 줄어 노동력이 매우 부족했으므로 토지귀족이 대영지를 경영하기 위해서는 그나마 도시의 자치가 먼저 말

살되어야 했다. 15, 16세기에 농민의 이동 금지와 도주 농민에 대한 추적과 체벌 강화, 부역 증대 등, 서유럽에서는 이미 오래전에 사라진 농노제가 강화되기 시작했다. 중, 동부 유럽은 봉건화 과정이 불완전했다. 상업도시의 성장이 미미하여 도시 부르주아적 요소나 고대 문화유산이 부활할 여지가 별로 없었다. 이런 상태에서 절대왕정이 서유럽의 군사적 압박에 대처하기 위한 수단으로서 뒤늦게 형성되었다.

오스만제국은 이와 더욱더 대조된다. 터키는 유럽의 남동부를 500년이나 차지하고 있었으면서도 유럽의 사회, 정치 제도에 동화되지 않은 채 머물러 있었다. 터키는 관료제가 독재적이었다. 상비군은 지배자가 임의로 다루었다. 서유럽의 군주권은 신민의 인격과 재산을 존중한 반면, 터키 황제는 신민에 대해 무제한적 지배를 행사했다. 터키에서 술탄(왕)은 토지 재산을 사법적으로 독점했고, 사회적으로 세습 귀족도 없었다. 터키의 오스만제국, 인도의 무굴제국에서는 토지 사유가 인정되지 않았으며, 이것이 전제정치의 기반이 되었다. 토지 소유의 불확실성은 경작 포기로 이어졌다. 이로 인한 농촌의 황폐는 예컨대 루이 14세 치하의 비옥한 농촌과 매우 대조되었다.

2장

독일의 중세와 근대 초기

1050~1400년부터 1871년까지 독일의 역사는 한 국가의 역사national history라기보다 지역사regional history다. 왜 신성로마제국 독일은 수많은 독립적인 공국principality 체제로 옮아갔는가? 그 가운데 브란덴부르그-프로이센은 독일 지역 내에서도 후진적인 지역이었으나 절대왕정 시대에 유럽의 강국으로 부상한다. 그리고 19세기 산업혁명 시대에는 독일 통일을 주도하고 거대한 산업자본주의 국가를 창출한다. 어떻게 이런 일이 일어났을까?

카롤링거왕국의 경제적 고립

지중해를 제국 내 호수로 취급할 정도로 세계를 주름잡던 광대한 로마제국이 무너진 후, 한동안 '무질서와 혼란의 시대'를 거쳐 그 일부 지역에서 탄생한 프랑크왕국. 이곳에서 카롤링거왕조가 시작될 무렵 이 나라는 이제 지중해 무역의 혜택으로부터 완전히 끈 떨어진 바가지 신세였다. 샤를마뉴 이후 외국시장이 없는 고립된 나라가 되어 심각한 경기 침체와 함께 상업과 화폐유통도 사라져갔다. 이것은 공적 권위의 무력함을 초래한 한 원인으로 작용했다. 돈이 없어 공무원에게 보수를 지급할 수 없게 되자 사람들에게 공권력을 인식시킬 수 없게 된 것이다.

재정 기반은 토지를 장악한 층으로 넘어가고 있었다. 화폐는 있다고 해도 쓸 데가 없어 먼지만 잔뜩 뒤집어쓰거나 녹여져 성상聖像 등으로 둔갑하기까지 했다. 국가 골격이 무너지고 있었다. 이제 사람들은 보호받기 위해 스스로 자유를 버리고서라도 새로운 보호자를 찾아야 했다. 대개 이들은 아주 지독한 자의적 지배의 희생자로 전락해갔다. 자신들이 당한 피해를 호소하기 위해 국왕에게 진정서를 제출해본들 이미 서로 단절된 지 오래되어 통하지 않는 지역방언 때문에 법정에서 서로 뜻을 이해시키기조차 못하고 마는 지경이 되었다.

신성로마제국

10세기 이곳 동부에서 공작령(바이에른, 작센, 슈바벤, 튀링겐, 로트링겐)이 마자르족이나 슬라브족의 침입을 방어하는 부대로서 등장했다. 이미 샤를마뉴 시절에 4개 주교구(마인츠, 트리에, 쾰른, 잘츠부르그)가 있었고, 함부르그-브레멘은 스칸디나비아 선교활동을 목적으로 세워졌다. 마그데부르그는 오토 1세$^{Otto I}$(재위 936~973년)가 슬라브족의 기독교화를 위해 조성한 곳이었다. 오토 1세는 마자르족의 위협을 최종적으로 물리치며 영웅으로 떠올라 신성로마제국^{das} $^{Heilige\ Römische\ Reich}$(여러 왕국을 거느렸던 제국으로, 잉글랜드나 프랑스 같은 국민국가 개념과는 구분된다)을 세우고 모든 제후의 동의를 얻어 제위에 올랐다. 이 즉위를 계기로 제국에서는 '선거제'가 공식화되었다.

하지만 제국이 너무 넓어 그 혼자서는 다스리기 어려웠다. 제국 내에서 황제가 귀족*과 권력을 분담하는 일종의 허약한 정치적 연

---

* 제후(princes), 공작(dukes), 대주교(archbishops), 후작(margraves), 백작(counts), 주교(bishops).

합체가 발전했다. 그는 샤를마뉴 전통의 계승자를 자처하면서 무정부 상태를 종식시키기 위해 교회에 의존했다. 역사적 의미에서 보았을 때, 교회는 로마제국의 정치 이론과 행정 기술을 간직한 채 '무질서와 혼란의 시대'(암흑시대)를 살아남은 유일한 실체였다. 오토 1세는 독일과 이탈리아 교회의 지지도 확보했다. 한편 북부 이탈리아 도시들에서는 서서히 상업 발달의 조짐이 나타나기 시작했다. 이 지역의 경제적 중요성은 훗날 두고두고 교황과 신성로마제국 황제가 벌이는 분쟁의 한 단서가 되었다.

서임권투쟁

분쟁은 먼저 교황과 왕들 간의 서임권투쟁으로 표출되었다. 왜 성직 임명권이 문제인가? 일단 나라 행정에 읽고 쓸 줄 아는 사람이 필요했기 때문이다. 11세기에 그런 능력을 갖춘 사람은 성직자밖에 없었다. 그래서 세속 왕들은 성직자를 관료로 선발(서임)했다. 성직자의 보수는 교회가 지급했으므로 이 관행은 세속 정부의 재정에도 유리했다. 이처럼 세속의 권위와 교회의 권위는 한동안 뒤섞였다. 그러다가 이에 관해 예전부터 있어온 교회와 세속의 권위 간에 의견 불일치가 점점 더 부각되었다(11세기). 애초에 그것은 교회 내 지도 체제의 개혁에서 비롯되었다. 개혁하려면 교회가 세속의 권위와 분리되어야 하며, 세상을 기독교화하기 위해서는 중앙 집중적 교황 지도 체제가 확립되어야 한다는 목소리가 커졌다.

　로마에서 우수한 교육을 받은 추기경 힐데브란트는 교황(그레고리우스 7세)이 된 후, 국왕의 서임권(세속의 성직 임명) 행사에 반대하는 법령을 선포했다(1075년). 세속 왕들은 모두 이에 반발했다. 그

중에서도 신성로마제국 황제 하인리히 4세의 저항이 가장 거셌다. 교황이 이 제국 황제에게 대관식을 해주고 있어서 그 둘의 관계는 다른 나라 왕들과의 관계와 좀 달랐던 것이다. 이탈리아 일부의 영토와 주교를 통제하던 황제와 교황 양쪽 모두 이탈리아 북부에 대한 권리를 주장했다. 황제에게서 서품을 받은 성직자들은 교황에 대한 충성 서약을 철회했다(1076년). 교황은 그들을 파문하고 황제직을 정직시켰다. 황제에게 복종하고 싶어하지 않았던 유력자들은 내심 이 싸움을 기뻐했다. 신성로마제국(독일)에서 성직자들은 황제를, 세속 대귀족들은 교황을 지지하는 지경이 되었다.

권력의 세분화

길고 긴 싸움은 교황의 승리로 끝났다(1122년). 이들이 싸우는 동안, 제국(독일)의 대가문들은 자기 땅을 지키기 위해 성곽을 구축하고 이를 군사적 거점이나 주변 영지를 다스리는 행정 중심지로 삼았다. 기존의 카운티 관직, 재판권 등도 장악했다. 기사들과는 강력한 봉건적 결속을 맺어 그들의 복종을 강화했다. 자유민이든 누구든 일반인은 갈수록 예속인 지위(농노)로 떨어졌다. 서임권투쟁의 결과, 제국은 어떤 세속 정치조직보다도 훨씬 약해졌다. 이제 프랑크왕국의 후예인 서유럽이 하나의 종교적 단위(기독교 세계)일 수는 있으나 더는 통일된 정치적 단위가 아니라는 사실이 명백해졌다. 수많은 왕국과 공국들은 각각 개별적인 전체로 취급될 수밖에 없었다. 서유럽에 다국가 체제를 향한 토대가 마련된 것이다. 세속 통치자들은 이제 통치에 대한 책임을 교회와 공유할 수 없게 되었으므로, 종전부터 있어왔던 카운티 법정 등을 장악하고 법률 및 사법제도를 새로운 방식으로 개선하고 발달시켜야만 했다. 이것은 서유럽 일대에 봉건제가 널리 퍼지도록 하는 한편, 훗날 국가가 건설되는 데 도움이 되었다.

호엔슈타우펜가의 황제들

이쯤 해서 프리드리히 바르바로사(재위 1152~1190년, 남서부 독일의 호엔슈타우펜왕조) 얘기로 넘어가자. 새로 선출된 프리드리히는 제국 정비를 위해 황제와 지역 간의 연계 업무를 담당하는 대리인 ministerial 제도를 도입했다. 또한 갈등을 조장하거나 평화를 깨뜨리는 자에 대한 처벌을 강화하고 사법 체계도 진전시켰다.

북부 이탈리아 도시들이 번성하자(11~12세기) 프리드리히는 "신성로마제국 황제"란 칭호를 다시 썼고, 로마법을 들먹이면서 이 도시들에 눈독을 들였다. 황제는 수차례 이탈리아 원정을 단행함으로써(1154~1188년) 기펠코 교황과의 충돌을 초래했다. 이탈리아 도시들은 교황과 동맹을 맺고 프리드리히에 대항했고, 레냐노전투에서 제국 군대에 승리했다(1176년). 이 전투는 도시의 보병대가 무장한 봉건 기사에게 승리한 최초의 전투였다. 황제는 북부 이탈리아 도시들의 자치를 인정해야만 했다.

그의 후계자들이라도 신성로마제국을 잘 다지고자 했으면 좋았을 텐데, 이들 역시 온통 이탈리아에 관심을 쏟으며 교황과 계속 충돌했다. 끝내 독일과 이탈리아는 갈라섰다. 두 지역 모두 정치적 분열이 지속되었다. 프리드리히 2세(재위 1212~1250년)에 이르러 독일의 황제권은 결정적으로 쇠퇴했고, 그의 사망 후 호엔슈타우펜가도 종말을 고했다.

한동안 독일에는 '황제 없는 시대'가 이어졌다(1256~1273년). 이후 황제 자리는 이 왕가에서 저 왕가로 전전했다. 그러다가 7명의 선제후Kurfürsten(마인츠, 트리에, 쾰른의 대주교, 작센 공, 팔츠 백, 브란덴부르그 변경 백, 보헤미아 왕)가 황제를 선출하게 되었다(황금문서die Goldene Bulle, 1356년, 제국의 기본법). 결과적으로 선제후는 다른 제후들보다 지위가 높아졌다. 선제후는 거의 완전한 주권 군주로서 제국의 전반적인 문제를 다루는 역할도 했다. 이후 황제 자리는 룩셈부르그가를 거쳐 오스트리아의 합스부르그왕가에 정착했다. 황제 자리는 신성로마제국이 소멸할 때까지(1806년) 거의 세습적으로 계승되었으나 독일 전체를 통합하는 구심점은 되지 못했다.

상업의 부활과 상업도시의 발달

독일에서 도시 발생의 여부와 정도, 해당 도시와 기존 봉건 질서가 조합하는 양상은 이후 그 지역 발전의 유형을 결정하는 한 요인이 되었다. 이것은 유럽의 다른 나라들에도 해당한다. 독일 도시의 기원, 형성, 발전에 관해서는 다음 장에서 더 자세히 논하기로 한다.

상업이 사라졌던 서유럽에서 상업이 부활하면서 도시 그룹이 형성되었고, 이것이 농촌의 경제 질서를 어지럽히기 시작했다. 예전의 소규모 시장이 갖는 수요는 너무 빤해서 판에 박은 듯한 생산방식에서 벗어날 각성이 없었다. 그러다가 구매력이 증가하고 시장에서 뭔가를 팔 수 있다는 보장을 얻게 된 때가 왔다(11세기). 이제 사람들은 묵혀둔 땅을 경작하고 개간했다. 그 땅은 그런 사람에게 이득을 주는 땅으로 변했다. 열심히 일할수록 더욱 안락한 생활을 누릴 기회도 생겼다. 이런 곳의 농민은 자기네가 그렇게도 오래 결박되어 있던 땅에서 점차 분리되어 이제 부역이 아닌 자유노동을 할 수 있게 되었다. 상업의 길목에서 멀리 떨어진 지역 이외에서는 전형적인 농노가 자취를 감추기 시작했다. 상업도시가 많이 생긴 곳일수록 그 소멸 속도도 빨랐다. 예를 들어 플랑드르 같은 곳에서는 13세기 초 이후 농노가 거의 남아 있지 않았다.

예전에는 토지 아닌 다른 형태의 부가 없었다. 이 부는 그 소유자에게 개인적 자유, 사회적 특권, 모두를 확보해주었다. 즉 '기도하는 사람'(성직자)과 '싸우는 사람'(귀족)의 특권적 지위를 보장해주었다. 토지를 독점한 그들은 '일하는 사람'(농민)의 노동으로 살았고, 대부분 사람이 농노 신분인 것은 이러한 사회조직의 당연한 소산이었다. 토지를 소유하고 영주(귀족)가 되든가, 아니면 누군가를 위해 땅을 경작하는 농노가 되든가, 크게 보아 이 둘뿐이었다.

도시인(부르주아)의 등장

그러다가 도시인(상업활동을 위해 부르그 주변에 모여 사는 사람, 부르그 사람, 부르주아)이 출현했다. 이들은 자기네가 정착한 곳의 땅을 경작하거나 소유하지 않아도 교환가치를 팔거나 생산하는 행위만으로 살 수 있으며 부자가 되기도 한다는 가능성을 보여주고 만들어갔다. 토지 형태의 자본뿐이던 세상에 유동자본의 위력이 슬쩍 끼어들었다. 여태까지 화폐는 있다고 해도 그냥 있을hoarding 뿐이었다. 그런데 교역이 구속된 화폐를 석방시켰고 화폐 본래의 기능을 찾아주었다. 이제 화폐는 다시 교환 수단, 가치의 척도가 되어 교역의 중심인 도시로 흘러들어갔다. 화폐의 위력이 커지는 동시에 그 사용도 보편화되어, 현물 지불이 화폐 지불로 바뀌어갔다.

대금업자도 생겨났다. 11세기 무렵 경제 변화에 잘 대처하지 못해 고통을 겪는 사람들(왕이든 귀족이든, 그 누구든)이 도시 대금업자에 의존하는 일이 생기기 시작했다. 이 유동자본의 위력은 도시를 농촌보다 경제적 우위에 올려놓았다. 그리고 도시가 기존의 정치 생활에 참여하는 데도 기여했다. 이를테면 봉건 질서의 서열은 전적으로 토지 재산에 근거한 것이었다. 토지를 소유한 귀족과 성직자만이 국사에 관여했다. 그러다가 새로운 공무원이 등장했다. 13세기에 등장한 이 공무원직은 왕으로 하여금 진정한 행정을 발전시키고, 왕이 지닌 봉건영주로서의 지위suzerainty를 주권sovereignty으로 변화시킬 최초의 징후였다. 공무원은 직책에 따른 보수를 받았다. 그들은 종신직이 아니라 해고가 가능한 관직 보유자였으며 봉건적 서열 바깥에 있었다. 왕은 대리인에게 봉급을 주고 그들의 조력을 얻어 영토를 직접 지배할 수 있게 되었다. 이는 현금 유통이 상당 수준에 이르렀다는 것을 뜻했다.

도시의 부가 증가하여 유사시에 장비를 잘 갖춘 수천 명의 남자들을 전장에 내보낼 수 있을 정도가 되자, 왕(혹은 대제후)과 도시인 간에 정치적 유대가 생겼다. 처음에 봉건 질서의 수호자들은 그 같은 '도시 군대'라는 구상에 코웃음을 쳤다. 하지만 그런 풋내기들이 레냐노전투 등에서 거둔 승리를 보면서 왕의 생각이 달라졌다. 프랑스에서는 왕의 지배를 결정적으로 확립하는 데 '도시 군대'가 기여한 바 있었다(부빈전투). 프랑스의 왕들은 스스로 도시의 보호자를 자처하며 그들의 서비스를 적극 활용했다. 영국에서 도시인은 왕을 지원하는 대신 귀족과 연대하여 왕으로 하여금 귀족의 요구 사항인 '마그나 카르타'를 승인하도록 했다. 이탈리아, 독일, 네덜란드 등지의 도시는 자치도시 공화국이 되거나, 영방국가territorial state의 지배하에 들어갔다.

이들 나라에서 도시들은 영방국가에 속할 때 그저 단순히 복속되지는 않았다. 영방군주Landsherr들은 그들의 돈이 너무 아쉬워 도시인을 그냥 무시해버릴 수 없는 형편이었다. 국가 권력이 증대되고 권력 유지비가 자꾸 드는 만큼, 국가는 점점 더 도시인의 돈지갑에 접근했다. 이미 12세기에 군주가 도시인의 돈을 빌린 사실이 확인된다. 도시가 돈을 담보도 없이 빌려줄 리 만무했다. 그들은 그 돈이 상환되지 않을 수 있다는 위험을 잘 알면서도 빌려주었다. 그러고는 대부를 승낙한 액수만큼의 대가로 새로운 특권을 요구했다. 봉건법상, 봉건제후의 상위 주군이라도 도시로부터 강제로 돈을 탈취할 수는 없었다.

왕과 도시인은 타협했다. 왕은 성직자와 귀족만 참여하던 회의에 도시인을 받아들이는 관행을 조금씩 만들어갔다. 도시인은 그들과 업무에 관한 회의에 참석하기 시작했다. 12세기에는 그런 회의가 아직 드물었지만 13세기에는 급증했다. 14세기에는 '신분제의회'로 공인화되었다. 특별한 거액의 자금을 조달하는 방식이 아직 만들어지지 않았으므로 그들은 의회에서 끊임없이 되풀이하여 새로운 협정을 체결하지 않을 수 없었다. 도시는 의회에서 성직자, 귀족 다음의 제3서열이었으나, 실제 중요성 면에서는 제1의 위치를 획득했다.

독일 지역의 도시동맹과 영방국가

중세 서유럽 사회는 주권이 분산되어 있어 그 틈바구니에서 자치권을 확보한 상업도시가 발달할 수 있었다. 상업도시의 활약은 정치,

경제만이 아니라 서유럽의 문화, 일상생활에까지도 변화를 몰고와서, 상업도시가 덜 발달한 중·동부 유럽 쪽과 다른 세계를 만들어갔다. 상업도시가 창출한 엄청난 부는 왕들이 근대적인 정치권력을 세우는 데 많은 기여를 한다. 서부와 동부의 중간인 독일 지역은 서유럽 쪽과 닮거나 조금 다르고 동부 쪽과도 닮거나 다른 길로 접어든다.

르네상스 종교개혁의 전조를 보인 도시 문화

11세기 이후 주로 서유럽 일대에서 훨씬 많이 싹튼 상업도시들은 서유럽의 정치 측면에만 영향을 미친 것이 아니라 일상생활에까지 큰 변화를 몰고왔다. 도시 문화는 14세기 르네상스 시기에 이르러서야 만개하지만 이미 그 형성 단계부터 세속적이었다.

12세기 중엽에 자치권을 얻은 도시는 도시인의 자녀가 다닐 학교 세우기에 분주했다. 이 학교들은 고대 그리스 이래 최초의 세속 학교^{lay school}였다. 부르주아의 자녀는 봉건귀족의 자녀보다 훨씬 먼저 학교에 들어갔다. 당시 귀족에게는 읽고 쓸 줄 아는 생활이 지적인 사치에 불과했지만 부르주아에게는 나날의 삶, 즉 상업의 실제에 필수적이었기 때문이다.

자치도시의 서기가 처음에 채택한 행정 언어는 물론 라틴어였다. 그러다가 13세기 초 이후부터는 점차 각 지방 언어^{vernacular idioms}로 바뀌었다. 5~10세기의 서유럽 문화가 완전히 기독교적^{ecclesiastical}인 데 비해, 이러한 변화는 속인^{lay} 정신에 부합하는 것이었다. 속인 정신은 도시인 특유의 이교적 열정과도 연결되었다. 부르주아 신앙은 정통파 신앙과는 사뭇 다르게 신비주의 모습이 뚜렷했다. 이것은 당시 도시들에서 번성한 무수한 이교를 통해 천진난만함, 성실, 용기 등의 강조로 표현되었다. 서유럽 일대의 상업도시에서 도시 주민의 속인 정신, 신비주의(11세기), 금욕주의 신앙(12세기), 프란치스코교단, 도미니크교단 운동(13세기) 같은 천둥 번개가 치면서 머지않아 이곳에서 르네상스, 종교개혁 같은 소나기가 쏟아질 전조가 나타나기 시작했다.

도시가 엄청난 부를 창출하자 생활수준도 향상되었다. 동방 문화를 접해본 상인들이 새로운 식기 도구, 식탁 예법 등을 들여왔다. 이를테면 이제 부자들은 구운 고기를 손으로 찢지 않고 포크와 나이프를 썼다. 고기를 뜯을 때 손에 묻은 기름을 예전처럼 식탁 밑에 누워 있는 개에게 핥게 하지 않고 냅킨을 사용하기 시작했다.

서유럽 상업도시들의 자치권 확보 노력

'싸우는 사람'(귀족), '기도하는 사람'(성직자)은 전에 없이 새로이 끼어든 이 도시인이 싸우지도, 기도하지도 않으면서 돈을 벌어 부자가 되는 방식의 정당성을 인정하기 어려웠다. '일하는 사람'(농노)은 도시인의 '쉽고도' 사치스러운 생활 방식에 분개했다. 11~13세기에 주로 서유럽 지역에 많이 발달한 상업도시의 역사는 자치와 자유를 획득하려는 노력의 역사라고도 할 수 있다.

도시 자치권이란 상인 생활과 조화되는 도시법정 운영, 시장과 공무원 선발권, 징세권 확보 등을 의미했다. 이를 얻은 도시인이 누리는 가장 중요한 특권은 인신적 자유였다. 개인이 도시의 장벽을 넘어 들어가 도시 안에서 1년과 하루를 더 거주하여 허가(시민권)를 얻으면 농촌 장원의 부역 의무를 면제받고 자유인이 될 수 있었다.

이런 변화는 농촌 장원에서 일하는 농노의 지위도 달라지게 만들었다. 결국 도시는 농노해방에도 기여했다. 그 지역 경제도 변화를 겪었다. 시민권은 도시에서 상품을 사고 팔 권리이자, 시장에서 세금, 통행세를 면제받을 권리였다. 이 권리를 통해 더 많은 돈을 벌 수 있었다.

원거리 무역의 부활

원거리 무역이 부활하면서 운송 과정에서 배의 난파, 해적, 노상강도 등을 만날 위험도 커졌다. 자본 투자 규모와 위험부담도 매우 컸으므로 원거리 무역은 전문 상인만이 할 수 있었다. 이들은 동맹을 맺어 서로를 보호할 체계를 구축했다. 이탈리아, 플랑드르, 프랑스, 영국 일대의 항구도시 상인이 각기 서로 북아프리카, 비잔티움, 러시아 등지를 잇는 항로와 육로를 오가며 베네치아 개펄에서 난 소금, 북아프리카나 아시아산* 사탕, 후추, 향료, 플랑드르의 태피스트리와 섬유, 런던의 양모, 아일랜드와 러시아의 모피, 동방의 실크와 염료, 크리미아의 노예, 라인란트, 부르고뉴, 보르도산 와인 등을 이리저리 운반해 사고팔았다. 이와 관련된 각종 금융, 위험 분산 기법 등도 발달하기 시작했다.

상업혁명

독일, 보헤미아(지금의 체코), 북부 이탈리아, 북프랑스, 영국 서부 등지에서 은광이 새로 발견되면서 은화 주조와 유통이 급증했다(12세기). 화폐 사용이 확산되면서 국제무역 규모도 엄청 커졌다. 상인의 유형도 다양해졌다. 혼자 여행하면서 거래 전체를 도맡는 상인부터, 돌아다니지 않고 한곳에 정착하여 회사의 수출입 거래 자금을 대고 기획하는 상인, 운송 전문 상인, 해외 현지에 거주하며 본사 주문에 따른 판매, 조달 전문 상인 등으로 진화했다. 상업도시들을 연결하는 통신도 정기적으로 오갔다. 투자자, 제조업자, 고객, 지점, 고용, 경쟁 회사들과의 거래를 위해 회사는 더욱 정교한 회계 방식도 개발했다. 도로포장, 다리 건설, 알프스를 통과할 새로운 도로, 여행자 숙박 시설 등을 포함하는 '교통혁명'을 이룰 비용 마련을 위해 높은 도로 통행료가 부과되었다.

상인 간 상호 신뢰가 생기면서 신용판매가 촉진되었고, 이는 어음 발달로 이어졌다. 그러자 시간도 오래 걸릴 뿐만 아니라 매우 위험하기까지 한 배로 주화를 수송할 필요가 줄었다. 12세기 말에 도입된 환어음은 14세기 초쯤에는 서유럽 도시에서 정상적인 상거래 지불수단이 되었다.

한자동맹

이 모든 변화의 선두 주자는 주로 이탈리아 도시들이었지만, 독일의 한자동맹the German Hanseatic League에 속한 도시 그룹도 이 대열에 있었다. 뤼벡 시와 함께 탄생한 상인들의 한자동맹(1159년)은 이어 함부르크와 상호 보호, 독점권 등의 협약을 맺었고 수십 개 도시가 가입할 정도로 커졌다. 한자동맹은 육로로 남부 독일, 이탈리아까지, 해로로는 프랑스, 스페인, 포르투갈 연안의 항구까지 영역을 확장했다(14세기). 독일에서 황제권이 약화된 시점에 한자동맹은 자위 함대와 요새까지 갖추고 북유럽 상권(노브고로드-레발-스톡홀름-베르겐-뤼벡-함부르크-브루게-런던)을 장악했다(13~16세기).

한자동맹은 해외 무역 거점인 '팩토리factories'를 만들었다. 팩토리는 제품 보관 창고, 사무실, 교회, 회사원을 위한 주거 시설 등을 갖추었다. 한자동맹 상인들은 부채, 계약 사항 등을 기재한 사업 장부를 공개하여 동맹의 보증을 확보하는 영업 기법도 개발했다(13세기 말). 이 제도는 자본주의의 필수 요소인 자본, 위험 감수, 공격적인 사업 추진을 촉진하면서 북유럽 일대에서 신용과 상업을 확대하는 데 결정적인 역할을 했다. 이른바 '상업혁명'이자 중세 말 유럽사에서 중요한 전환점이었다.

상업 인구는 총인구의 10퍼센트를 넘지 않았지만 그 영향력은 그 수치를 크게 능가했다. 이들이 창출한 엄청난 부 덕분에 징세도 가능해졌다. 이를 기반으로 이제 왕들은 토지에 기반을 둔 귀족에 의존하는 간접적인 왕국 지배가 아니라, 관료제를 창출하여 점차 근대적인 정치권력을 창출해갈 참이었다. 실제로 서유럽 나라들은 그런 방향으로 나아갔다. 그러나 독일 지역은 서유럽 나라들과는 좀 다른 길로 접어든다.

서부 독일 지역 도시들의 전성기와 쇠퇴

서부 독일도 일찍부터 상업도시가 발달한 지역에 속했다. 이들은 이탈리아식 도시국가 형태로까지는 발전하지 못했으나, 황제 주권에 속한 제국 자유도시는 활력을 얻었다. 이들은 정치적 집단행동(라인 지방 도시들의 군사 방위 동맹, 한자 도시들의 경제 동맹, 슈바벤 도시 그룹의 군사 연합체)을 통해 제국 내 군주(영방군주)들을 경악시켰다. 14세기 중엽에 모든 도시동맹이 공식적으로 금지되고 제후의 군대가 도시 간 협정을 분쇄하는 일도 있었다. 그러나 16세기까지 독일 지역 내 도시들은 전성기를 구가했다.

한자동맹 도시들은 제조업은 별로 발달시키지 못했지만 국제 금융거래와 결합된 곡물 집산지로서 청어 교역 등으로 돈을 벌었다. 오래된 도시가 밀집한 라인란트는 플랑드르, 롬바르디아를 잇는 교역로에 위치해 상업이 번성했다. 린넨, 모직물, 금속 산업도 발달했다. 남서부의 슈바벤 도시들은 직물, 광업, 금속야금이나 은행업(푸거가家, 벨저가家) 등으로 활기를 누렸다. 14세기 왕들은 징세만으로는 수입이 부족한 지경이었다. 그래서 대상인에게서 돈을 빌렸다. 상인들은 이에 따르는 위험부담을 감안해 금리 이외에 각종 특권을 요구하고 실제로 이를 얻어냈다. 교황청과 합스부르크 왕실에 돈을 댔던 푸거Fugger가가 그 특혜로 헝가리, 티롤 지방의 은, 동광을 확보하여 16세기 전반에 전성기를 맞이한 것이 대표적 예다. 남부 독일의 도시들은 이탈리아 도시의 발전상을 능가하면서 종교개혁을 주도했다(16세기).

16세기 중엽, 독일 지역 내 도시경제 침체가 시작된다. 곡물 가격이 급상승하면서 농산품 가격이 공산품 가격을 추월했다. 독일의 도시 그룹들은 통합되지 못하고 각기 따로 상권을 유지했다. 해상 진출을 시작한 네덜란드(15세기 중엽) 등이 북해에서 한자동맹의 독점권을 파괴하면서 한자의 부가 줄었다. 라인란트 도시들도 네덜란드의 성장 앞에서 초라해졌다(16세기 후반~17세기 초). 남서부 도시들은 강력한 제조업 기반을 갖춘 덕에 번영이 지속되었지만, 신대륙 발견 시대가 열리고 대양을 통한 교역 규모가 확대됨에 따라 내륙 교역의 입지가 불안해졌다. 도나우 강 쪽 교역은 터키가 봉쇄해버렸다. 이 지역의 금융 가문은 합스부르크 왕실에 빌려준 대부금 때문에 마침내 무너졌다. 고립된 도시들(함부르크, 프랑크푸르트, 라이프치히)만 경제적 지위가 높아졌을 뿐이다(1500~1600년).

이렇듯 독일의 서부 지역 상업도시들이 지닌 힘과 다양성 때문에 이곳에서는 귀족 중심의 강력한 절대왕정이 성장할 공간이 없었다. 지배적인 귀족도 없어 강력한 영방국가도 생겨나지 못했다. 서부 독일은 신흥 귀족이나 대가문이 지배하는 중간 규모의 단순한 도시 국가 몇 개, 소규모 왕국들, 그 틈바구니에 작은 자유도시들이 점점이 흩어져 있는 모양새가 되었다. 이러한 추세에서 도시인, 기사, 성직자는 봉건제후에게서 스스로를 보호하고자 신분제의회를 소집했다.

영방국가

한편 12~13세기에 독일 일대 경제가 성장하자 숲 지대 개척, 엘베 강 동쪽 지역의 개간과 정착이 늘고, 새로운 시장과 도시, 장원, 수도원도 증가했다. 토지 소유자로서의 왕이나 제후의 재정 기반도 커졌다. 이미 프리드리히 2세 때부터 영방군주가 출현하기 시작했다. 바이에른의 비텔스바흐^{Wittelsbach} 가문이 대표적 사례다. 서임 권투쟁과 호엔슈타우펜왕조를 거치면서 더욱 강해진 봉건제후들은 자기 영토 내에서 영방고권(최종심적 재판권, 축성권, 화폐 주조권, 관세 징수권 등 국가 공권에 속하는 권리)을 확립하고 거의 완전한 독립 국가 주권 군주의 모습을 드러냈다(13세기 후반~14세기). 이런 양상은 15세기에 브란덴부르크, 바이에른, 메클렌부르크 등지에서 두드러졌다. 영방군주는 신분제의회 소집권을 장악하고 의회가 영방군주의 과세권을 인정하게 만들었다. 영방군주는 이 과세 수입으로

능률적인 행정 기구를 발전시키기 시작했다. 귀족 신분과 도시인 신분이 징세에 저항하면 영방군주는 지배자의 징세권은 양도 불가의 고유 권한이라는 로마법의 주권 이론을 내세워 자신들의 주장을 관철시켰다. 이러한 영방국가는 19세기까지 독일 정치 질서의 중추였다.

독일 서부의 소규모 영방국가

이곳에는 큰 교회 영방들이 존재했다. 작센, 슈바벤 출신 황제들이 지방 통치의 주요 수단으로 교회 기구를 이용하던 과거 역사에서 비롯된 영방들이었다. 또한 독일의 황제들은 교황청과 공모한 세속 제후나 왕들에 대항하기 위해 도시 자치와 주교의 권위를 후원하는 경향이 있었다. 그 덕에 이곳에서 소규모 주교국과 자유도시들이 살아남게 되었다.

남서부 독일의 소귀족들은 해당 지역의 상위 주군에게 신종선서를 바치지 않고 황제에게 직접 충성을 서약하는 '제국 기사' 신분을 획득했다. 이로써 영방군주들이 제국 기사들을 영방국가에 복속시키려는 시도에 맞서는 데 성공했다. 16세기에 이러한 제국 기사의 수는 2,500명 정도였다. 이들은 용병이 되거나 서부 독일 전역에서 특정한 정치조직, 종교조직의 관직이나 성직록을 확보하여 살았다.

서부 지역 농경지의 봉건영주는 주로 부재지주였다. 농민은 자유 소작농으로서 지대를 현금이나 현물로 납부했다. 즉 인신적으로 예속된 농노 노동은 사라진 곳이었다. 그래서 동부 쪽과 달리 농촌의 사회적 관계가 비교적 유연했다.

서부에 위치한 라인 팔츠나 뷔르템베르크 공국, 이 두 나라에는 모두 제국 기사는 많지만 강력한 영방귀족은 없었다. 뷔르템베르그는 독일 땅에서 역사적으로 큰 정치적 역할을 해본 경험이 없는 나라였고, 팔츠는 프리드리히 5세가 보헤미아를 확보하려고 시도했다가(17세기 초) 30년전쟁을 촉발시켜 스스로 화를 입고 만 곳이었다. 이러한 상황에서는 귀족 중심의 강력한 절대왕정이 성장할 여지가 없었다.

독일 지역의 농촌과 도시

농업 개혁 이전인 1800년 무렵까지, 프로이센 인구의 약 73퍼센트가 농촌에 살았다. 그 무렵까지 독일 일대에는 예로부터 장원 영주제와 농장 영주제 제도가 존속했다.

농업 개혁 이전의 사회

농촌의 장원 영주제

장원 영주제Grundherrschaft는 토지와 이에 딸린 노동력에 대한 지배 개념이다. 그 기원은 아주 오래전 게르만 부족사회까지 거슬러 올라간다.

프레카리움

고대 로마 시대의 라티푼디움은 노예 경작과 자유민 경작, 두 형태가 있었다. 이 가운데 신분상 자유민kolonatus이 지대 납부를 전제로 토지를 경작하는 프레카리움Precarium 제도의 성격이 더 강했다. 황제권이 무시되던 제국 말 혼란기에 이 형태가 변했다. 지방 유력자나 군대 장군들이 독자 세력을 확충하고 전쟁 자금을 확보하기 위해, 또한 농민의 토지 이탈을 막기 위해 노예에게 토지를 나눠주고 이들을 강제로 토지에 정착시키기 시작했다. 이와 함께 자유민도 예속 상태로 전락하면서 점차 노예, 자유인 간 구분이 모호해졌다.

이 같은 로마 시대의 토지 생산 조직 형태 가운데 자유민적 요소는 후퇴하고 조세 납부 요소만 남아 이것이 게르만적 인적 지배 형태인 문트권權과 아이겐권權에 합해져 그룬트헤어샤프트(장원 영주제)가 만들어졌다. 이 그룬트헤어샤프트는 프랑크족이 메로빙거왕조를 세운 지역에 전파되었다. '무질서와 혼란의 시대'에 상업은 위축되다 사라지고, 이 자급자족경제의 확산과 함께 농민의 예속화는 더욱 진행되었다.

문트권과 아이겐권

고대 게르만 사회에는 유력한 가문이 지닌 가장권家長權(문트권 Muntschaft) 개념이 있었다. 가장권은 소유물(사람과 물건 모두 포함)에 대한 절대적 권리다. 여기에 사법권도 포함되었다. 소유물이 떨어져 있어도 권리 영역이 형성되어 있어 그 지배권이 미쳤다. 게르만 관습에 따라 대외적으로 그 권역의 절대적 독립과 자치, 자율을 보장받았다. 가문 간에는 상호 불가침이 작용했다. 유력 가문 간 권리 협정에 따라 상호 협의가 가능했다. 가장권은 물건보다 사람에 대해 더욱 강하게 작용했다. 토지 이용 대가보다 인신 보호의 대가로서 세금 납부를 의무화하는 것이 이 권리의 주된 내용이었다. 나아가 게르만 유목 사회에서 공납을 지배할 권리는 피정복민을 다스리고 보호해주는 대가로서 누리는 권리였다. 진정한 소유자는 인적 지배와 보호에 대한 세금을 낼 필요가 없었다. 자유민은 인신적 자유를 보장받았다. 자유민이 강자에 복속되면 강자에게 보호받는 대가를 지불해야 했다.

게르만 사회에서 '소유'를 뜻하는 아이겐^{Eigen}은 오늘날의 소유 개념과는 좀 다르다. 오늘날 소유는 공권력의 보호를 받는다. 반면 게르만의 아이겐 개념은 소유를 이용하고 지배하며 외부로부터 방어하고 보호해야 하는 것이다. 지키지 못하면 잃는 권리였다.

메로빙거왕조

메로빙거왕조는 로마제국 황제의 권리를 계승하고 옛 로마제국의 황제령까지 인수하여 세력이 커졌다. 이 과정에서 왕실 측근에 대한 공로자들로 구성된 신귀족 계급이 생겼다. 이들은 가문에 따른 혈연 귀족이 아니라 게르만 관습이던 종사제도$^{Komitatus,\ Gefolgschaft}$에 따른 비혈연적 귀족이었다.

신구 귀족 간 패권 다툼이 일어났다. 메로빙거왕조는 귀족 세력을 견제하기 위해 주교구와 수도원에 토지와 사법권을 부여하며 이들의 세력을 키웠다. 수도원은 왕권의 보호를 받아 '기도와 노동'의 원칙을 지키며 황무지를 개척하여 경작지로 만드는 사업을 계속했다. 이 사업은 라인 강 왼편과 도나우 강 오른쪽 사이의 지역에서 시작되었고 내륙 깊숙이 진출했다. 이를 통해 수도원은 고대 로마제국 말기 이래의 금욕주의, 현실도피적 경향을 극복하고 노동의 존엄성을 일깨우는 데 크게 기여했다.

메로빙거왕조가 실권을 상실하고 귀족이 난립하기 시작했다. 공권력이 부실해지자 자유민은 점점 더 보호가 필요한 상황에 처했다. 그래도 카롤링거 시대까지 아직은 자유민이 인격적 자유를 누리며 이에 대한 보호세^{Schutzzins}만 내면 되었다. 그러나 왕조 말기에 끝내 왕권이 쇠퇴하고 이민족의 침입으로 사회가 극도로 불안해지자 자유농민은 지방 유력자의 보호 아래 토지에 긴박되는 예속민 처지로 전락했다. 지방 유력자가 사법권까지 확보하여 예속 농민을 다스리기 시작했다. 국가 공권력은 있으나 마나였다. 토지와 사람에 대한 지배 관계인 그룬트헤어샤프트(장원제)의 생산조직은 이렇게 해서 구체화되었다.

장원 영주제(그룬트헤어샤프트)의 정착

토지(장원)를 보유한 유력자끼리는 상급자와 하급자 간에 보호와 복종의 유대 관계, 즉 봉건제를 확립, 강화해갔다. 그룬트헤어샤프트는 봉건제의 경제적 기반이 되었고, 이런 일이 카롤링거왕조 말기 이래 급속히 진전되어 10세기 무렵 틀을 갖춘 후 12세기 후반부터 변형, 해체되기 시작했다.

그룬트헤어샤프트의 정착으로 일단 사회질서가 잡혔다. 삼포농법 등 농업기술 진보가 이루어지고 농업 생산성이 높아졌다. 식량생산이 늘고 인구가 증가했다. 교역과 시장이 부활하기 시작했다. 그룬트헤어(장원의 영주)는 자가 생산을 그만두고 필요한 물품을 시장에서 조달하기 시작했다. 영방군주는 도시를 건설하여 신흥 도시에 농민을 끌어들였다. 농민의 토지 이탈이 증가했다. 이에 따라 지역 영주의 장원도 변모하기 시작했다.

장원 영주제의 변화

그룬트헤어샤프트의 변화는 지역마다 그 시기와 양상이 달랐다.

라인 강 주변 서부의 독일 지역에서 장원의 변화가 가장 먼저 시작되었다. 12세기 초 쾰른 일대의 장원에서는 영주가 직영지를 직접 경영하는 경향이 줄었다. 영주는 농민에게 영구히 소작권을 양도하고 단순 지대 수취자로 변신했다. 혹은 장원 관리인이 영주 직영지의 영구 보유자가 되어 토지를 다시 농민에게 소작시키기도 했다. 여하튼 영주와 농민 간 관계는 지배-예속 관계에서 계약 관계로 변해갔다.

남서부 독일에서는 농노의 부역으로 경작되던 장원이 해체되면서 농민의 거주 이전의 자유가 커졌다. 그러나 영주가 농민에게 과거의 지배, 보호에 대한 대가를 요구할 권리는 잔존했다. 농민이 한 영주의 영역에서 다른 영주의 영역으로 이주하면 새 영주는 재판권을 행사하는 영주가 되고 구 영주는 장원의 영주로서 농민에게 세금을 부과했다. 이는 차차 결혼세, 사망세, 인두세의 형태로 잔존했다. 농민이 이동해도 따라다니는 부담들이었다.

동부와 가까운 중부 독일은 그룬트헤어샤프트가 해체될 때 동부의 영향을 크게 받았다. 동부는 당시 미개척지이던 황무지를 개간하고 여기에 농민을 유치, 정착시키기 위해 애초에 농민에게 유리한 조건을 제시했던 곳이었다. 중부 독일 역시 부역 의무가 부과되는 장원이 해체되면서 곧바로 지대를 납부하는 장원으로 변모했다.

남동부 독일(바이에른, 오스트리아에 해당)에서도 12~14세기에 그룬트헤어샤프트의 변화가 일어났다. 직영지 경작은 부역 의무에서 화폐 지대 납부 방식으로 바뀌었지만 농민이 의무적으로 영주의 시설을 이용해야 하는 강제권은 존속했다. 농민이 영주의 시설과 유사한 시설을 설치하는 것은 금지되었다. 또한 농민에게는 영구 소작권이 보장되고 인신적 자유도 주어졌다. 하지만 농민이 구 영주의 재판 관할을 벗어날 수는 없었다.

북서 독일 지역(작센 부족 중심지)은 문트권 비중이 크고 인신적 자유가 크게 부여되지 않았다. 사람과 물건에 대한 문트권과 아이겐권이 완화된 형태로 여전히 농민을 지배했다. 농민은 장원의 직영지를 분할받을 수 있었다. 이를 소작지와 통합하여 경작하는 일도 가능했다. 농민이 화폐 지대를 내면 생산물을 시장에 판매할 수도 있었다. 농민은 경작지에 대한 영구 소작권을 보유할 수는 있었지만 토지 소유 자체는 불가능했다. 작센 지역에 아이겐이 계속 유지되었기 때문이었다. 농민은 인두세, 결혼세, 사망세 등의 봉건적 부담도 계속 져야 했다.

유럽 인구는 10세기 이후 증가하다가 13세기 말에 정체하기 시작했다. 흉작과 기근이 빈번해졌다. 도시 인구의 과밀, 위생 시설 부족, 불안정한 식량 공급 등으로 사람들은 전염병에 취약해졌다. 그 가운데서도 14세기에 유럽을 휩쓴 흑사병이 최악이었다. 이는 그룬트헤어샤프트의 변화와 해체에 영향을 미쳤다. 흑사병 이후 독일 지역의 인구도 3분의 1 정도 감소했다. 살아남은 인구를 부양하기 위해 그렇게 넓은 토지를 경작할 필요가 없어졌다. 버려두는 토지 ^{Wüstungen} 규모가 3분의 1~5분의 1 정도나 되었다. 동부에서 값싼 곡물까지 들어왔으므로 곡가 하락에 대한 불안이 더욱 커졌다. 도시 영주들은 농민을 도시에 유치하고자 애썼기 때문에 이농 현상도 심해졌다.

그룬트헤어샤프트의 영주는 이제 농민의 지위를 개선하든가 아니면 무력으로 농민을 통제해야 했다. 도시가 발달한 서부 지역 농

중부 유럽 경제사

민은 도시로 탈출할 수 있었으므로 서부, 중부, 남서 지역 영주들은 농민에게 자유를 확대해주고 지대 징수를 늘리는 쪽으로 나아갔다. 시장과 도시가 별로 발달하지 못한 남서 독일 일부 지역의 영주는 농민의 이주 금지를 더욱 강화했다. 농민은 이주할 경우 이주세를 부담하고 경우에 따라서는 영주에게 노동력을 대신 조달해줘야만 했다.

농장 영주제(구츠헤어샤프트)의 성립

독일인(게르만인)이 동부로 팽창한 것은 10세기 초(하인리히 1세)까지 거슬러 올라간다. 독일인은 작센, 튀빙겐에 성채를 지어 마자르인의 침입을 방어하고 슐레스비히와 브란덴부르그에 마르크를 설치하여 슬라브인, 노르만인의 침입에 대처했다. 오토 대제 때는 슬라브족의 동부 영토를 적극 흡수하여 주교구를 설치했다. 교구장, 수도원장 등은 국왕 직속으로 편제되어 재판권, 지방 행정권 등까지 부여받았다. 이들은 동부 지역 진출에 필요한 전초지였다.

  11~13세기, 서부 유럽이 팽창하던 시기에 서부 지역의 독일인들은 엘베 강 동쪽과 발트 해^{Ost See} 쪽으로 진출하여 토지를 개간하고 도시를 건설했다. 독일인이 이주하기 시작한 이 지역(오늘날의 폴란드, 체코, 헝가리, 루마니아, 리투아니아에 해당)은 10세기 이전까지는 주로 슬라브족이 수렵과 채집, 원시적 농업기술로 살던 곳으로 인구도 희박했다. 독일인 선교사들이 이곳에 와서 헝가리인, 서부 슬라브인을 로마가톨릭교로 개종시켰다. 신성로마제국의 황제들은 동부 유럽의 여러 지역에 대한 통치권을 주장했다. 독일의 식민지 개척자들은 엘베 강을 건너 주인이 없는 땅에 들어가 황무지를

개간하고 농민을 이주시켜 속지화^{屬地化}했다. 이곳에 이주한 농민의 인신적 자유는 그런대로 유지되었다. 혹은 개척자들은 원주민을 정복하거나 쫓아내면서 동쪽으로 세력을 확대해갔다. 쫓겨난 마자르 족은 도나우 강 유역에 정착하고 기독교 세계에 편입되었다. 이곳에도 평화가 도래하고 게르만 기사와 귀족들이 남동부에 진출하거나 이 지역을 정복하기 시작했다.

헝가리 군주와 귀족들은 독일 농민을 적극 유치하기도 했다. 헝가리 유력자들은 농민에게 신분보장과 교회의 자치권을 허용했다. 독일 농민의 이주가 활발해졌다. 11세기 말에 독일인은 빈^{Wien}까지 이주해왔다. 12세기에 헝가리 군주는 지벤뷔르겐^{Siebenbürgen}(헝가리 동부이자 루마니아 북부)에 독일인을 정착시켰다. 이때 모젤 강 유역의 농민이 대거 이 지대로 이주했다. 십자군 운동을 위해 조직된 독일(게르만)기사단이 방향을 바꿔 이 일대 개척에 나서 이주 정착이 더욱 활발해졌다.

12세기 중엽에 슐레지엔 지방이 신성로마제국(슈타우펜왕조)에 합병된 후, 수도원 교단들이 이곳을 개척했다. 기도와 노동의 원칙에 따르며 청빈함을 강조하는 시토교단 등이 이곳 숲과 황무지를 자기네 힘으로 개간하고 그렇게 해서 얻은 토지에 참다운 가치를 부여했다. 이들은 마을을 세우고 기독교 포교활동도 벌였다.

13세기 전반, 지벤뷔르겐 지방의 독일기사단이 폴란드의 실력자 마소비아 공^{Masovien}의 요청을 받아 발트 해 방면으로 진출했다. 이 기사단은 쿨머란트의 프로이센 땅을 개간하고 정착하여 슬라브 원주민을 교화시키고, 독일 농민을 유치하는 일에도 힘썼다. 토착 슬라브인과 이주해온 독일인은 서로 동화되었다. 이들의 개척 영역은

1300년 무렵 오데르 강 유역까지 확대되었다.

독일기사단은 동부 발트 지역에 있는 프로이센과 리투아니아 지역까지 정복하고 이곳을 기독교화, 게르만화했다. 기사단은 서부 지역을 돌아다니며 식민지 개척자를 모집했다. 이때 저지대나 강어귀와 같은 습지에 정착지를 조성하기 위해 제방 축조나 배수 사업에 경험이 많은 네덜란드, 플랑드르 출신 기술자를 선호했다. 삼림, 황무지 개간이 필요한 곳에는 베스트팔렌, 작센 출신 농민이 압도적으로 많이 이주했다. 도시 건설을 위해 도시 출신 기능공, 상인을 모집했다. 농촌으로 이주한 사람들은 서부 지역 장원의 조직 형태와 진보된 농업기술을 동부에 전파했다. 독일 농민이 이주하고 이들이 이민족과 동화됨으로써 엘베 강 동쪽 지역에는 서유럽의 그룬트헤어샤프트 지역과는 다른 게르만-슬라브적 요소의 독일이 건설되기 시작했다.

동부 독일 지역으로의 이주 사업을 이끈 로카토르^{Lokator}(동부 독일 이주 식민업자)는 대부분 게르만 기사 출신이며 모험심이 강한 자들이었다. 동부 현지 지배자의 이민 유인 정책에 따라 로카토르가 일찍부터 황무지 개척 사업에 진출했다. 로카토르는 현지 지배자와 이주 조건에 관한 계약을 체결하고 서부 지역 농민을 동부에 유치, 정착시켰다. 현지 지배자는 로카토르에게 그 업적의 대가로 면세지를 부여했다. 로카토르는 토지와 정착지의 행정권, 경제 시설 소유권 등을 얻었고 하급 재판권도 행사했다.

동부로 이주한 농민은 그런대로 인신적 자유를 누릴 뿐만 아니라 게르만 법과 제도에 따라 살았다. 기사와 이주 농민은 전쟁, 도시 건설, 토지 개간 등에 공동으로 참여하고 토지도 거의 동등하게 분할했다. 새로 건설한 384개 마을 가운데 129개 마을에만 기사령이 있고 나머지 마을에는 완전한 농민 보유지만 있었다. 이렇게 해서 14세기 중엽까지 동부 독일 지역에는 서부 독일 지방과 다른 자유농민 사회가 만들어졌다. 1300년경 새롭게 조성된 약 17만 개 정착지에 1,300만~1,500만 명이 거주했다.

팽창하던 서부 지역에서 흑사병 출몰 이전부터 이미 인구가 정체하고 농업 위기가 빈번해지다가 인구가 감소하기 시작했다. 동부 지역(엘베 강 동쪽 지역)으로의 인구 유입도 감소했다. 흑사병으로 동부 지역 자체의 노동력도 많이 줄었다. 노동력 부족 현상이 극심해졌다. 그러자 독일기사단의 영역(기사령)에서 농민에게 새로운 형태의 봉건적 속박이 가해지기 시작했다. 대대적으로 전염병이 돈 이후, 동부 지역에서 도시 생활은 사실상 사라졌다. 시장이 위축되고 경제는 생계유지 수준으로 후퇴했다. 이런 상황에서 영주의 통제 강화에 농민은 속수무책이었다. 고통에 시달린 농민이 주인이 없는 미개척지로 도망치는 것은 그 자체로 엄청나게 위험한 일이었다.

14세기 중엽 이전까지 동부 지역 농민은 곡물 생산과 판매에 참여할 재량이 있었다. 그러나 서방으로 수출하는 곡물 가격이 떨어지자 경지 단위가 큰 땅일수록 위기 대처에 유리했다. 즉 기사령과 대지주는 경쟁력이 있었지만 자유농민은 토지를 처분하고 이들에게 예속되어야 했다. 서부 지역과 달리, 15~16세기의 엘베 강 동쪽 지역의 농민은 노동부역이 강화되었고 이미 9세기 이래 서부에서는 찾아보기 어려운 예속적 지위의 농노로 전락한 것이다(재판 농노제). 영주(토지 귀족)는 농민에게 강제로 부역 봉사를 하게 할 법적 수단, 즉 재판권을 행사하면서 서유럽에 수출하기 위한 곡물을 생산했다. 기사 영주들이 농업 기업가(구츠헤어)로 성장하면서 그 룬트헤어샤프트와는 다른 형태의 구츠헤어샤프트^{Gutsherrschaft}(농장 영주제)가 성립되었다. 이 영주들의 후예가 바로 프로이센의 융커 ^{Junker} 계층이다.

농장에는 대체로 두 유형의 농노제가 유지되었다. 하나는 어떤 서민적 권리도 재산권도 없이 토지와 분리되어 매매될 수 있고 세습되는, 인신적으로 예속되는 신분의 농민이었고^{Leibeigenschaft}, 다른 한 유형은 미미한 법적 권리를 어느 정도 보유하면서 들이나 집에서 영주의 직영지를 경작할 의무, 부역 의무 등을 지며 이 권리와 의무가 세습되는 예속 신분의 농민이었다. 하지만 실제로 양자 사이의 구분은 명확하지 않았다.

국가는 농촌의 인구 전체에 대해 직접적인 사법권을 행사하지 않았다. 거의 전체 농민이 영방 자문의원의 감독하에 융커들의 영지 구역^{Gutsbezirk} 내에서 융커의 지배를 받았다. 농민 소득의 5분의 2에 달하는 조세도 영주가 직접 징수했다. 18세기의 융커 귀족은 프로이센 국가와 사회를 지배한 집단이자 농민의 주인이었다. 귀족 간 대립은 없었고 관직 매매 등도 거의 알려지지 않았다. 토지(농장) 소유자가 사망하면 토지는 그 소유자의 자식에게 분할되었으므로 토지 규모는 축소되는 경향이 있었다. 한편 왕실 경비의 대부분은 왕의 영지에서 조달되었다. 왕의 영지는 직업 관료가 운영했다. 이 같은 이중적 행정조직하에서 관세 제도와 운송 통제 체계가 갖춰져 인적, 물적 자원 이동이 다스려졌다.

16세기 농업경제 발전

가격혁명으로 농산품 가격이 상승하고 농민 소득이 향상되었다. 인구도 16세기 전반에 걸쳐 증가했다. 인구밀도는 지역별로 다양했고, 인구밀도와 농업 생산성은 밀접한 관계가 있었다. 예컨대 뷔르템베르그는 1제곱킬로미터당 거주 인구가 44명으로 인구밀도가 높은 지역이자 독일에서 가장 발전한 농업지대 가운데 하나였다. 16세기 후반에는 척박한 산악지대에서조차 인구가 적정 수준을 넘어설 정도가 되었다. 이런 지역에서 인구밀도가 높으면서도 경제적으로 좀 더 풍요한 평원과 저지대로 인구가 이동하는 일이 일어났다. 또한 잉여 인구가 자발적으로든 다른 이유에서든 농촌을 떠나기도 했다. 그러나 유럽 전체로 볼 때 16세기와 17세기에 해외 이민의 수는 거의 무시해도 좋을 정도였다.

인구가 늘자 노동력이 증가하여 소택지, 숲, 삼림지대 개간, 황폐화된 농경지의 경작 기능 회복 등의 노력으로 이어졌다. 16세기부터 농업 제도도 변하기 시작했다. 봉건영주들은 주인 없는 땅을 점유하고 황무지를 개간하여 소유 토지를 확대했다. 영주가 농민이 보유한 토지를 회수하거나 합병하는 일도 일어났다(16세기 후반). 생산과정 특화와 집약화가 발생하고 농업이 발전했다. 특히 서부 라인란트의 인구 밀집 지대에서는 윤작이 발달했다. 휴경지에서 콩과 식물, 양배추, 순무 등을 재배해 토지 이용도가 높아지고, 가축 사료 확보와 사람의 영양 공급 상황도 좋아졌다.

17세기

17세기는 인구 증가가 정체하던 시기였다. 인구는 적정 수준을 넘을 정도로 증가하는데 농업기술 진보가 적절히 이루어지지 못하여 평균 농업 생산성이 정체되거나 심지어 감소했다. 이런 현상은 지역에 따라 다양했는데, 이로 인해 엘베 강 동부와 도나우 강 북부에서 인신적 속박이나 예속이 강화되는 일이 일어났다.

16~18세기에 독일 지역의 농업 제도는 크게 두 형태였다. 남서독일에서는 일부 남은 그룬트헤어샤프트를 기반으로 경영 형태가 변화했다. 농민 보유지는 장원 영주가 정하는 일정한 조건하에 분할 또는 상속이 가능했다. 비록 농민 소유가 법제화되지는 않았지만 실질적으로 농민 보유지가 농민의 소유라는 의미였다. 농민은 영주에게 지대만 지불하면 되었다. 결혼이나 사망으로 인한 상속의 경우에도 법적 주인인 영주가 상급 소유권^{Obereigentum}을 갖고 농민에게서 지대를 받는 형식을 취했다.

동부 독일(엘베 강 동쪽 지역)에서는 구츠헤어샤프트가 잔존했다. 대토지 경영은 19세기 농노해방 이후에도 융커 체제로 유지된다.

도시의 발전

키비타스

10세기 무렵 상업이 부활하면서 고대 로마의 비크^{Wic 혹은 Wike}, 키비타스^{Civitas} 등이 있던 자리 가운데 교통이 편리하고 접근성이 좋은 곳에 상인, 수공업자가 거주하기 시작했다. 이것이 중세 유럽 도시의 기원이다(앞 장 참조).

이보다 오래전 로마제국 말기에 기독교가 확산될 때 로마 시대의 도시인 키비타스의 경계를 기반으로 교구diocese의 경계가 정해졌다. 이후 이곳을 차지한 게르만족은 교회를 존중했고, 상업이 소멸해가던 시절에도 상업 소멸이 교회 조직에는 영향을 미치지 않았다. 왕권을 파괴한 봉건 세력들도 교회 주교를 질서와 정의의 초자연적 수호자로 존경하고 교권에는 손대지 않았다. 그래서 교회는 교회 조직의 기반인 도시 체제를 유지할 수 있었다.

주교가 거주하는 도시가 점차 빈곤해지고 인구도 감소하긴 했다. 그렇지만 국가가 사라지고 도시가 쇠퇴할수록 주교의 영향력은 확고해졌다. 이미 4세기 이후부터 성직자는 사법 문제, 조세 문제에서 특권을 누리기 시작했다. 프랑크왕국의 국왕들은 성직자에게 특권을 부여하는 특허장을 부여했다. 성직자 신분은 더욱 향상되었다. 교회령에서 주교들은 백伯들의 간섭에서 벗어났다. 7세기 이후부터 주교는 지역 주민과 토지에 대한 종주권을 부여받았다. 주교 법정은 기존의 성직 재판권에 더해 세속 재판권까지 위임받아 행사했다. 주교 법정은 키비타스에 고정되었다. 주교는 카롤링거 지배자와 더불어 사실상 국가를 통치했다. 9~10세기 무정부 상태 때 교회의 우월권은 침해당하지 않았다. 주교는 개인끼리의 전쟁을 막기 위해 교회 관할구역 내에서 '신의 평화paix de Dieu' 제도를 실시하고(989년), 비전투 세력에 대한 공격을 금지했다. 이후 이를 보완하여 '신의 휴전'(1027년)을 결의하여 주요 축제일, 수요일 저녁부터 월요일 아침까지는 전투를 금지했다.

키비타스가 살아남긴 했지만 예전과 같은 존재 이유는 상실했다. 키비타스에 거주하는 주민 수도 줄고, 상인이나 예전의 도시적 성격 등도 사라졌다. 키비타스 주변의 대영지에서는 자급자족이 이루어졌다. 카롤링거 군주들은 키비타스에 머물지 않고 시골 장원의 자기네 영지에 머물렀다. 백령 행정을 위임받은 백伯도 행정구역을 순회하면서 자기네 장원에 거주했다. 한편 교회의 주교는 교회 법규에 따라 일정 장소에 정주해야 했으므로 교구의 키비타스에 계속 거주했다. 교구는 대성당이 소재한 키비타스 주변 영토를 포함하여 키비타스와 계속 관계를 유지하는 종교 행정의 중심지가 되었다.

9세기부터 키비타스는 전적으로 주교 지배하에 들어갔다. 아예 키비타스란 단어의 뜻이 변해버려, 키비타스는 이제 성벽으로 둘러싸인 주교구 혹은 주교가 있는 도시를 의미하게 되었다. 교회는 고대의 도시 체제를 교회의 목적에 맞게 변형시켰다. 주교는 도시 사회의 붕괴를 이용하여 권력을 장악했다. 키비타스는 교회 주민만 거주하는 곳으로 변했다. 성벽 안에는 주교의 가신과 대리, 주교 휘하의 성주城主 등이 거주하는 요새, 곡물 저장소, 창고 등이 있었다. 이제 주교는 종교적 권위와 세속적 권위가 혼합된 영적, 세속적 지도자였다. 주교 법정은 성직자 관련 문제만이 아니라 결혼, 유언, 주민의 신분 등 세속 문제까지도 다뤘다. 주교는 키비타스의 성문에서 이곳을 통과하는 통행 물품에 대한 통행세를 징수했다. 시장 관리, 성벽 안에서 통용되는 화폐의 주조 감독, 광범한 경찰권 행사, 성문, 다리, 성벽 등의 유지 보수까지 담당했다.

키비타스의 통치는 교구 전체로 확대되었다. 그 통치는 보통법에 의한 것이었다. 즉 키비타스에 거주하는 주민이 그곳에 거주한다는 이유로 그 안에서 특권을 누리지 않았다. 키비타스의 주민은 다른 지역의 주민과 차별화된 특정 신분이 아니었다. 아직 키비타스에는 훗날 중세 유럽 상업도시에 생겨난 자치 조직 같은 것도 없었다. 키비타스 고유의 법적 의미는 아직 확보되지 않았다.

키비타스의 성벽 축조는 로마제국 말기부터 주민들이 게르만족의 침입을 막기 위한 목적에서 시작되었다. 키비타스가 주교의 거주지이자 요새지가 되는 9세기에 주교들은 이슬람교도, 노르만족 등의 침략을 방어하기 위해 성벽을 보존, 복구하려는 노력을 했다. 성벽이 복구된 키비타스는 거의 언제나 인근 지역 주민의 피난처 역할과 기능을 잘 유지했다.

부르그

9세기에 프랑크왕국의 해체가 촉진될 때, 자기네 관할 지역에서 가장 넓은 토지를 소유하던 백伯들은 이 무정부 상태를 이용하여 완전한 자치권을 확보하고 이를 세습화했다. 이들은 위임받은 공권력을 자기 영지의 사적 권한과 결합시켰다. 그러고는 인근 백령까지 장악하여 영역 제후령을 형성하기 시작했다. 9세기 중엽 이후 카롤링거제국은 이러한 수많은 영역으로 분할되었다. 각 영역은 봉건적 신종선서 같은 허약한 유대만으로 왕권에 소속되었다. 국가 분열 과정에서 봉건제후들 사이에 배신과 폭력이 난무했다. 제후의 영역 제후령에서 공공질서와 평화를 보장하고 영내 토지에 사는 신민을 보호하는 일은 제후들의 몫이었다. 도처에 피난을 위한 요새가 축조되기 시작했다. 요새의 명칭은 다양했으며, 부르구스*가 가장 일반적인 말이다.

부르구스 축조는 그다지 넓지 않은 영역을 성벽이나 목재 울타리

---

* burgus, burg, borough, bourg, borgo.

로 두르고 다시 해자垓字로 둘러싸는 식으로 이루어졌다. 형태는 대체로 원형이었다. 그 중심부에 외부 공격을 받았을 때 최후의 방어 보루로서 강력하게 요새화된 탑과 망루가 있고, 이곳에 기사 주둔병이 항상 주둔했다. 인근 지역 주민 가운데 선발된 전투병이 이들과 교대하기도 했다. 이 병력 지휘는 성주castellanus가 했다. 또한 부르구스에는 제후가 전쟁이나 행정 업무상 이동할 때 수행원과 함께 머무는 집domus, 예배당, 성직자 숙소, 사법 집회 장소 등이 있었다. 이외에도 반드시 창고와 지하실을 갖춰 적의 포위, 공격에 대비하고, 제후가 부르구스 안에 머무를 때 필요한 물건을 저장해두었다. 물건은 제후가 소유한 인근 영지에서 생산된 것이었다. 부르구스의 주둔병은 그 지역 농민에게 부과된 현물 공조로 생계를 해결했다. 농민은 부역 의무 수행과 함께 성벽을 보수하고 유지하는 일을 했다.

10세기에 성주령châtellenie이 등장했다. 이는 제후가 부르구스 성벽 주변의 일정한 지역에 대한 재정권, 사법권을 성주에게 위임한 영역이었다. 군사시설인 부르구스에 행정 기능이 첨가된 것이다. 주민들은 전쟁이 일어났을 때 대피하기 위해, 일상적으로는 부르구스의 재판에 참가하거나 공조 등을 지불하기 위해 부르구스에 드나들었다. 9세기에 제후들만이 아니라 대수도원도 요새화된 성곽을 쌓았다. 이 성곽도 부르구스나 성으로 발전했다. 이 역시 세속인이 세운 부르구스처럼 이민족의 침입을 막고 피난하기 위한 것이었다.

제후나 대수도원이 건설한 군사시설인 부르구스는 주변 농촌에서 거둬들이는 세입으로 유지되는 단순 소비자였다. 다시 말해 부르구스는 진정한 의미의 도시가 아니었다. 즉 진정한 도시란 상업,

공업과 관련되어 발전하여 외부에서 식량을 들여와야만 유지될 수 있고, 그 식량을 들이기 위해 그만큼의 제조품을 외부에 수출해야만 하며, 외부와 항상 지속되는 서비스의 교환관계가 형성되어 있는 군락지라야 한다. 그런데 그 당시 부르구스의 주민은 도시민이 아니라 단순히 요새지의 주민이었다. 부르구스 주민 고유의 제도도 없었고, 생활양식도 농촌 주민과 다르지 않았다. 부르구스 자체의 생산 물품도 없었다. 상업활동도 불가능했다.

10세기의 경제 변화

10세기 들어 프랑스 일대에는 왕권을 결정적으로 약화시킨 봉건제가 확립되었다. 서부에 이어 동부에서도 이민족 침입이 방어되고 종식되었다. 서유럽 봉건제가 확산되는 시기에 독일 지역에서는 봉건화 진행의 정도와 리듬이 상대적으로 불규칙하거나 지연되었다. 이에 따라 작센왕조의 군주들은 세속 귀족이 왕권을 잠식하는 일을 억제할 수 있었다. 독일 군주들은 주교들에게 강력한 영향력을 가졌고, 이 영향력을 이용해 군주정의 우위를 회복할 수 있었다. 그들은 로마 황제의 칭호를 취함으로써, 샤를마뉴가 행사했던 보편적 권위를 주장했다.

공권력이 제 역할을 시작하고 사회가 안정된 10세기는 인구 증가의 시기이기도 했다. 신민의 상황을 개선하려는 노력이 성직 제후령만이 아니라 봉건 귀족의 영역 제후령에서도 나타났다. '신의 평화'가 최초로 선포되고(989년) 프랑스에서는 영역 제후들이, 독일 지역에서는 제국 교회의 고위 성직자들이 개인끼리의 전쟁을 적극 억제했다.

11~12세기에 출생률이 높아졌다. 정복 사업, 대규모 개간 사업 등도 활발해졌다. 군주들과 대토지 소유자들은 '신촌락new town' 세우기에 분주했다. 사람들이 경작지를 찾아 신촌락에 모여들었다. 또한 진정한 상업이 부활하고 제조업도 등장했다. 이때 키비타스나 부르구스의 성벽 주변에 도시가 형성되기 시작했다. 그 징후는 10세기부터 보였다. 상업조직에 속하여 상거래 지역을 왕래하는 상인은 교통이 편리하고 돈과 상품을 안전하게 보관할 장소가 필요했던 것이다. 본래 키비타스는 지형, 강 흐름 등 자연조건에 따라 생겨났다. 대개 상업활동을 하기에도 좋은 곳이었다. 이러한 키비타스 외곽에 상인들이 자리 잡기 시작했다. 유사시 피난처로서 조성되었던 부르구스 역시 접근성이 좋아 상인이 그 주변에 모여들었다. 모든 키비타스, 부르구스가 그런 것은 아니었다. 지리적으로 교역로에서 멀리 떨어진 키비타스나 부르구스는 상인들의 관심을 받지 못하여 상업 중심지가 되지 못했다. 여하튼 키비타스나 부르구스는 애초에 상업과 무관하게 조성되었으므로 이들 자체가 상업을 야기한 것은 아니었다. 하지만 도시로 발전하는 디딤돌 역할은 했다.

상인은 키비타스 내의 일정 구역에 정착하다가 10세기부터 성벽 바깥에 많은 상인이 정주했다. 키비타스가 확대되기 시작했다. 부르구스 내부에는 새 이주자를 위한 공간이 부족해, 처음부터 부르구스 곁에 바깥 부르구스(신부르구스 혹은 포르투스)가 생겼다. 포르투스는 상거래 흐름에 따라 더 먼 곳으로 운송될 상품이 집산되는 하역장이자 상설적으로 상거래가 이루어지고 수송이 지속되는 중심지였다. 정기시장, 주週 시장은 단순히 판매자와 구매자의 정기적 만남의 장소일 뿐이었다. 포르투스는 이들과 구분된다. 포르투스는

8세기 경기 침체와 이민족 침입으로 사라졌다가 10세기에 다시 활기를 띠거나 새로 건설된 상업 시설을 일컫는 말이었다.

10, 11세기에 부르구스 외곽에 자리 잡은 상인 정주 지역인 포르투스는 계속 확장되었다. 포르투스는 새 주민을 더 많이 흡수하면서 부르구스보다 더 중요해졌다. 결국 두 지역이 서로 융합된 도시가 탄생했다. 키비타스와 부르구스의 정체는 소멸되었다. 존재 이유를 상실한 옛 주교 요새지는 황량해졌다. 혹은 도시가 이를 사들여 새 건축 부지로 쓰기도 했다. 11세기 초부터 상인 정주지를 위한 새 교회, 교구가 들어섰다. 12세기 초에 상인 정주지의 건물이 원래의 키비타스와 부르구스를 에워쌌다. 초기 포르투스는 요새화되어 있지 않았지만, 이제 차차 강력한 요새지로 변했다. 번영한 상인 정주지는 견고한 석조 성채를 쌓고 망루를 세워 외부 공격을 방어했다. 상인의 안전을 위해 만들어진 성벽 요새지가 도시의 상징이 되었다. 상인 정주지의 주민을 가리키는 말로 '부르구스의 주민' (bourgeois, burgher, burgenses)이란 말이 11세기 초부터 쓰이기 시작했다. 즉 그들은 상업활동을 하기 위해 어딘가에서 신부르구스 (포르투스, 부르구스 외곽)로 와 정착한 자들이었다. 구부르구스 주민은 '요새지 주민'(castellani, castrenses)이라 불렸다.

12세기의 변화

명확히 12세기에 서유럽의 변형이 시작되었다. 인간과 토지 관계에만 의존해오던 사회가 상업과 제조업이 농업에 영향을 끼치는 사회로 변해간 것이다. 농산물은 자급자족을 넘어 교환의 대상과 원료로서 광범위하게 유통되었다. 이러한 유형의 경제활동을 억제하던 장원제의 틀이 흔들리기 시작했다. 사회가 다양해져갔다. 유럽은 카롤링거 시대의 모습에서 벗어나 고대 세계의 기본적 특징을 처음으로 회복했다. 그뿐만이 아니었다. 로마제국 시대에 경제 발전의 경계는 라인 강, 도나우 강 경계까지만 미쳤었다. 이제 독일 지역과 비스툴라 강까지 넓어졌다. 발트 해와 북해 연안에도 많은 항구가 생겼다. 이곳에서 각 지역의 특산물이 거래되었다.

이미 11세기 초부터 농촌 지역 사람들이 새로운 직업을 찾아 인접한 새 도시로 모여들었다. 상업이 공업을 자극했다. 상인이 제조업자로 변신하기도 했다. 이들은 농촌 모직공을 도시로 끌어들였다. 농촌에 흩어져 있던 직물업이 도시로 집중되기 시작했다. 도시와 농촌 간에 노동 분화가 발생했고 이 추세는 지속되었다. 구부르구스 주민과 신부르구스 주민 간에 갈등이 발생하기도 했다. 토지 이용 방식이나 토지에 적용되는 통치 형태가 다양해지기 시작했다.

동업조합

신도시에 정착한 주민들은 매우 이질적이었다. 어느 한 집단이 이들을 통제할 필요가 생겼다. 11세기 중엽에는 상인들이 이런 역할을 담당했다. 상인들은 도시에서 가장 부유하고 활동적이었다. 이들은 상업의 필요에서, 자기네 특권적 자유(상업권)를 독점하기 위해서 길드나 한자 같은 배타적 조직체, 즉 동업조합(길드, 춘프트)을 조직했다. 자치적인 인적 결합 조직인 동업조합은 모든 권력으로부터 독립되어 있었고, 독자적으로 법을 제정했다. 조합은 회원 공동의 이익과 안전을 도모하기 위해서 상업권 독점, 영주와의 교섭 등 여러 기능을 발휘했다. 이들 상인 조합^{Kaufmannschaft}은 도시에서 자유와 자치권의 획득에 앞장섰다. 따라서 도시 행정에서 발언권이 강했다.

동업조합이 도시의 조직과 관리에 솔선 참여하는 초기에는 이에 관한 법적 근거가 없었다. 이들은 차차 공권력을 보완하기 시작했다. 조합 수입의 일부를 방어 시설 축조와 도로 유지에 배정하기도 했다. 도시 행정관의 명칭이 곧 '한자의 백'이었다. 11세기에 동업조합의 우두머리들이 모든 도시에서 도시 행정관 역할을 했다. 조직 내에서 자유롭게 선출된 우두머리*가 자체 제정한 규율을 유지, 감독했다. 조합 회원은 정기적으로 회원끼리 모이는 장소에 모여 이해관계를 논의했다. 회원의 회비로 금고를 유지하고 조합의 필요에 대비했다. 도시의 성주도 이를 막을 이유가 없어 허락했다. 도시 주민은 처음에는 영주에게 예속되어 각종 봉건적 의무를 부담하게 되어 있었다. 하지만 점차 대大상인 중심의 도시 공동체commune를 형성하여 영주에게 일정 금액을 지불하거나, 혹은 무력으로 자유를 획득하기에 이르렀다. 중세 도시 주민의 자유는 개인의 자유가 아니라 도시 지배자인 영주로부터 얻어낸 집단적 자유였다.

상인 조합

어느덧 도시 안에 소작농, 수공업자 등의 자유민과 하인, 종속 수공업자 등의 부자유민 등 여러 법적 권리를 가진 집단이 거주했다. 그 안에서 재판권 청구, 배심원 재판도 이루어졌다. 배심원 재판을 할 때 배심원은 도시 영주가 임명했다. 상인이 정착한 지역에서 도시

---

* '최연장자'는 doyen, '한자의 백'은 Dekenen, Hansgraven이라고 한다.

법 제정, 시장 개설, 징세 등이 도시 영주의 이해관계에 따라 이루어질 경우 그 도시는 아직 진정한 자치도시가 아니었다. 상인 조합은 도시 자치권을 확보할 때 도시 영주와 계약을 통해 얻어내야 했다. 상인 조합이 자치권을 얻어내도 지배자는 여전히 영주라는 관념이 남아, 상인은 영주에게 자금을 융자할 의무가 있었다. 또한 도시 영주는 조합에게 자치권을 허용하는 대신 성벽을 만들 때 주민과 조합에게 축성 의무를 부과했다.

13세기부터 상인 조합은 도시 재정을 관리하고 상업권을 독점하고 영주와의 교섭도 행하였다. 따라서 이들은 도시 행정에서 발언권이 강했고 훗날 도시귀족으로서 실질적으로 도시 행정권을 독점했다. 도시 영주는 도시를 건설하여 미니스테리알^{Ministerial}에게 도시의 행정, 화폐 주조, 관세, 제방 관리 등을 맡겼다. 미니스테리알은 영주에 속한 부자유 신분이었으나, 도시를 관리하면서 스스로 소득을 증대시키고 세력을 확대하여 상인 조합을 장악하고 사실상 도시를 지배했다. 때로 거상 가문과 혼인 관계를 맺어 신흥 도시 귀족(파트리치어^{Patrizier}) 계층을 이루기도 했다. 파트리치어는 무역 업무, 대외적인 지역 연결망의 전문가로서 상업에 종사하고 무역 주도권을 장악했다. 영주의 금은세공, 모피 피혁, 견직업 등의 경제 시설에 종사하다가 신흥도시의 수공업자로 파견된 후 파트리치어로 승격되는 사례도 있었다.

수공업 조합

수공업 조합은 도시 영주에게서 도시 내 제조, 판매권을 부여받아 도시민을 상대로 자기 계산에 따라 영업활동을 했다. 외부 상인은 견제하고, 정해진 규칙에 따라 제품의 품질 관리, 규격화, 표준화 등을 엄격히 관리했다. 생산과정에 따라 다양한 수공업 조합이 만들어졌다. 이들 사이에서는 영업활동을 통해 조합 회원에게 적절한 생계를 보장하고 회원끼리 적절한 대우, 원료 공동구입, 도제의 수, 노동시간, 판매 가격 등을 통제한다는 개념이 통용되었다.

이러한 조합 정신은 '신의 계획에 근거한 신분 질서'라는 중세적 질서 개념에서 나온 것이었다. 조합은 각자에게 부과된 과업을 완수한다는 생각에 기초한, 맡은 바 직분이라는 의미의 암트^{Amt}였다. 또한 현세보다 내세를 기대하며 신 앞의 만민 평등이란 개념에 입각하여 조직되었다. 중세 시대에 빈부란 개념은 그다지 강력하지 않았다. 중세 사람들은 과도한 이윤 추구는 자연 질서에 어긋나는 것으로 받아들였다. 조합은 공정가격과 구성원에 대한 적당한 생계를 보장한다는 윤리를 추구했다. 이것은 중세적 질서가 그들에게 인정한 승인이었다. 부자란 가난한 이웃에 자비를 베풀 기회를 얻은 자들이었다. 거지도 조합을 통해 구호를 받을 수 있었다.

수공업자 조합은 상인 조합보다 뒤늦게 동일 업종마다 조직되었다. 이들의 목적은 다른 도시들과의 경쟁으로부터 자기네를 보호하고 동업자 간의 경쟁을 배제하려는 것이었다. 따라서 동일 업종의 생산에 대한 독점권을 보유하는 동시에 생산과 판매를 엄격하게 통제했다. 그러므로 수공업자 조합의 성격은 자유경쟁과 개인의 창의성을 배제하고 철저한 보호주의와 통제, 균등화의 경향을 보였다.

독일 지역의 중세 도시

이러한 중세 도시가 독일 지역에서는 신성로마제국 잘리어^{Salier}왕조의 하인리히 3세가 1040년에 뉘른베르그^{Nürnberg}를 만든 것이 그 시초였다. 1150년 무렵 독일 지역에는 도시 영주가 만든 신도시 200개가 생겼다. 이후 봉건영주들이 라인 중부 지역에, 12세기에는 슈타우펜왕조가 제국 도시를 많이 건설했다. 독일 남서부 제국 도시들이 주로 이 영향을 받았다. 12세기 전반에 브란덴부르그, 브라운슈바이크, 하노버, 괴팅겐, 메르제부르그 등이 세워졌다. 15세기 말에 독일에서 도시는 4,000개로 증가했다.

벨펜^{Welfen}가의 사자공 하인리히는 발트 해 연안 최초의 제국 도시 뤼벡^{Lübeck}을 건설했다(1158년). 훗날 뤼벡은 한자의 중심 도시가 되었다. 한자는 처음에는 상인들만의 이해관계로 결합된 조직이었으나 뒤에 도시들이 이에 참여하여 상인 조합에서 도시동맹^{Stätebund}의 성격으로 변모되어 한자라는 거대한 세력으로 발전했다. 그 상업망은 북구, 동구를 중심으로 유럽 전역으로 확대되었다. 중세 후기에 발트 해와 북해 무역을 지배하면서 1201~1230년에 걸쳐 한자 상인과 독일기사단은 발트 해에 여러 도시(리가, 페트로드보레츠, 로스토크, 레발 등)를 만들었다. 이 도시들은 러시아 노브고로드와의 교역 거점이 되었다. 리가, 메멜, 단치히 등은 외국 영토에 건설되었으나 완전히 독일적인 도시였다. 발트 해 연안에서 새로 태어난 도시들은 뤼벡 법을 따랐다. 12세기에 독일의 도시들은 북해와 발트 해에서 스칸디나비아인을 몰아내고, 한자 소속 도시들이 제해권을 장악했다. 13세기 전반에 해안에서 강을 따라 내륙이 개척되었다. 베를린(1230년), 프랑크푸르트(안 데어 오데르, 1250년)가 건설되고 무역로가 흑해까지 이어졌다. 이 무역로는 13세기 후반 오데르 강 동부를 거쳐 비스툴라 강까지 닿았다. 이 무렵 독일기사단(게르만기사단)은 폴란드의 쿨머란트에 진출했고, 프로이센 원주민을 지배했으며, 쾨니히스베르그를 건설하고(1255년), 리가를 점령했다.

한자 소속 도시는 200여 개였다. 이들의 활동을 제한하려는 덴마크 왕의 위협 때문에 한자는 한동안 공식적으로는 조직되지 못했으나, 외국 도시에 거주하는 독일 상인들은 이미 오래전부터 서로 협력했다. 예컨대 베네치아의 '독일재단German foundation' 단체는 상인의 상품 판매에 필요한 자문이나 지원을 하고 독일의 편력상인에게 숙식을 제공했다. 런던에 있는 독일 상인의 거주지 '스틸야드Steelyard(Stahlhof)'는 치외법권과 자치권을 획득했다(1281년). 이와 유사한 독일 식민지가 노브고로드, 브루게, 베르겐, 고틀란드 섬의 비스뷔, 발트 해 연안의 여러 지방 등에 건설되었다. 한자 상인은 뤼벡, 도르트문트 등을 중심으로 하여 멀리 노르웨이의 베르겐, 스웨덴의 스톡홀름까지를 오가며 곡물, 생선, 어유, 철, 동광 등을 거래했다(12세기 말). 한자는 1367년에 공식적으로 조직되었다.

독일인이 동부 개척을 할 당시, 독일기사단은 봉건적 영토 원칙을 따른 반면 한자 상인은 서유럽 자유도시 윤리적인 경향을 보였다. 이 둘 사이에 충돌이 잦았다. 이 충돌 문제는 결국 독일기사단이 한자에 가입함으로써 해결되었다. 13세기에 한자가 북해 무역에 진출했을 때는 라인 강 중류, 하류 무역과 북해 무역을 지배하던 쾰른 상인과 충돌했다. 결국 쾰른 상인도 한자에 가입했다. 13세기 중엽에 한자 상권은 런던, 벨기에의 브루게까지 확대되었다. 발트 해, 북해, 라인 강 중·하 유역, 엘베 강, 오데르 강, 비스툴라 강 상·중류 유역 등지의 도시들이 한자의 무역 질서, 제도, 법으로 조직되었다. 한자 상인은 발트 해와 북해를 연결하고 발트 해를 독일인의 바다로 만들었다. 14세기 전반까지 한자 도시는 영방군주들의 도시보다 훨씬 강력했다. 통일된 강력한 중앙 정치권력이 존재하지 않는 신성로마제국 내에서 한자는 막강한 경제력, 무력, 자체 의회와 행정 기구 등을 갖췄다. 한자는 자치권을 인정받고 상인과 재화의 안전을 자체 보장했다. 또한 영방군주에게서 조세 경감이나 면제 등을 얻어내고 현지 재판 면제권을 보유하는 등, 무역 특권에 기초한 사실상 국가적 수준의 조직이었다.

도시는 인근 농촌의 변화에 영향을 미치기 시작했다. 주로 도시 주변을 포함하는 상인 중심의 독립적 도시국가로 성장한 이탈리아 도시들과 달리 독일 지역의 도시들은 황제 직속의 자유도시로 봉건 영주와 맞섰으며, 대부분의 도시들은 영주의 보호하에 납세의무를 부담하는 자치도시가 되었다.

흑사병 이후의 도시

14세기 말~15세기에 도시 수공업은 새로운 국면에 접어들었다. 인구가 농촌에서 도시로 대량 이주했다. 흑사병 이후에 수공업자의 도시 행정 참여가 확대되었다. 급격한 인구 감소로 구질서가 상당히 제거되거나 완화되었다. 조합 규제나 금제권Bannrecht은 강화되고 외부 장인Meister의 접근은 억제되었다. 노동력 감소로 임금이 상승하고 생산이 감소했다. 국제무역이 활발해져 수공업 제품에 대한 관심은 높아졌고 수요도 증가했다. 조합의 폐쇄적 정책은 완화되지 않고 상인 조합과 수공업 조합 간 대립이 심화되었다. 그 대립과 투쟁 과정에서 상인 귀족이 주도권을 잡는 도시도 있고, 다른 도시에서는 수공업 조합이 비교적 성공하기도 했다. 수출 상인에게 종속된 비조합원 수공업자, 한 도시에만 국한되는 조합원 수공업자, 자유 수공업자 등이 출현했다.

한자의 쇠퇴

한자 세력도 변화했다. 북해를 거쳐 플랑드르, 북프랑스, 영국, 노르웨이 등지와, 발트 해에서 덴마크, 스웨덴, 노브고로드, 리블란트 등의 발트 해 연안과 동·서 프로이센의 기사단령, 폴란드 등지와 교역하여 12~15세기 말에 이 지역 상권을 독점했던 한자 무역은 발트 해, 폴란드, 헝가리 등에 세워진 중앙집권적 국가들이 자국 상인을 보호하기 시작하면서 크게 약화했다.

한자에게 가장 큰 타격을 가한 세력은 네덜란드였다. 네덜란드는 원래 한자에 부분적으로 속했거나 협조했었는데, 15세기부터 한자와 충돌하기 시작했다. 한자 소속 도시와 네덜란드 도시 간에 전쟁까지 일어났다(1438~1441년). 16세기에 네덜란드는 한자와 완전히 결별하고 한자 무역 중심지 일부(브루게와 암스테르담 사이의 상업, 공업 지대)를 지배했다. 네덜란드는 라인 운하에도 세력을 뻗쳐 한자 상인의 서유럽 상품 구입처에 압력을 가하고, 한자의 동유럽·북유럽 시장 확보를 어렵게 만들었다. 또한 네덜란드는 한자 선박보다 더 크고 빠른 배를 건조, 보유하여 한자 선박을 제쳤다.

15세기 후반 강력한 왕정을 갖춘 영국은 자국 모직공업의 육성과 상인 보호에 나섰다. 영국도 한자와 전쟁까지 치르고 한자의 독점적 지위를 약화시켰다. 러시아에서 모스크바 대공 이반 3세가 도시 공화국 노브고로드를 점령하고 한자를 압박했다. 한자의 노브고로드 상권도 급속히 위축되었다. 동·서 프로이센의 기사단 국가들도 점차 발트 해 무역에 진출하여 단치히에서 레발에 이르는 무역권에 도전하기 시작했다. 이러한 경쟁 세력들이 성장하여 기존의 한자 무역에 직접 참여하면서 그들 나름의 무역과 상업 세력을 형성하는 한편, 자국 내 한자 상인 세력을 억누르고 자국 상인 보호 정책을 씀으로써 한자 무역의 해외 지점들은 폐쇄되기 시작했다. 리가, 레발 등의 도시는 뤼벡 도시와의 유대가 느슨해졌다. 노브고로드 지점이 1494년에, 베르겐 지점은 16세기 중엽에, 브루게 지점이 안트베르펜으로 옮겨진 후 이 역시 16세기 후반에 폐쇄되었다. 런던 지점은 1598년에 철수되었다.

한자 도시들도 내분으로 치달았다. 발트 해 무역의 주요 품목 가운데 하나인 청어 어장도 16세기 후반에 고갈되어 한자는 심각한 타격을 입었다. 본래 북부 독일 상업 무역의 독점 세력으로 출발한 한자는 이제 남부 독일 상업이 북부 독일에 진출하는 것마저도 막아낼 능력이 없어졌다. 뉘른베르그 상인부터 아우그스부르그 상인들까지 발트 해에 무역 기지를 설치하기에 이르렀다. 푸거가의 헝가리 구리가 스웨덴 시장에 진출했다. 이제 네덜란드, 영국이 강력한 경쟁자로 등장했고, 독일의 수많은 영방국가들이 중상주의 정책을 취하기 시작했다. 30년전쟁 이후 한자의 몰락은 가속화되었다.

상업 조직의 발달

상업 발달에 따라 상사Handelsgesellschaft가 출현했다. 독일 최초의 상사는 마직을 취급하는 슈바벤 상인 조합 라벤스베르그였다(14세기). 이들은 남부 독일, 북부 독일, 서지중해 지역과 북해의 플랑드르 지방까지 지점을 설치하고 무역활동을 했다. 15세기에 무역에 치중하던 라벤스베르그 상사의 독주는 15세기에 끝났다. 뉘른베르그 상사와 아우크스부르그 상사가 부상했다. 이 상사들은 무역 이외에 광산, 제조업까지 영역을 확대했다. 주로 금속야금업을 하는 뉘른베르그 상사는 제련소를 자체 소유하고 생철, 흑염철 등의 지하자원을 가공했다. 은광도 운영했다. 철은 무기류 제조와 도구 제작을, 은은 주화 주조를 자극했다. 은화는 동방 산물의 구매 수단이었다.

아우크스부르그 상사는 푸거가, 벨저^{Welser}가가 그 중심이었다. 그들은 뉘른베르그 상사보다 중세적 모습에서 더 많이 탈피했다. 벨저가는 상사를 외부인의 참여도 허용하는 개방적 개인회사 형태로 운영하면서 주로 식민지 무역과 향료 무역을 했다. 지중해 지역에 상권을 구성하여 스페인을 중심으로 유럽 여러 도시에 대리점과 지점을 두었다. 남미, 특히 베네수엘라 광산에 독일 광부를 고용하여 운영했다.

푸거가는 가족 위주의 혈연적, 배타적인 개인회사였다. 모직 직포공 요한 푸거는 아우크스부르그에 이주하여(1367년) 단순 조합장(춘프트마이스터)으로만 활동한 것이 아니라 다른 수공업자를 고용하거나 농촌 선대제 방식으로 포^布 무역업자로서 부를 축적했다. 후대에 가서도 대규모 농촌 선대제 방식으로 마직, 모직을 직접 생산 거래하는 무역업을 운영했다. 아들 야콥 푸거는 푸거 상사를 설립하고 주조, 은광 사업에까지 진출했다. 야콥 푸거의 막내아들 야콥 푸거 2세가 형제들과 협력하여 푸거 상사를 세계적 대상사로 키웠다. 푸거가는 금융업과 광산 경영으로 부를 일으켰다. 푸거는 1487년 바이에른 영방군주인 지기스문트 대공의 은행가로 발탁되어 은

광 운영권을 위임받아 금은의 귀금속 가격차를 이용해 화폐 부족 문제를 해결하는 업적을 이루었다. 또한 푸거가는 합스부르그가의 막시밀리안 황제(신성로마제국 황제로 선출됨)에게 거액의 자금을 지원하고 티롤의 은광과 다른 광산 운영권을 확보하여 유럽의 은을 지배했다. 한때는 헝가리 구리의 유럽 시장 독점권도 얻었다. 1496년 이후부터는 로마교황청과도 돈거래를 했다. 심지어 면죄부 판매에도 가담했다. 푸거 상사의 상업, 무역망은 남유럽 이탈리아부터 북유럽 발트 해까지 미쳤다. 1505년에는 임호프 가문과 함께 포르투갈 후추 1년분을 매점매석하여 독점판매하기도 했다.

15세기 말까지 푸거가는 대금업, 광산업, 무역업, 제조업을 운영하면서 원료 구입에서 완제품 생산, 가공까지 모두 장악하고, 유럽의 군주, 도시, 교회 등에 중요한 자금 공급자가 되었다. 신성로마제국 황제 선거 때(1519년) 스페인 합스부르그가의 카를로스 1세(훗날 신성로마제국 황제 카를 5세)를 적극 지원하여 당선시키고, 또한 프랑스와의 전쟁에서도 카를 5세를 지원한 후 독점 남용과 모든 경제 범죄에 대한 사면을 받는 등, 푸거가의 자금은 특히 신성로마제국에 깊이 침투했다.

푸거가의 대부 자금은 스페인 왕실에 지나치게 많이 편중되다가 결국 회수 불능에 빠지게 되었다. 때마침 아메리카 은이 유럽에 유입되면서 푸거가의 은 독점의 위력이 약화되기 시작했다. 이미 중남부 독일의 은광이 고갈되면서 결국 푸거가는 16세기 후반기에 몰락했다. 여하튼 푸거가 사람들은 다양한 상품, 화폐, 무역, 상거래 업무 관련 지식과 경험을 열심히 습득, 축적하여 중세적 모습에서 벗어난 새로운 형태의 기업을 출범시킨 선구자였다.

16세기 도시

15세기에서 16세기로의 전환기에 많은 농민 봉기가 일어났다. 루터Martin Luther의 종교개혁 운동은 사회불안을 고조시켰다. 도시에서도 이미 15세기에 사회적 긴장의 움직임이 보였다. 장원의 농민이 도시로 유입되어 도시 내 수공업자가 넘쳤다. 수공업자 조합이 혼란해지고 장인 지위를 획득하는 일이 점점 어려워졌다. 장인Meister과 직인Geselle 간 대립이 커져 직인 계급이 동맹파업을 일으키기도 했다. 이로 인한 수공업 제품의 수요, 공급의 불균형 발생, 도시 내부의 긴장, 권력투쟁 등이 더욱 커졌다. 도시 내 분쟁은 도시에 대한 지배권을 강화하려는 영주에게 이용당하기도 했다.

상업혁명과 가격혁명

중세 유럽의 도시는 동방세계와의 교역으로 더욱 규모가 확대되었다. 동방 산물 중에서도 향료 무역의 비중이 컸다. 동로마제국의 콘스탄티노플이 터키제국에게 함락되고(1453년), 지중해 무역의 중요한 거점인 레반트Levant가 터키 지배에 들어갔다. 향료 무역이 벽에 부딪쳤다. 그러자 유럽인들은 동방과의 새로운 무역로를 개척하러 나섰다가 뜻밖에 아메리카 항로를 발견했다(1492년). 마침내 바스쿠 다가마가 인도 항로도 발견했다(1498년). 16세기 들어서도 유럽인들이 신항로와 새로운 땅을 발견하면서 사회에 근본적인 경제 변혁이 일어나기 시작했다.

남부 독일의 상업은 이탈리아 상업도시(베네치아, 제노바, 피렌체 등)와의 교역으로 동방 산물을 집산하여 라인 강 지방의 중개무역을 거의 독점했다. 또한 자체 생산한 직물, 광산 채굴로 얻은 광물

중부 유럽 경제사

등을 이탈리아 상인을 통해서 동방세계와 교역하여 막대한 부를 누렸다. 그러다가 터키의 방해를 받자 남부 독일 상인들은 신항로를 발견하려는 노력을 적극 후원했다. 상인들은 신항로를 발견하기 위해 포르투갈의 선박 건조에 막대한 재정 지원을 했다. 신항로 발견 이후에도 여기에 많은 투자를 하면서 계속 부를 축적했다.

16세기 후반 이래 아메리카에서 귀금속이 유입되면서 남부 독일 상업이 쇠퇴하기 시작했다. 특히 16세기에 스페인이 자기네 정복지에서 은을 들여왔고, 16세기 후반에는 그 유입량이 유럽의 은 총생산량을 훨씬 능가했다. 남부 독일의 상업은 남부 독일의 은광을 지배하면서 은을 동방 산물의 구매 수단으로 삼았다. 은은 이 지역 상업의 중요한 경제적 기반을 이루고 있었다. 아메리카 은이 유럽에 대량 유입되자 남부 독일의 은은 의의를 상실했다. 이는 이 지역 상업에 결정적인 타격을 가했다. 16세기 중엽부터 유럽 중부와 남부 독일의 은광이 고갈되기 시작했다. 또한 이 지역 상인들이 스페인, 네덜란드 왕실에 빌려준 자금마저 지불 불능에 빠져 파산 지경에 이르렀다.

아메리카에서 스페인에 유입된 막대한 은의 일부는 동방세계로 수출되고 나머지는 유럽에 퍼졌다. 유럽 나라들은 은으로 화폐를 대량 주조하여 화폐 유통량이 급증했다. 또한 은제품을 대량생산하여 은의 가치척도로서의 기능이 상실되었다. 은의 가치 하락은 자연히 물가앙등을 가져왔다. 15, 16세기에 유럽 인구가 다시 급증하여 물가 변동을 더욱 부추겼다. 아메리카 은이 네덜란드를 통해 독일에도 유입되어 이런 현상이 일어났다. 영주들은 화폐 주조를 남발했다. 화폐가치는 떨어지고 인구 증가까지 겹쳐 물가 상승이 심각했다. 지역별 편차가 있었으나 1470~1618년에 곡물이 260퍼센트, 육류가 180퍼센트, 섬유류 제품이 40퍼센트, 금속 제품이 80퍼센트 올랐다. 임금 상승률은 120퍼센트에 그쳤다. 16세기 도시와 농촌의 사회적 불안과 동요는 이러한 현상과 관련된 면이 있다.

17~18세기 독일 경제

농업

17세기 후반부터 18세기 말까지 독일의 농업은 30년전쟁의 피해를 복구하는 과정에서 이루어진 것이었다. 전쟁으로 황폐해진 농업은 1680년 무렵에 가서야 이전 수준으로 회복되었다. 새로운 경작지 개간과 집약적 농업으로 18세기 후반에 농업 생산이 대폭 증대되었다. 프로이센 국왕은 정책적으로 경작지 개간 작업에 힘을 기울였다. 또한 예전 삼포제에서 유지되던 휴경지를 노는 땅으로 놓아두지 않고 다른 작물을 윤작하여 토지 이용도를 높였다. 17세기 중엽 이후 프로이센 왕령지 안에서 감자를 처음으로 재배하기 시작했다. 이외에도 배추, 사탕무, 완두 등 채소류와 함께 네덜란드에서 사료작물을 도입하여 재배했다. 사료작물은 가축 증식에 크게 기여했다. 특히 양을 사육하여 모직물을 생산할 수 있게 되자 농가 소득이 크게 늘었다. 이러한 17~18세기 독일의 농업 발달은 각 영방국가와 도시 정부의 농업정책과 중상주의, 중농주의 학자들의 노력과 연구에 힘입은 바 컸다. 그 결과 1800년까지 독일 지역의 경지 면적은 1,300만 헥타르에서 2,200만 헥타르로 약 60퍼센트가 증가했으며 단위면적당 생산성도 20퍼센트 증가했다.

수공업과 광업

30년전쟁은 수공업의 전환기였다. 전쟁 이전 시기에 수공업은 주로 군수품과 사치품 생산에 치우쳤다. 전쟁 이후 사치품 수공업은 정체하고 식품 가공, 의복, 가구, 건축 분야, 피혁, 목재 등의 생산도구 제작 분야의 수공업만 명맥을 유지했다. 제품 종류와 수량은 격감하고 품질은 조잡했다. 수공업이 쇠퇴하자 각 영방국가와 도시는 적극적으로 중상주의 정책을 쓰기 시작했다. 정부 당국은 수공업 조합 내부의 기율을 통제하고 규정 조건을 강화시킴으로써 제품의 양과 질까지 규제하여 수공업 제품의 질 저하를 방지했다. 조합을 통제하는 한편 조합에 속하지 않은 자유 수공업자를 보호, 육성하여 이들로 하여금 궁정 수요를 감당하게 했다. 또한 종교적 박해 때문에 나라를 떠나는 위그노 출신 기업가, 기술자를 적극 유치하여 자국 수공업에 종사하게 했다. 중세에 자급자족 위주이던 수공업이 15세기 들어서는 시장생산을 하는 농촌 가내공업을 출현시켰고, 이것이 상인층과 계약하여 작업하는 선대제로 발전했다. 17, 18세기에는 광산지대, 숲 지대 등에서 상인이 아니라 전적으로 수공업 생산에 의지하는 선대제가 석재 가공, 금속 가공, 도자기 제조 분야에 출현했다(중부 독일 삼림지대).

16세기부터 선대제 방식의 직물 생산이 라인, 베스트팔렌, 작센, 라벤스베르그 등에서, 염색 가공이 뉘른베르그에서 이루어졌다. 이러한 직물은 대량 수출되었다. 졸링겐, 슈바바흐, 튀링겐, 지겐 등지에서 금속공업, 제조도 활발했다. 가내공업 이외에 영방국가의 제후들이 주로 궁정의 사치품과 군수품 생산을 위해 매뉴팩처를 도입했다. 섬유 부문에서 사치품 견직 매뉴팩처, 광공업 분야에서 황산 채취, 제련소, 도자기, 유리 등이 매뉴팩처 형태로 운영되었다. 영방국가들은 매뉴팩처를 주로 개인에게 맡겨 운영하였다. 그럴 경우 국가는 개인에게 조세 감면, 원료, 재료 구입 등의 편의를 제공했다. 필요한 경우 노동력까지 국가가 알선하기도 했다. 군수품 생산 매뉴팩처는 국가가 직접 경영하기도 했다. 이때 고아원, 구빈원, 교도소 등의 노동력이 이용되었다. 평화시에는 군대가 매뉴팩처의 노동력으로 이용되기도 했다.

상업과 무역

18세기 들어 상업도 다시 활기를 찾았다. 대도시에는 술, 식민지 상품 등을 취급하는 전문 소매상이 출현했다. 농촌에서는 여전히 소매상, 시장 교역, 정기시(메세Messe) 등이 지배적이었다. 라이프치히는 아드리아 해, 북해, 라인 지방, 동부 유럽 무역로의 교차점에 위치하여 메세가 성시를 이뤘다. 외국 상인들이 이곳에 진출했고 여기에 몰려든 상품은 러시아, 폴란드까지 수출되었다. 17세기 이래 해외 수입무역 중심지가 된 프랑크푸르트는 암스테르담을 경유하여 네덜란드, 이탈리아, 프랑스, 동남 유럽 등지에 광범위한 판로를 가진 메세 도시였다. 함부르크는 17세기까지 네덜란드 무역, 18세기에는 영국 무역의 대륙 지점 역할을 하는 중개무역 도시였다. 또한 한자 도시들이 상업적 지위를 잃은 30년전쟁 이후, 함부르크는 엘베 강, 브란덴부르크 운하, 오데르 강 등을 통해 내륙으로 판로를 이어 독일 상업을 지속 발전시키는 역할을 했다.

당시 수입, 수출품의 대종은 섬유류였다. 또한 동부 독일의 구츠헤어샤프트에서 생산한 곡물이 한자 도시 쇠퇴 이후에도 발트 해를 중심으로 계속 수출되었다. 복식부기법의 도입 등 상업 기술도 발달하여 계산의 정확도가 높아졌다. 어음거래, 국가 채권, 해외 상사의 주식 등도 거래되었다. 어음, 증권 거래는 17세기 후반 주식회사 설립으로 이어졌다.

화폐는 16세기 초에 은화인 탈러Taler가 유통되었고 17세기에는 금화 피스톨레Pistole가 유통되기는 했으나, 각 영방국가와 자유도시들이 제각기 화폐를 주조했기 때문에 금속 함량이 일정하지 못했다. 화폐 주조 기술에도 결함이 많았다. 또한 각 정부의 과다한 재정지출로 인해 금속화폐의 질과 양이 불량해졌고 화폐, 신용 발달이 저해되었다. 13세기에 이탈리아에서 시작된 은행제도가 독일에도 도입되었다. 남부 독일의 대자본가인 푸거, 벨저 등이 금융업에 종사했고, 17세기에는 영방국가의 군주와 제후들이 은행업에 직접 참여하거나 혹은 개인에게 은행업을 허가하여 이를 담당하게 했다. 1765년 프리드리히 대왕이 왕립대체대부은행Königliche Giro und Lehnbanco을 설립하여 지폐 발권 업무, 환 업무, 국가의 신용 대부, 동산저당 대부 업무 등을 했다. 18세기 말까지 신용을 전제로 상인에게 대부해주는 개인은행들이 쾰른, 함부르크, 프랑크푸르트 등에 설립되었다. 토지 소유자를 위해 토지를 저당하고 농업 자금을 대부해주는 농업신용은행도 도입되었다. 이는 훗날 부동산은행으로 발전했다. 1765년 브라운슈바이크 공이 시작한 국립대부은행을 모방하여 지방과 도시 단체가 주민을 위해 만든 저축은행Sparkasse도 출현했다.

4장

프로이센의 독일 통일 운동

"애야, 키 좀 그만 자라렴. 더 크면 관리들이 너를 (군대에 집어넣으려고) 뽑아
갈 거야."

'군인 왕Soldier's King'이라고도 불리는 프리드리히 빌헬름 1세(재위 1713~
1740년)가 프로이센을 통치하던 시절, 그곳의 엄마들은 아들에게 그렇
게 말했다고 한다. 왕은 유럽에서 가장 뛰어난 군대를 창설하여 프로
이센에 진정한 절대왕정을 세우고 사회 구석구석에 엄격한 프로이센
특유의 군사적 문화가 침투하게 했다. 이후 브란덴부르크-프로이센은
유럽의 강국으로 부상하여 19세기에 독일 통일을 주도할 초석을 놓고
독일제국의 탄생을 주도했다.

척박한 독일의 변방에서 유럽의 강대국으로

신성로마제국의 실질 권력은 수많은 독립 도시, 소공국, 바이에른, 작센, 프로이센과 합스부르크 영토의 일부 등에 분산되어 있었다. 동부에서 왕들은 계속 권력을 상실한 반면 귀족이 지배계급으로 떠올랐다(1400년대). 이런 가운데 17세기만 해도 지역 통합 주도권을 잡을 실세 후보는 후진 지역이던 브란덴부르크-프로이센이 아니라 그보다 앞선 바이에른이나 작센일 것 같았다. 그런데 19세기에 프로이센이 통일을 이루고 산업 대국으로 성장한다. 프로이센의 독일 통일 운동은 한마디로, 서유럽 나라들이 팽창할 때 독일 지역이 서유럽 나라들의 군사적 압박을 받고 한동안 고전하다가 마침내 독일의 변방 브란덴부르크-프로이센이 도시 자치권을 제압하고 군국주의적 성격이 강한 강력한 절대왕정을 세우고 독일 통일의 주도권을 잡아가는 과정이었다.

바이에른: 일찍 성장했으나 전쟁에 휘둘리다

10세기에 이미 대공국이던 바이에른은 비텔스바흐 가문이 통치했다. 유럽 최장의 세습 통치 기록(1180~1918년)을 보유한 가문이었다. 중세에 바이에른은 영토 분할을 겪다가 재통일했다(알베르트 4세, 1505년). 이때 바이에른은 브란덴부르그보다 영토가 3배나 크고 강력했다. 종교개혁 시절(16세기) 바이에른 군주들은 가톨릭 반동 종교개혁의 중심이 되어 루터파를 억압했다. 군주들은 공국 내에서 프로테스탄트의 터전이던 신분제의회를 철저히 제압했고, 쾰른 대주교령까지 통제하는 힘을 과시했다.

비텔스바흐 군주들은 오스트리아를 모방하여 관료제를 도입하는 등 초기 근대국가 모습을 일찍 갖췄다. 그러나 불행히도 바이에른은 30년전쟁(1618~1648년) 때 가톨릭 동맹국들의 전쟁 경비를 70퍼센트나 부담했다. 경제가 황폐하고 인구는 격감하여 위기에 빠졌다. 바이에른은 농업 사회였으나 바다에 이르는 길이 없어 곡물 수출도 하지 못했다. 도시화도 미미했다. 즉 위기 돌파구나 국가를 뒷받침할 경제 기반이 별로 없었다. 귀족은 수는 많았지만 영지 규모가 작고 분산되어 있었다. 귀족은 상급 재판권, 면세 특권도 보유하지 못하고, 비귀족 출신이 귀족 영지를 취득하는 일도 막지 못했다. 귀족의 토지 재산이 저당물 신세로 전락하는 등 바이에른에서 귀족은 상대적으로 약세였다.

30년전쟁 후 바이에른 상비군은 해체되었다. 바이에른은 귀족을 군대에 끌어들이지도 못했다. 스페인 왕위 계승 전쟁(1702년) 때 바이에른은 프랑스 진영에 가담하는 등 프랑스의 힘을 빌려 독일에서 비텔스바흐 가문의 지배를 다지고자 했으나 실패했다. 전반적으로 바이에른의 귀족은 허약했다. 성직자는 재산이 너무 많아 왕권 강화에 제약을 가했다. 전쟁이 끝난 후 바이에른은 사치스런 궁정에 재정을 낭비하면서 국가 채무가 증대했다. 비텔스바흐 가문은 무력한 지역 주인으로 전락했다. 즉 바이에른이 독일 내에서 주도권을 잡을 가능성이 소멸된 것이다(1740년).

부유하고 앞서가던 작센

동부에서 가장 부유한 선진 지역이던 작센을 통치하는 가문은 베틴 Wettin가였다. 베틴가는 참전에 대한 보답으로 신성로마제국 황제 지기스문트에게서 공국과 선제후의 지위를 얻었다(1425년). 첫 선제후(마이센의 프리드리히) 이후 작센은 둘로 갈라진다. 수도는 각기 비텐베르그(에른스트가)와 드레스덴-라이프치히(알브레히트가)였다.

작센은 지하자원이 풍부하고 상업도시가 상대적으로 많았다. 신분제의회가 안정적이고 영향력이 강했다(16세기). 도시인은 지방의회에 적극적이었다. 작센 귀족들의 영지 규모는 바이에른 귀족들의 것보다 크긴 했으나, 그들은 세력이 별로 강력하지 못하여 면세 특권을 누리지 못했다. 작센에는 면세 특권도 없고 평민의 귀족 영지 취득을 금하는 법적 장치도 없었다. 농민의 지위는 농노가 아니라 자유소작농으로 발전하고 있었다.

베틴가는 상급 사법권을 귀족에게 양도하지 않았으며, 광산 채굴 등의 독자적 수입 기반이 있었다. 그래서 베틴 가문은 신분제의회를 휘어잡거나 관료행정 체제를 갖추지 않고도 힘을 축적했다. 지역 경제가 번영하여 조세 저항 없이 소비세 부과도 가능했다. 1540년대에 알브레히트공국과 에른스트 선제후국(루터파의 요람)이 통합되며 거듭난 작센은 신분제의회가 정기적으로 소집되는 평화로운 곳이었다. 종교개혁 시대에 작센은 독일 전역의 정치적 리더였다. 그러나 군사, 외교 면의 역할은 미미했다.

관료제를 창출하지 못한 작센

30년전쟁이 작센을 엄습했다. 베틴가는 개신교인데도 합스부르크 진영에 가담했다. 작센은 스웨덴에 점령당한 후 강제로 합스부르크 반대편에 속했다가 이탈하는 등 우왕좌왕했다. 그러나 부유한 경제 덕에 전후 회복은 빨랐다. 전쟁세를 합법화하고 상비군을 창설하여 터키에 맞선 빈 구출 작전에서 중요한 역할을 하는 등 1700년까지도 작센은 동부 지역의 강국이었다.

선제후 아우구스투스 1세가 폴란드 지배를 시도하면서 문제가 생겼다. 아우구스투스 1세는 왕의 칭호를 얻어 아우구스투스 2세로서 결국 폴란드 지배권도 획득했다. 그러나 스웨덴이 폴란드를 침공한 후 그는 퇴위당했다. 스웨덴은 베틴 군대를 격파하고(1706년) 작센에 혹독한 점령 정책을 썼다. 다행히 러시아가 우크라이나에서 스웨덴을 제압하여 작센은 회생했다. 아우구스투스 2세는 폴란드 왕권을 회복했다. 군대도 재건되고(1730년) 신분제의회도 잔존했다. 그러나 베틴가가 야기한 전쟁은 작센 경제에 큰 타격을 가했다. 귀족은 왕의 대외 원정에 냉담했다. 귀족의 토지는 계속해서 도시인 손에 넘어갔다. 농민은 통제하기에 만만치 않은 세력이었다. 작센은 이렇다 할 관료제를 갖추지 못한 채 왕실 채무는 누적되고 인구가 감소하면서 무력해졌다.

중부 유럽 경제사

신성로마제국의 '모래상자', 브란덴부르크-프로이센

베를린 주변의 브란덴부르크는 애초에 천혜의 방어 요새를 갖춘 지형도 아니었고, 바다에 인접해 있지도 않고, 토양마저 척박했다. 오죽하면 예로부터 그곳을 '신성로마제국의 모래상자'라 했을까. 15세기 초에 남부 독일의 호엔촐레른 가문이 지기스문트 황제의 명령에 따라 이 척박한 땅에 이주했다. 호엔촐레른 가문은 황제에 봉사한 대가로 최초의 제국 선제후(프리드리히)를 배출했다. 브란덴부르크에는 자유도시가 없었고, 도시의 패배로 귀족의 지배력이 확실해졌다. 농작물 수출, 영지 확대, 상급 재판권 장악, 행정직 독점, 신분제의회 지배 등은 귀족의 몫이었다. 법률상 선제후의 권력 행사는 미미했다.

브란덴부르크와 떨어진 폴란드 쪽에 선제후의 사촌인 프로이센 공작의 영토가 있었다. 프로이센은 게르만기사단이 토착 슬라브인과 싸워 정복한(13세기) 땅이었다. 이곳 농민은 폴란드 농민과 유사하게 농노로 전락하는 중이었다(1600년대). 호엔촐레른 가문의 후손이 없어 프로이센은 브란덴부르크 선제후에게 넘어갔다(1618년).

외세에 시달리다 탄생한 우수한 상비군과 관료제

17세기에는 이 브란덴부르크-프로이센이 독일 지역이나 이를 넘어선 유럽에서 정치, 경제적으로 주요 역할을 할 징조가 없었다. 이 시기의 바이에른, 작센과 달리 브란덴부르크-프로이센은 지정학적으로 인접한 스웨덴의 팽창, 타타르족의 위협 등에 시달렸다. 30년 전쟁 때는 속수무책으로 스웨덴, 합스부르크에 유린당하면서 많은 인구와 촌락을 상실하곤 했다. 그런데 전쟁 도중 외국 군대가 이곳 신분제의회들을 약화시키는 바람에 아이러니하게도 프리드리히 빌헬름 대선제후(재위 1640~1688년)가 절대왕정을 다질 길이 열렸다. 대선제후는 상비군을 창설하고(1660년) 군대 유지를 위해 항구적인 징세 제도를 도입했다. 군대 규모가 10배로 커졌다(1688년). 대선제후는 도시에 새로운 세금을 부과하면서 도시의 저항을 과감히 분쇄해버렸다. 귀족에게는 영지 재판권 등의 일정한 특권을 허용하고 귀족을 군 장교로 끌어들여 국가에 통합하면서 권력을 장악해갔다.

이후 루이 14세 스타일을 모방하던 선제후 프리드리히 3세(1701년 스페인 왕위 계승 전쟁에서 신성로마제국 황제를 도운 대가로 왕위에 오른 프리드리히 1세와 동일 인물)를 거쳐, '군인왕' 프리드리히 빌헬름 1세(재위 1713~1740년)가 등장했다. 프리드리히 빌헬름 1세는 유럽에서 가장 우수한 군대를 만들고 이 과정에서 프로이센 사회 전반에 엄격한 규율, 무조건적인 복종 등을 최고 덕목으로 삼는 문화를 확산시킨 왕이었다. 왕은 군대 유지를 위해 중앙집권적 관료제를 도입했다. 장차 엄청나게 정직하고 근면하기로 정평이 난 전통을 이어갈 프로이센 관료제가 탄생한 것이다. 또한 왕 자신도 어마어마하게 부지런하고 왕 영지에서 나오는 수입으로만 생활한 검소한 인물이었다. 왕은 중상주의 정책을 주도했으며, 군인이 다치는 것을 아주 싫어하여 평화 외교에 힘썼다. 이제 프로이센은 엄격한 농노제와 토지 귀족(융커)의 특권이 결합된, 가장 군사화된 나라가 되었다. 상비군 증강에 반대하고 대외 정책을 거부하던 신분제의회와 지방 자치 정부는 사라졌다.

프리드리히 2세의 국내 통치와 외교

1740년에 프리드리히 빌헬름 1세가 죽은 후 프로이센을 계승한 프리드리히 2세는 군대와 관직의 최고위직을 의도적으로 귀족에게 분배했다. 사법제도를 개혁하여 판결이 신속, 공정하게 이루어지도록 했다. 농촌의 관개 사업, 토지 개량, 운송 개선, 국영 제조공장 건설, 선박 건조, 광업 등을 조직하고 추진했다. 프로이센으로의 인구 유입을 장려하는 정책을 쓰고, 모든 성년 남자에게 적용하는 의무교육법^{Generallandschulreglement}(1763년)을 유럽 최초로 제정했다. 이 시기에 공공 재정이 급증하는데 그 대부분이 군대에 사용되었고, 군대 규모는 8만에서 20만 명으로 증대되었다.

대외적으로 프리드리히 2세는 합스부르크가 소유한 슐레지엔을 침공했다(1740년). 이때부터 1745년까지 이어진 국제분쟁 끝에 프로이센은 슐레지엔을 프로이센 영토로 인정받음으로써 단번에 50퍼센트 이상의 인구 증가를 이루고, 도시 제조업이 발달한 지역을 확보했다. 프로이센은 최초로 독일 지역 내 최강국으로 부상했다. 유럽의 세력 균형도 변했다. 이를 견제하기 위해 오스트리아가 다른 유럽 나라(프랑스, 스웨덴, 작센, 덴마크, 러시아)와 연합 전선을 구축하여 프로이센을 유럽 지도상에서 없앨 계획을 세웠다. 그러자 프로이센이 작센을 선제공격하여 7년전쟁이 시작되었다. 이 전쟁에 영국, 스페인, 스웨덴까지 개입했다. 사실상 유럽 최초의 총력전이 된 7년전쟁은 1763년 평화조약으로 종결되었다. 이 전쟁으로 인한 프로이센의 영토 변화는 없었고, 전쟁의 병참 부담을 잘 견딘 프로이센은 군사적 명성을 높이며 이후 독일 내의 세력 균형을 좌우할 강국으로 떠올랐다.

1772년부터 프로이센은 러시아, 오스트리아와 함께 세 차례에 걸쳐 폴란드 분할에 참여한다. 이 과정에서 프로이센(호엔촐레른의 동부 영토)은 서부 프로이센, 에름란트 등과 하나로 연결되면서 지형적으로 떨어져 있던 영토가 한 덩어리 영토로 되고 인구도 증가했다. 또한 프로이센은 하노버, 작센, 마인츠 등과 합세하여 오스트리아가 바이에른을 합병하려는 시도를 좌절시켰다.

그러나 한동안 군사적 명성을 높였던 프로이센은 나폴레옹의 공격을 받으면서 최고 시험대에 올랐다. 프로이센은 예나전투에서 나폴레옹에게 참패하여(1806년) 엘베 강 서쪽 영토를 프랑스에 몰수당하고 배상금까지 지불했다.

'위로부터의 개혁' 시작: 인재 발탁

예나전투에서 패하고 나폴레옹의 지배를 받던 독일은 이에서 벗어나기 위해 해방전쟁Befreiungskrieg을 준비했다. 프로이센은 프랑스혁명 시대 조류의 영향도 받았다. 이제 프로이센은 국내 개혁과 부국강병책을 추진하기 위해 정치, 문화, 군사적 재능 보유자를 찾기 시작했다. 이때 발탁된 인물은 대체로 프로이센보다 더 선진적인 지역 출신들이었다. 농민해방, 영업의 자유화, 조세와 재정 개혁, 행정 간소화, 도시법에 의한 자치 행정, 교회 재산의 세속화, 유대인 해방, 베를린 대학 창설 등 소위 슈타인-하르덴베르그 개혁이 시작되었다.

정치 개혁

라인란트 출신의 제국 기사 슈타인Karl Reichsfreiherr vom und zum Stein

(1757~1831년)은 몽테스키외, 버크 등의 영향을 받았으며 프랑스를 두려워한 인물이었다. 슈타인은 훗날 프로이센이 나폴레옹에 다시 대항할 힘을 갖추기 위한 정치 개혁을 추진했다. 시민적 평등, 지역 자치 정부 도입, 나폴레옹에 대항할 민족 감정 고취 방안 등등을 고안하고, 재임 기간에 이제는 거추장스러워진 최고 통수부 Generaldirektorium를 없애고 프랑스의 군주제를 본뜬 전문 행정 체제를 구축했다. 중앙에서 지역 행정을 감독하는 특임 관리를 파견하는 제도를 도입하여 도시의 자율권을 제한적이고 명목상으로만 보장하고, 중앙집권화를 강화했다. 3급 신분제를 법적으로 폐기했다. 농지개혁을 추진하고 공식적으로 농노제는 폐지했다. 슈타인은 귀족의 세습 재판권과 면세 특권을 없애고자 했다. 하지만 이 개혁은 너무 급진적이어서 융커 계급의 격렬한 저항에 직면했다. 슈타인은 프랑스에 대항하기 위해 일반 병역의무에 따른 국민군general armed levee 창설을 시도했다가 즉각 해임되었다.

군대 개혁

하노버 출신의 그나이제나우August Fraf Neidhardt von Gneisenau (1760~1831년)와 작센에서 발탁된 샤른호르스트Gerhard Scharnhorst (1755~1813년)는 프로이센의 군대 개혁에 착수했다. 이들은 프로이센의 군대 규모를 제한한 틸지트 합의(1807년) 조항의 규제를 벗어나기 위해 예비군 제도를 창설했다. 이는 프로이센의 병력을 보충하기 위한 것이었으나 그 결과 전반적으로 독일 사회에 군사적 문화가 더욱더 확산되었다. 또한 군대는 야전 규범 같은 전술 훈련을 추구하고 군 지휘관직을 부르주아 출신에게도 형식적으로나마 개방했다. 그러나 장교단 연대는 여전히 융커가 지배했고, 융커는 부르주아 출신이 장교단에 입대하는 것을 거부할 수 있었다. 브란덴부르크 출신인 클라우제비츠Carl von Clausewitz(1780~1831년) 역시 샤른호르스트에게서 병학을 배운 후, 훗날 군 개혁을 이끌며 프로이센 왕의 입지를 강화하는 데 기여했다.

또한 〈독일 국민에게 고함Reden an die deutschen nation〉(1808년)이란 연속 강연으로 유명한 피히테Johann Gottlieb Fichte(1762~1814년, 함부르크 시민 출신)는 이 강연을 통해 나폴레옹 점령하에서 프랑스에 저항하는 '해방전쟁' 철학을 설파하고 독일 민족의 애국심과 국민 감정을 고취시켰다.

농업 개혁

프로이센 왕에게 발탁된 하노버 관료 출신인 하르덴베르그Karl August Freiherr von Hardenberg(1750~1822년)도 다양한 개혁을 추진했다. 1810~1816년에 하르덴베르그는 농지개혁을 실시했다. 예속 농민의 부역과 현물 공납을 화폐 지대로 대체시키고, 장원의 토지와 각종 시설, 건물 등을 농민에게 대여하고, 영주의 재판권, 경찰권을 폐지했다. 농민의 거주 이전, 직업 선택 가능성, 결혼의 권리, 교육에 대한 권리 등도 새로이 정립되었다. 그러나 18세기 후반 인구 증가로 신분적 속박이 이미 약화되었고, 남부·남서 독일의 그룬트헤어샤프트에서 농노제Leibeigenschaft는 나폴레옹의 라인연방Rheinbund 성립 때 폐지되었다. 부역과 현물 공납이 화폐 지대로 대체되는 일 역시 이미 13세기부터 지역별로 시작된 일이었다. 공유지 제도도 18세기부터 폐지되어 도처에서 공동지 분할 정책이 시행되었다.

하르덴베르그의 개혁이 땅을 농민에게 '평등하게' 재분배하는 일은 아니었다. 귀족의 전유물이던 토지 시장을 개방하여 귀족이든 부르주아든 농민이든, 땅을 가장 잘 경작할 사람에게 넘김으로써 경작 효율을 높이려 한 것으로 봐야 한다. 하르덴베르그가 추진한 법 제정은 전반적으로 기존의 프로이센 국가 틀의 기본적 특징을 없애지 않으면서 농촌 경제에 활력을 부여하고 훗날 프로이센 농업 경제가 급속히 발전할 터를 닦았다.

하르덴베르그 개혁에 따라 농노 신분이 법적으로 해방되었다. 이제 농민은 그동안 결박되어 있던 땅에서 풀려 자유롭게 떠날 수 있었다. 그러려면 자신의 영주에게 땅이나 현금 지불 방식으로 배상해야 했다. 배상 의무는 1865년까지 유지되었다. 농노해방으로 농업 분야에 인력을 충원할 필요성이 엄청나게 커졌지만, 다른 한편으로 농노해방은 노동력 이동과 농민의 행동 유인 동기를 유발하는 효과를 냈다. 즉 농민이 토지와 영주제에 따른 농민의 부담 의무를 돈으로 사는 경우, 종종 상환 부담이 너무 무거워 농민 토지의 일부를 지주에게 양도하는 방식으로 해결하곤 했다. 그렇지만 해방된 후 농민은 그 나머지 토지의 주인으로서 토지 경작과 개량에 온 힘을 기울일 수 있었다.

농노해방과 토지개혁의 결과, 어디에도 소속되지 않는 날품팔이 노동자Instleute가 생겼다. 실은 이런 인구가 그 이전부터도 있었지만, 농노해방령으로 사실상 토지에서 추방되어 토지를 보유하지 못한 농촌 노동자 수가 급증했다. 예컨대 동프로이센에서 그 규모는 1750~1820년에 1만 8,000가구에서 4만 8,000가구로 늘었다. 이들은 공업 프롤레타리아로 충원될 인구였다.

토지개혁으로 귀족 신분만이 보유할 수 있던 토지가 전통적 신분 제약에서 풀려 새로운 경제적 기회를 창출한 것이 중요하다. 촌락 공유지는 해체되어 목초지, 숲, 황무지 등이 귀족이든 평민이든 간에 개인 소유로 분할되었다. 전통적 삼포제 규칙도 제거되어 휴경지는 임대되어 사용되었다. 한때 농노가 경작하던 귀족 영지의 3분의 1이, 예전에는 묵혀두었던 경작 가능지의 3분의 1이, 황무지, 목초지, 숲 등까지 경작되었다. 경작지도 윤작, 작목, 경작 기술 등의 면에서 더 다양하고 자유롭게 이용되었다. 기존 영주의 농장 규모가 확대되는 가운데 귀족이 아니더라도 영지를 구입할 수 있게 되자 부르주아의 토지 소유 가능성이 커졌고, 예로부터 부유한 부르주아가 농촌의 영지에 투자하던 경향을 촉진했다. 부유한 농민층과 대농이 출현하고 합리적 농업경영의 추세가 나타났다. 무능하고 빚이 많은 융커는 농촌에서 걸러졌다.

흔히 농업혁명과 농업이 낳은 잉여가 공업화를 조장할 뿐 아니라 그 선행조건이라고 생각하기 쉽지만, 일반적으로 농업 잉여가 공업 발전을 위한 저축 유발 기능을 한 것은 아니다. 1860년대까지도 독일 지역 정부들의 세입에서 토지세가 차지하는 비중은 아주 적었다. 예컨대 프로이센에서도 토지세 비중은 8퍼센트를 넘지 않았다. 토지를 경작이 가능한 땅으로 만들기 위한 개간, 배수 작업, 터 닦기, 엔클로저 등은 시간과 비용이 대단히 많이 드는 일이라서 소농민의 자산으로는 감당하기 어려웠고, 수많은 경작자를 빚더미와 파산 지경에 몰아넣기 일쑤였다.

또한 이런 작업에는 엄청나게 많은 노동력이 필요했는데, 다행히 당시에 이에 상응하는 인구학적 대응이 있었다. 즉 새로운 노동 수요는 결혼을 더 빨리 하도록 촉구했다. 날품팔이 농부Eigenkätner, 세습 머슴Instleute, 토지 없는 일일 노동자Tagelöhner가 급증하던 그 무렵, 때마침 식량 공급 증가도 가능해져 맬더스적 한계도 넘어설 수 있게 되었다. 개혁 덕분에 시간이 갈수록 농업 생산성과 산출량이 뚜렷이 증가했다. 식량 생산이 인구 증가를 실질적으로 앞질렀을 뿐만 아니라, 새로운 사료작물도 발달하여 연중 내내 가축 사육도 가능하게 되었다. 귀족이 전문직에 진출하는 통로도 확대되었는데, 귀족이 전문직으로 진출해도 신분 하락의 불이익은 없었다. 기사령이 토지세를 면제받는 일은 1861년까지 지속되었다. 장원 내에서 통용되는 영주의 경찰권은 1871년까지, 융커의 지방행정 독점 지배는 1891년까지 이어졌다.

하르덴베르그의 개혁 이후 1855년 무렵 6개 동부 지역 기사령의 45퍼센트가 귀족이 아닌 사람의 소유지로 변모했다. 기사령은 1806년까지 이어진 옛 제국에서 군주가 기사 신분의 귀족들에게 하사한 토지 재산을 말한다. 애초에 전쟁 시 출정 봉사 의무를 이행하는 대가로 지급된 토지였다. 기사령에는 조세 특혜, 관세 면제, 수렵권, 방앗간 폐지권 등의 특권이 부여되었다. 북동부 독일 지역의 기사령 소유자는 세습 농민에 대한 하급 재판권과 경찰권을 가졌다. 장원 영주제 토지를 소유하거나 획득하는 일은 귀족만 누릴 수 있는 특권이었지만 이미 이런 토지들이 토지 시장에서 상품화되기 시작했다. 1820~1870년에 프로이센에서 기사령의 3분의 2 이상이 판매 혹은 경매되었다. 1800년경에 동부 독일 지역에서는 거의 모든 기사령이 귀족 가문에 속해 있었는데, 1880년경에는 그중 64퍼센트가 부르주아층 소유로 되었다.

농촌에서 살아남은 융커는 생산성이 높은 대규모 농장 주인으로 변모했다. 이들은 동료 귀족의 농장을 구입하거나 농민 소작지를 추가하여 토지 규모를 넓혀갔다. 1880년대에 1,000헥타르 이상의 대규모 농장 소유주의 70퍼센트가 귀족이었다. 농업 전체 분야가 팽창, 번영하는 단계에 접어들어 경작 면적과 곡물 생산 모두 늘었다. 프로이센 동엘베 지방의 수확량과 경작 면적이 1815~1864년에 모두 2배 증가했다. 새로 늘어난 대토지는 임금노동자가 경작했다. 즉 농장이 자본제적 기업으로 변모한 것이다. 고용인 조례 Gesindeordnung 규제는 20세기에도 존속했으며 여기에 영주 경찰권이 관여했다. 토지가 없는 농촌 임금노동자가 급증한 덕에 임금수준은 낮게 유지될 수 있었다. 즉 융커 귀족의 장원 농업 지배 체제가 자본제 농업 형태로 성공적으로 전환한 것이다.

영업의 자유화

슈타인-하르덴베르그 개혁 가운데 '영업의 자유'도 언급되어야 한다. 영업의 자유화는 이미 1731년 제국의회에서 다룬 제국 조합 규정 Reichszunftordnung 에서 진전된 바 있다. 즉 이 규정은 조합에 가입하지 않은 생산 종사자를 조합 Zunft (길드)으로부터 보호하고, 누구나 다양한 생산기술을 사용하거나 응용하여 개발, 생산, 영업 활동을 할 수 있게 했다. 이에 따라 이론상 귀족, 평민, 영주, 농민, 도시민모두 신분적 제한 없이 자유롭게 수공업에 종사할 수 있었다. 그러나 이에 대한 조합의 저항이 너무 강력했고, 또한 이 규정은 새로운 조합 형성이나 기존 조합이 뭔가를 변경하려면 왕의 허가를 얻어야한다는 18세기 말 프로이센 일반 국법과도 충돌하여 현실성이 떨어졌다.

한편 일찍이 프랑스에서는 영업의 자유화가 혁명 이전에 시작되었고, 1789년 프랑스혁명 이후부터 완전한 영업의 자유화가 이루어졌는데, 독일에서도 프랑스의 그러한 영향을 받은 지역에서는 영업의 자유화가 더 빨리 이루어졌다. 라인 강 서부와 팔츠 지역에는 이미 1800년 이전에 영업의 자유화가 도입되었다. 프로이센에서는 1807년에 농민해방과 더불어 거주 이전의 자유, 직업 선택의 자유, 영업의 자유화 등이 약속되었다. 1808년에 베스트팔렌에서 영업의 자유화가 실시되었다. 1810년 10월 조세 칙령은 누구나 조세 증명서만 구입하면 자유로이 생산, 영업 활동을 할 수 있게 규정했다. 여러 개혁 가운데 영업의 자유화 조치는 독일 공업화 과정에서 특히 수공업과 광산업 발달에 크게 기여했다.

영업의 자유화 조치는 영업 허가제와 신고제를 두어, 신고제는 세원 확보를 목적으로, 허가제는 다시 면허제와 경찰 허가제로 구분하여 시행되었다. 예컨대 조합의 전문교육 수련은 폐지되었으나 의사, 약제사, 건축, 조선 등 전문지식과 훈련이 필요한 부분에는 면허제가 적용되었다. 쇼, 극장, 술집, 여관, 전당포 등의 영업은 경찰 허가제로 운영되었다.

영업의 자유화에 대한 개혁 조치는 1845년 프로이센의 영업 조례Gewerbeordnung로 더욱 확고해졌고, 이것은 남부 독일과 중부 작센 지방을 제외한 독일 전역에서 전반적으로 통용되었다. 작센에서는 1861년에, 바덴, 뷔르템베르그에서는 1862년에, 바이에른에서는 1869년에 영업의 자유화가 실시되었다. 그 결과 1869년 프로이센이 이끄는 북독일연방Norddeutscher Bund*이 정한 일반 영업 조례에 따라 독일 전 지역에서 영업의 자유화가 이루어졌다.

대학과 교육제도

30년전쟁 이후 영방군주들은 부국강병책의 일환으로 대학을 창설하거나 기존 대학을 개혁하고자 했다. 하지만 개혁이라고 해봐야 대학에 대한 영방군주의 영향력이 어느 정도 강화되는 정도였다. 대학 교육은 교수가 학생에게 단순히 지식을 전수하고 학생은 이를 무비판적으로 전수받아 절대적 진리로 신봉하는 정도였다. 라틴어 문법, 스콜라 철학적 신학 중심의 현학적, 중세적 태도에서 크게 벗어나지 못했다.

유능한 관리 양성과 부의 형성이 절실한 영방군주로서는 새로운 대학이 필요했다. 예컨대 1694년 프로이센 대공국에 할레^{Halle} 대학이 창설되었다. 할레 대학은 영방 가운데 최초의 근대적 의미의 대학으로, 설립 목표는 현실에 유용한 강의, 라틴어 대신 독일어 사용 등을 추구하며 유능한 관리를 양성하는 것이었다. 이 목표는 부유한 귀족 계급 자녀의 할레 대학 입학을 자극하고 법학부에 대한 관심을 고조시켰으나, 이로 인해 스콜라 철학에 기반을 둔 중세적 대학 세력에 밀려나게 되었다.

할레 대학의 근대적 대학 이념을 하노버 대공국의 괴팅겐 대학이 계승 발전시켰다. 라이프니츠는 이미 1700년에 시대착오적인 중세적 대학의 부당성을 지적한 바 있고, 라이프니츠의 주장에 따라 베

---

* 북독일연방(North German Confederation)은 프로이센-오스트리아전쟁 이후 사실상 확대된 프로이센을 이르는 명칭이다.

중부 유럽 경제사

를린에 대학 외의 학문, 과학 연구 기관으로서 과학아카데미가 도입되었다. 이에 자극받아 1710년 하노버의 재상 바이쉐르프Beischärff가 시대에 부합하는 귀족 자제 교육기관 설립을 주장했다. 그의 주장은 실현되지는 못했으나, 이를 계기로 기성 대학 폐지론과 함께 실용적인 전문 단과대학의 중요성이 대두되었다.

18세기의 시대적 상황을 파악한 하노버의 추밀원 위원 뮌히하우젠Münchhausen은 전통적 요소와 근대적 요소를 절충하고 부국강병책에 부응하는 고등교육기관 설립을 추진했다. 그 결과 1737년에 괴팅겐 대학이 창설되었다. 괴팅겐 대학은 귀족 청소년은 물론 부유한 상인, 제조업자의 자녀, 외국인 등의 입학까지 허용하여 대학 재정을 확보했다. 수업료는 비쌌다. 뮌히하우젠은 대학교수를 종교적 이단이라는 이유로 탄핵하거나 비난하는 일을 금지하고 교수들의 출판, 저술, 사상의 자유를 보장했다. 이로써 신학부의 지위가 상대적으로 약해졌지만 그는 할레 대학의 실패를 거울삼아 교회와 신학부의 권위를 무시하지는 않았다. 괴팅겐 대학은 또한 족벌주의, 연장자주의, 친권주의 방식의 중세적 교수 임명제를 지양하고 실력 위주의 원칙에 근거해 교수를 초빙함으로써 18세기에 독일은 물론 유럽의 지적 중심지가 되었다.

괴팅겐 대학은 중세적, 현학적 태도에서 벗어나 계몽적, 합리적 성격의 대학관을 펼침으로써 사회적 요구에 부응하는 교과과정을 운영하여 큰 호응을 얻었다. 법학부는 게르만법과 법제사 강의를 통해 구귀족법을 보호하기 위한 자의적 행정과 입법 거부에 대한 이론을 소개했다. 철학부는 역사, 언어학, 수학, 자연과학 등 예비 과정을 교육하고 로마 중심의 인문주의적 경향을 강조했다. 정치학, 지리학, 외교학, 과학, 미술 등의 보조 학문도 강의했다. 역사 교육은 신학자들도 인정했으며 근대사 중심이었다. 무도, 검술, 승마, 음악, 대화법, 외국어 교육 등 귀족 사회의 예법 교육도 강화했다. 괴팅겐 대학의 학풍에는 특히 귀족들의 호응이 컸고, 전체 학생의 50퍼센트 이상이 법학부에 적을 두었다.

독일의 대학들은 18세기 말까지 중상주의, 계몽주의, 합리주의적 차원에서 인식되었으나 차차 전통적, 종교적 정통보다는 현실적으로 유용한 기술과 지식을 추구했다. 대학에 대한 국가의 지원과 통제가 확대되고 국가 소속 의식을 높이는 쪽으로 변모해갔다. 귀족과 시민과의 경쟁이 확대되던 시절, 대학은 귀족적 과정을 약화시켰다기보다는 이 둘이 병행, 공존하게 했다. 또한 대학은 교양 시민층 형성과 함께 19세기 시민사회의 견인차로 성장하기 시작했다.

프랑스 군대가 라인란트에 진주했을 때 독일의 대학들은 전환기를 맞았다. 이곳 교회와 국가 대학들이 폐쇄되거나, 나폴레옹 위성국가 체계에 흡수되거나, 지역을 옮기면서 프랑스를 모방하여 변모하기도 했다. 대학의 중세적 자율성은 거의 무시되고 대학 재정, 교수 임명, 교과과정 등의 면에서 국가 권한이 대폭 확대되었다. 산업사회의 실용적 교육과 기술 교육이 강화되고, 국가와 산업사회에 필요한 인재 공급에 역점을 두기 시작했다. 의학부, 법학부가 더욱 성장하고 관방학 강의가 발전했다. 프로이센이 1806년 예나전투에서 패배한 이후 프로이센 대학 제도도 '위로부터의 개혁' 차원에서 근본적인 개혁이 시작된 것이다.

이 과정에서 1810년 베를린 대학(지금의 훔볼트 대학)이 창설되었다. 프로이센은 프로이센의 군사적 패배를 문화적 우세로 대치하고

자 했다. 이를 위해 런던과 파리에서 아카데미와 대학을 분리 발전시킨 것을 모방하여 계몽주의 원칙하에 실용성을 추구하며, 중세의 길드적 대학이 아닌, 전문대학 및 기술학교이면서도 아카데미와 무관한 새로운 고등교육기관을 세우고자 했다. 이때 피히테가 이 새로운 고등교육기관의 모습을 '대학'으로 바꾸도록 강력히 촉구했다. 피히테는 순수 학문 종사자와 기술자를 구분하고, 철학적 사고와 방법으로 지적 활동을 전반적으로 행할 수 있는 인간 교육이야말로 사회에 영속적인 가치를 가진다고 주장했다. 이와 함께 순수 학문 추구 영역으로서의 대학의 중요성을 강조했다(1807년).

훔볼트^{Wilhelm von Humboldt}(1767~1835년)가 피히테의 이러한 순수 학문론, 인간 교육론을 추종했다. 훔볼트는 교양^{Bildung}이 실용주의와 직접적인 관계가 없다 하더라도 인간의 능력과 잠재 능력을 종합적이고 조화롭게 발전시킬 수 있다고 주장했다. 또한 훔볼트는 산업사회에서도 대학은 교양 교육을 위한 순수 학문의 전당이 되어야 하며, 가르치는 시설^{Lehranstalt}이 아니라 연구 기관^{Forschungsanstalt}이 되어야 하며, 인간은 스스로를 발견할 줄 알아야 하고 인간적 도덕과 인격을 가져야 하며 귀족적이어야 한다고 역설했다. 이에 따라 대학은 철학부가 중심이 되고, 귀족만이 아니라 시민에게도 재력, 지력, 덕성을 갖추면 대학 입학 자격이 부여되었다. 외국인도 입학이 가능했다. 또한 훔볼트는 기초 단계인 초등학교^{Volksschule}부터 베를린 대학까지 창건하여 근대적인 교육체계를 대폭 확대했다.

일반 교육

이외에도 일찍이 1763년에 프리드리히 2세는 의무교육법을 제정하여 모든 성년 남자에게 초등 의무교육을 시도했다. 유럽 나라들 가운데 가장 빠른 시도였다. 19세기 이전에는 공식적으로 지원받는 교육기관이 거의 존재하지 않았다. 부유층은 자녀 교육을 위해 개인 교사를 고용했다. 그 외에 주로 도시에서 종교 단체, 자선 단체, 유료 사립학교가 일부 사람을 대상으로 기초 교육을 실시했다. 기술 교육은 도제제도 방식이었다.

일반적으로 이 무렵에 대학이 지식 발달의 산실 역할을 하지는 못했다. 고전을 중시하고 전통 교과과정에 치중하며 교회와 국가를 위한 관료 양성에 목표를 두고 지배층 자녀에게 교양 교육을 하는 정도였다. 독일은 초등교육 보편화에 실효를 거뒀고 공식적 지원이 이루어지는 교육제도를 창설하긴 했으나 19세기 말까지는 이것이 의무교육이나 보통교육으로 발전하지는 않았다.

독일의 과학 교육은 프랑스의 에콜 폴리테크니크의 교과과정과 교육 방법의 영향을 크게 받았다. 독일 과학 교육의 인재 풀은 프랑스보다 규모가 더 컸다. 그리하여 과학이 공업 발전의 기초가 될 무렵 독일은 상황 변화에 잘 대처할 수 있었고, 이러한 독일의 과학 교육을 1870년대 미국이 모델로 삼을 정도였다.

개혁의 성과 발휘되다: 연합 전선의 승리

프로이센이 단행한 개혁의 성과는 나폴레옹에 대항하기 위해 구축된 연합 전선(오스트리아, 영국, 러시아, 프로이센)이 나폴레옹과 벌인 전투에서 확인되었다. 연합 전선은 프랑스를 패배시켰다. 승리에 대한 전리품으로 프로이센은 중·동부 지방을 원했으나 연합 전선은 프로이센에게 라인-베스트팔렌을 배정했다. 프로이센의 영토를 흩어놓는 동시에 프로이센에게 프랑스를 견제할 임무를 떠넘기려는 의도에서였다. 하지만 라인-베스트팔렌은 서부 독일에서 경제가 가장 발전한 곳이었다. 또한 그 당시에는 별 의미가 없었지만 다음 시기에 엄청난 가치를 발휘할 풍부한 자원이 매장된 땅이었다. 향후 엄청난 공업 발전에 유리한 조건을 갖춘 라인란트가 프로이센에게 넘어간 것은 훗날 유럽사의 판도를 바꿀 중요한 사건이었다.

독일 지역 공업화의 태동

독일 지역은 19세기 초까지도 신성로마제국의 틀 안에서 약 1,800개의 독립적 정치 단위가 느슨하게 결합된 지역이었다. 지리적 특성도 다양했다. 프로이센, 오스트리아, 바이에른, 작센 등에는 절대왕정과 관료제가 일찍 정착되었고 그 덕에 신분제와 봉건적 구조가 일찍 청산되었다. 프로이센은 헌법 구조가 상대적으로 권위주의적(즉 성문헌법 부재, 각 지방을 넘어서는 대의기관의 부재)이었으나 효율적인 관료제와 강력한 상비군을 보유한 나라였다. 경제적인 면에서 프로이센은 자본주의경제 성장을 장려하고 영업의 자유, 자유주의적 관세정책을 추구했다. 작센은 경제적으로 가장 진보했지만 헌법상으로는 옛 18세기적인 체계에 머물렀다. 1830년 이후 개혁이 약간 이루어지긴 했으나 1815~1848년에 정치적 반대 세력에 대한 탄압이 가장 강력한 나라였다. 18세기에 라인란트, 베스트팔렌, 헤센 등지는 프로이센에 비해 정치적으로 허약하고 분열되었으나 매뉴팩처링, 상업 등은 발달했다. 남부 독일 나라들은 비교적 자유주의적 헌법을 보유한 반면, 경제적 자유화 면에서는 소극적이었다.

그렇지만 전반적으로는 독일 지역에서도 18세기 말~19세기 초에 신분적, 봉건적 구조가 점차 폐기되어 신분적 전통이 약화되는 가운데 자본주의가 성장할 여건이 마련되고 있었다. 절대왕정을 비판하는 이 무렵의 계몽사상도 옛 신분제 사회 해체에 기여했다. 다양한 봉건적, 신분적 구속, 행정 규정, 전통 규범, 비시장적 관계들이 서로 얽혀 있었고, 임금노동은 아직 부분적 현상이었다. 19세기 공업화는 5장에서 다룬다.

5장

19세기 독일의 공업화

19세기 초부터 관세동맹 도입 시점까지 독일에는 근대적 공업 질서로 이행할 법적, 지적 조건이 조성되었다. 1870년 무렵까지 근대적 공업, 운송, 금융을 위한 물질적 토대가 형성되었고, 이후 독일은 외국 시장으로 활발히 진출하면서 눈부신 공업 성장을 이어갔다.

독일은 구산업(직물, 철강)과 신산업(기계, 전기, 화학, 자동차)을 거의 동시에 일으키고, 특히 중화학공업에서 규모와 범위의 경제를 추구하면서 영국을 앞질렀다.

독일의 공업화 유형과 독일 근대 경제의 출발 시점

산업혁명(혹은 공업화)의 주요 정의 가운데 하나가 자본이 생산에 투여되어 대량생산을 가능하게 하는 것이다. 시장의 성장이 생산에 더 많은 투자를 하도록 자극한다는 것인데, 이에 관련하여 기존의 공업 조직, 즉 선대제 방식은 한계가 있었다. 선대제는 고정자본에 많은 투자를 하지 않고도 노동 분업을 성공적으로 실현시킬 수 있고, 임금노동을 가능하게 하고, 인구가 증가하면 노동 공급도 가능하다. 그렇지만 일에 규칙성과 노동 감독이 없고, 노동의 질이 낮으며, 지속적이지 못해서 결국 비용 절감이 어려운 면을 지녔다. 이러한 전통적 생산방식의 단점을 극복하려는 노력, 즉 대규모 생산조직의 실현이 18세기에는 아직 가능하지 않았다. 당시로서는 가게를 대형화하여 유사, 동종 생산이 밀집되는 정도였다.

　동력(수력)을 사용하여 작동하는 기계가 장치된 공장의 원형이 산업혁명 이전 시기에 이미 존재하긴 했다. 하지만 그것의 전반적 효과는 제한적이었다. 17, 18세기에 독일을 포함한 대륙의 기계 발명 능력이 영국보다 뒤진 것도 아니었고, 섬유공업의 변화 자체가 오랜 기간에 걸친 점진적 변화였다. 산업혁명 기간에 대륙-영국 간 차이점들은 근본적인 질적 차이라기보다는 정도상의 차이였다.

1815년 이후 대륙의 제1세대 기업가들은 일정 수준의 기술이 축적된 가운데 기계, 숙련 노동자 유치 등이 가능한 환경에 있었다. 대륙에서 전쟁이 벌어지는 동안 영국의 공업화가 진전되어 영국-대륙(후발 공업국) 간 격차가 커졌다. 영국이 유럽 시장을 석권하면서 대륙은 의욕이 꺾였다. 대륙의 기업가들은 영국의 기술과 경제적 우월성에 대응하여 자기네끼리 국내시장 통제를 추구했다. 이 보호주의가 대륙의 공업 성장에 기여했는가의 여부를 답하기는 어렵다. 기업이 보호주의 장벽으로 높은 이윤을 얻으면서 생산 비용 절감 노력을 게을리한 면도 있었기 때문이다. 독일은 영국이라는 경쟁자와 대결해야 하는 상황이면서도 영국의 자본, 기술, 경영 능력을 사용하는 후발 주자로서의 이점도 누렸다.

독일의 공업화 추진에서 민족주의가 강조되는 경향이 있으나 여기에 너무 큰 의미를 부여하기는 곤란하다. 프로이센에서조차 프랑스에 협력하는 집단이 있는가 하면 영국, 프랑스 모델에 따른 개혁 요구도 있었기 때문이다. 또한 독일인의 사상, 개혁 동기, 지방적 색채 등은 다양했지만, 그런 한편으로 독일에는 계몽주의, 교양 등을 숭배하는 전통에서 교육을 진지하게 취급하는 문화가 존재했다. 독일인은 교육에서 사회적 상승 통로를 발견했다. 교육받은 평민이 귀족에게 도전적인 발언을 하기도 하고, 교양을 갖춘 명사는 교육받은 평민에 대해 신분을 초월한 친분을 느껴 프리메이슨이 형성되었으며 이들은 암호를 통해 계속 서로를 인정했다. 또한 교육받은 상류, 하류 출신이 국가 행정 기구 내에 존재했다. 이들은 군주의 한 도구로서의 기능만 한 것이 아니라, 도덕적 국가에 대한 높은 충성심, 개인적 이해관계를 초월한 일반적 충성심을 발전시켰다. 그리하여 독일 관료는 과중한 부담을 초래할 왕의 명령이나 변덕에 대해 독자적인 관료 집단으로서 제 기능을 했다. 예컨대 18세기 말 이전부터 프로이센 관료는 개인화된 군주제적 독재에서 분리된 정치력을 획득했다. 이들은 국민적 일체감의 감정을 배양하면서 국가 통일과 부흥의 버팀목 역할을 하기 시작했다.

철도는 영국 산업혁명이 독일을 포함한 대륙에 뚜렷하게 영향을 미친 분야로, 영국보다 대륙에서 더욱 큰 경제적 효과를 냈다. 철도 건설에는 대규모 자본이 투입되므로 자본 상품이 중요하여 출발 때부터 국가의 후원과 은행 협조가 필요했다. 이 과정에서 철도산업은 금융, 경영 기술의 진전을 가져오고 중공업을 자극했다. 뿐만 아니라 독일의 공업화는 석탄, 철 자원과의 연관 정도가 매우 컸다. 이런 상황에서는 경쟁이 불리했기 때문에 초기 단계부터 기업 통합화 추세가 나타났다. 경쟁 제한과 기업 외부의 재정 지원이 추구되고, 은행과 밀착되어 진행된 공업화였다. 독일은 공업화가 진행되어도 영국과 달리 농업 비중도 여전히 컸다. 뿐만 아니라 구식 공업 생산구조도 오래 잔존했다.

독일을 포함한 유럽 대륙에서 공업화가 진행됨에 따라 대륙 나라들은 영국의 경쟁자인 동시에 상호 보완자, 즉 영국 상품의 구매자인 동시에 영국의 세계 시장을 잠식하는 경쟁국이 되었다. 이를테면 1840년대 이후 영국의 공업화는 대륙 나라들의 공업화 진행에 의해 지속 가능했다. 1870년대 무역 위기로 유럽 자유무역 체제가 변화하여 보호주의가 우세해졌다. 무역이 유지되긴 하나 관세장벽이 높아지고 무역 경쟁이 치열해졌다. 영국은 여전히 자유무역 나라로 머물렀으나 후발 공업국들에서는 공업의 정부 의존도가 더욱 높아졌으며 특히 독일은 보호주의를 추구했다.

독일 근대 경제의 출발 시점은 명확히 설정하기 어렵다. 공업 부문에 새로운 중요 기술이 도입된 시점이 지역별로 다양했는가 하면, 새 기술 채용 시점은 빨랐어도 보급이 느린 경우도 있었다. 1인당 소득이 18세기 중반 이래 급속히 증가한 사실은 확인되지만 1인당 실질 생산 측정치는 얻을 수 없다. 프로이센에서 공장 고용자 수가 1802~1843년에 16만 4,000명에서 157만 4,000명으로 증가했고 공업 노동력 비중은 약 43.5퍼센트로 추산되며, 인구는 이 시점에 61퍼센트가량 증가했다. 독일 지역과 유럽의 다른 지역과의 교역은 중세 이래로 지속되어왔다. 신분 사회의 해체라는 면에서 볼 때, 독일 지역에서도 전반적으로 18세기 말~19세기 초에 아직은 다양한 봉건적·신분적 구속, 행정 규정, 전통 규범, 비시장적 관계가 서로 얽혀 있었으나, 신분적·봉건적 구조가 점차 폐기되어 옛 전통이 약화되는 편이었다. 임금노동도 아직은 부분적인 현상이었다. 이런 가운데서도 앞에서 언급되었듯이 절대왕정을 비판하는 이 무렵의 계몽사상이 옛 신분제 사회 해체에 기여했고, '위로부터의 개혁' 조치들이 이를 가속화했다.

19세기 독일 공업화의 세 단계

19세기 독일의 공업화는 세 시기로 구분할 수 있다.

1. 19세기 초부터 1834년 관세동맹 도입 시점까지 독일은 프랑스 혁명과 나폴레옹이 유럽을 재편하는 과정의 제도적, 문화적 영향을 상당히 받고, 또한 그 충격에 대응하면서 근대적 산업 질서로 이행할 법적, 지적 조건을 창출했다.

2. 이후 1870년 무렵까지 근대적 공업, 운송, 금융을 위한 물질적 토대가 형성되었다. 이 시기에는 외국자본, 기술, 기업이 독일 지역에 활발히 유입되었다.

3. 그 이후 독일은 외국시장으로 활발히 진출하면서 대대적인 공업 성장을 이어왔다.

인구

유럽의 인구는 17세기 초~18세기 중반까지 정체하다가 1740년경부터 다시 증가하기 시작하여 1800년경에는 거의 2억 명에 이르렀다. 19세기에 더욱 증가하여 1900년경에 4억 명을 초과했다. 100년 미만 기간에 2배로 증가한 것이다. 이러한 인구 증가율은 유럽뿐만 아니라 전 세계적으로도 전례가 없는 일이었다. 19세기에 독일의 연평균 인구 증가율은 1퍼센트를 웃돌았다(인구가 매년 일정하게 1퍼센트씩 증가하면 70년 내에 인구가 2배로 증가한다).

하지만 공업화와 인구 성장 사이에 뚜렷한 상관관계는 존재하지 않았다. 이 시기 인구 증가에는 다른 요인, 즉 곡물 수입, 과학기술, 운송, 이민 등의 요인이 관련된다. 공업화에는 농촌을 떠나 공장, 항구, 도시 등지로 옮아갈 유동 인구의 규모가 중요한데, 서부 독일에서는 영주와 농민 간 인적 결합이 장기간에 걸쳐 해체된 결과, 이미 18세기에 노동력 충원이 가능했다. 동부 독일에서는 근대 공업 발전과 양립하기 어려운 제약인 세습 농노제가 장애 요인으로 잔존했다. 농노해방(인신적 자유 성립) 조치와 함께 노동자가 자유롭게 공업 중심지로 이동하는 일이 가능해졌고, 1815년에 광범한 이동이 발생했다. 1750~1820년에 어디에도 소속되지 않는 날품팔이 노동자가 급증했으며(1만 8,000가구에서 4만 8,000가구로 급증), 이들이 공업 프롤레타리아가 되었다. 공업화와 더불어 19세기에 도시화가 급속히 진행되었고, 공장제 출현과 함께 노동력 집중 현상도 생기고, 석탄 연료가 중요해지면서 독일 루르 지방이 부상했다.

공업화에 기여한 주요한 정치적 개혁 세 가지

첫째, 농노제를 폐지한 개혁이다. 서부 독일에서는 영주와 농민 간의 인적 결합이 오랜 기간에 걸쳐 해체되면서 이미 18세기에 이들 인구 가운데서 공업 노동력을 충원할 수 있는 상황이었다. 세습 농노제가 유지되던 동부 독일에서는 농노해방을 거쳐 노동력이 공업 중심지로 자유롭게 이동할 수 있게 되었다. 공장 지대로 이동한 농노는 이미 예전의 억압 상태에 익숙해 있던 터라 새로운 공장 규율에 비교적 쉽게 적응했다. 당시 시행된 토지개혁의 목표는 농민에게 땅을 나눠주려는 것이 아니라 땅을 가장 효율적으로 이용할 사람의 손에 두어 농업 산출을 극대화하는 것이었다. 이 개혁을 통해 영주는 예전에는 농노의 노동으로 농장을 운영하던 것에서 이제 임금노동을 고용하여 더욱 넓어진 대토지를 운영하는 경영자(융커)로 탈바꿈하게 되었다.

중부 유럽 경제사

둘째, 프로이센이 주도하여 이루어진 관세동맹(1834년)으로 독일 지역을 통합한 단일 시장이 형성되었다. 관세동맹은 독일 회원국들 간에 관세를 부과하지 않고 지역 간 제품의 이동을 허용하며, 비회원국에 대해서는 단일 관세를 부과한다는 것이었다. 이는 관세동맹의 회원국들이 다음 세대에 단일 국민국가로 통합될 초석이 되었다. 신문기자이자 내셔널리즘 사상가인 리스트^{F. List}(1789~1846년)는 "후진 지역과 선진 지역 간의 격차가 벌어질수록 후진국은 후진국으로 머물 위험이 더 커지며, 농업국은 가난할 뿐만 아니라 대외적인 방어 능력도 떨어져 정치적 독립을 유지하기 어렵고, 결국 공업을 추진해야만 국가를 제대로 방어할 수 있다"고 보았다. 그리하여 리스트는 분열된 독일 나라들 간의 관세동맹 형성을 지지하며 공업화 추진을 강조했던 것이다. 1840년대에 리스트의 '경제적 내셔널리즘^{economic nationalism}'은 독일 나라들 사이에서 점차 큰 호응을 얻기 시작했다. 또한 그는 '유치산업^{infant industries} 보호'를 주창하여 수입된 제조업품에 관세를 부과하게 했다. 오늘날 여러 나라가 사양산업을 보호하는 모습과는 대조적이다.

셋째, 19세기 독일은 국민교육 면에서 유럽 어느 나라보다도 앞서 있었다. 당시 정치적으로 진보한 영국조차 포스터교육법(1871년) 이전에는 기초 교육 체계라 할 만한 것이 별로 없었다. 독일 나라들은 이미 18세기에 초등학교 제도와 아동 의무교육 법안을 만들었다. 1830년 이후 거의 모든 독일인이 읽고 쓸 줄 알게 되어 19세기 말쯤이면 징집된 군인의 문맹률이 0.05퍼센트로 유럽 전체에서도 가장 낮았다. 또한 독일은 중등교육과정에서 과학기술 교육에 많은 노력을 기울여 프로이센 고등학생의 약 30~35퍼센트가 실업

학교Realschule에 다녔다. 19세기 초 영국의 산업혁명 시절과는 달리, 전문적인 과학기술 지식의 축적이 매우 중요해지는 2차 공업화 시점에 독일은 축적된 이러한 지식을 바탕으로 고도성장 가도를 달리며 영국을 능가한다. 독일은 훗날 나치 정권하에서 고급 인력이 해외로 유출되기 전까지 노벨상 수상자를 가장 많이 배출한 나라이기도 하다. 2000년대 와서는 독일이 한동안 고등교육 부문에서 도외시했던 자유경쟁의 원리를 도입하려는 개혁이 한창이다.

독일 지역의 농업

앞에서 살폈듯이, 독일 농촌의 두 가지 운영 방식은 대략 다음과 같이 요약된다.

1. 장원 영주제Grundherrschaft 지역에서 봉건영주(왕, 귀족, 고위 성직자)는 토지(영주 재산)의 소유자로서 그 휘하의 농민을 보호하면서 농민에 대한 법적 지배권을 보유했다. 장원에서 농민은 화폐나 생산물 형태로 지대를 납부하고, 그 외에도 장원 안에 있는 영주의 직영지에서 부역(노동 지대, 일주일에 3일간의 노동)을 수행했다. 직영지 경영이 사라짐에 따라 농민들은 화폐와 현물 지대만 바쳤다. 이러한 장원 영주제는 8세기부터 14세기 초까지 농업 생산력을 성장시키고, 특히 농업과 수공업 간에 노동 분업을 대규모로 촉진하는 역할을 했다. 12세기 무렵 특히 북서부 독일 지역에서 부역이 쇠퇴하고, 결국 장원 영주들은 정해진 소작료를 대가로 토지를 농민에게 임차하는 방식으로 전환해갔다.

2. 농장 영주제Gutsherrschaft는 16세기 이후 엘베 강 동쪽 지방에서 행해지던 후기 봉건제적인 농업 제도의 유형이다. 농장 영주제 지

역에서는 수출용 곡물 생산을 위해 노동 부역(봉건 지대)과 인신적 종속이 강화되고(재판 농노제), 영주(구츠헤어, 즉 토지 귀족)는 농노에 대한 재판권을 보유했다. 농장 영주제하에서 자유로운 농민 재산은 형성되기 어려웠다.

이 같은 배경에서 남서부 바덴, 뷔르템베르그 등에는 프랑스처럼 소자작농이 다수 존재했다. 이들 농업이 소규모라 해서 반드시 비효율적이지만은 않았다. 북부, 동부 포메라니아, 메클렌부르그, 프로이센 등은 노동력을 고용하는 대농장 방식이 지배적이었는데, 대규모라 해서 반드시 효율적인 것도 아니었다. 이들은 15세기부터 19세기까지 서유럽에 곡물을 수출했는데, 이런 일은 미국, 러시아에서 곡물을 대규모로 수입하여 곡물 가격이 하락하고 보호주의로 복귀할 때까지 지속되었다. 당시 독일 인구가 급증하여 수출을 위한 잉여 농산물은 없었다. 1890년 무렵 내수용 곡물 수입은 10퍼센트 정도였다.

석탄

루르 탄전은 1780년대에 프로이센 국영 광업진흥청 주도하에 소규모로 상업적 생산을 하기 시작했다. 1850년 이전까지 루르 탄전의 석탄 생산 비중은 슐레지엔, 자르, 작센, 아헨 지방보다 낮았으나, 1830년대 후반 루르 계곡 북부에서 경제성 높은 광맥이 발견된 이후 주로 프랑스, 영국, 벨기에 등 외국 기업의 자본, 기술 등을 제공받아 탄전이 개발되었다. 1850년경부터 루르 공업지대의 석탄 생산과 함께 철, 화학, 석탄에 기초한 다른 부문의 공업 생산이 매우 빠르게 확산되었다. 1차 대전 직전까지 루르 탄전은 독일 석탄의 3

분의 2를 생산하는 세계 최대의 탄전이었다.

철

독일에서 철은 외국자본의 지원을 받아 1824년에 최초의 고로(용광로)에서 제련, 생산되기 시작했다. 1840년까지 독일의 철공업은 초보 단계였다. 슐레지엔에서 코크스 제련법이 사용되기 시작했지만 중세의 야금방식도 여전히 사용되었다. 서부 독일의 공업 발전은 주로 1850년대 이후 루르 지방 발전과 거의 동시에 이루어졌다. 1855년 무렵 루르 지방과 슐레지엔에 코크스 고로가 존재했다. 목탄 고로가 코크스 고로보다 많긴 했지만 코크스 고로에서 독일 선철의 50퍼센트가 생산되었다.

철의 특수 형태인 강철은 탄소 함유량이 선철보다 적지만 선철을 정련하여 얻은 연철보다는 많으며, 선철에 비해 잘 부러지지 않고 연철보다 강도, 내구성이 높다. 이러한 강철이 오래전부터 만들어지긴 했지만 비용이 많이 들어 고급품 소량 생산에 한정되었다. 그러다가 1856년 영국인 발명가 베서머Henry Bessemer가 용해된 선철에서 직접 강철을 생산하는 방식을 고안하여 특허를 획득했다. 정련 과정이 생략된 우수한 품질의 베서머 강철 생산량이 급증하고 강철이 일반철을 대체하기 시작했다. 베서머 강철이 생산되기 시작했으나 이 방식으로는 인이 함유된 철광석을 처리할 수 없었다. 역시 1860년대에 지멘스-마르탱Siemens-Martin 평로법이 도입되었다. 이로써 베서머 제강법보다 속도가 느리고 비용이 더 들긴 하지만 고급강을 생산할 수 있었다. 1878년에 염기성 제강법이 특허를 얻었다. 광석에 함유된 아린산을 중화하기 위해 베서머식 전로 또는 평로를 접속시키는 데 석회암 또는 기타 염기성 원료를 사용하는 방식이었다. 이 제강법으로 인이 함유된 철광석을 사용할 수 있게 되었다. 여기에서 더욱 개선된 길크리스트-토머스^{Gilchrist-Thomas} 제강법이 도입되었다(1881년).

독일에서 강철 생산이 급속히 증가했다. 1865년 50만 톤 이하이던 연간 강철 생산량이 1913년에 5,000만 톤으로 증가했다. 1870~1913년에 독일의 강철 생산은 연평균 6퍼센트 이상 비율로 증가했고 1880년 이후 더욱 급속해졌으며, 1900년대에 영국의 강철 생산을 앞질러 1914년경에 영국의 2배, 프랑스의 3배 이상에 달했다. 1890~1913년 사이에 조선 부문에서 고용은 2배, 생산량은 3배로 늘었다. 독일은 유독 중공업 비중이 컸으며, 소비재 산업에 비해 중공업의 이익률이 2배나 되었다.

철도 건설에 내구성 강하고 안전도 높은 강철 레일이 사용되기 시작했다. 선박 건조에 강판이 쓰이고, 선박 규모가 커지고 무게 경량화, 속도 증가, 전함 중무장이 가능해졌다. 강철로 만든 철근과 철봉으로 고층 건물과 다양한 구조물 건축도 할 수 있게 되었다. 기타 일반철과 목재를 대신하여 강철로 다양한 일상용품이 만들어지기 시작했다.

철도

1834년 관세동맹 출범과 함께 독일 지역에 통일된 시장이 성립되었다. 이후 관세동맹이 계속 확장되어 1866년 북독일연방, 1871년 독일제국 탄생으로 이어지는 가운데, 1835년 뉘른베르크와 퓌르트^{Fürth} 사이의 단거리 구간 개통을 시작으로 독일 영방 간 경쟁은 독일의 철도 건설을 촉진하여, 프랑스보다 더 빨리 확대되었다. 철도 건설과 관련하여 영방들은 노선, 지분율, 기술적 문제에 관한 합의를 도출해야 했다. 이 과정에서 결국 각 영방끼리 협력이 이루어졌다. 국영 기업과 민간 기업 모두에게 철도 건설이 허용되었는데 대부분 외국의 도움 없이 건설되었다.

철도는 다양한 지역을 연결하여 지역 상업 발전에 기여한다는 면에서도, 전후방 산업 연관 효과를 통한 공업 성장을 촉진한다는 면에서도 매우 중요했다. 1840년대까지 독일의 석탄 생산량은 프랑스, 벨기에 등보다도 적었고 철 생산도 1860년대까지 프랑스에 미치지 못했으나, 철도망 확장 이후 철, 석탄 공업이 급속히 발전했다. 철도로 인해 이 두 공업에 대한 수요가 급증했고, 철도는 다시 철, 석탄 운송비를 낮추는 데 기여했다.

1840년대 이후부터 경제 변동 속도가 빨라졌다. 철도 건설과 함께 광범하고도 조밀한 교통 및 운송 체계가 갖춰지고, 통화 통합, 북독일연방 결성(1866년) 단계를 거쳐 독일제국 출범(1871년)으로 신속한 시장 통합이 이어졌다. 농업 종사자의 절대적 수는 증가했지만 직업별 인구 백분비상으로는 감소했다. 동업조합의 여러 규제들은 특히 1860년대에 최종 철폐되어 자본주의적 경제 체계의 법적 토대가 완전히 갖춰졌다. 공장 노동자 수는 1850~1873년에 3배 증가했다. 수공업 종사자의 백분율은 감소했으나 절대 수치는 증가했다. 1871년 이후 독일제국의 인구는 대략 2,300만 명으로 대개는 농촌에 거주했고, 인구의 7~8퍼센트만 1만 명 이상 인구의 도시에 거주했다.

전기

1800년에 제임스 와트의 증기기관 전매특허가 끝난 후, 50년간 증기기관의 제작 기술은 중대한 발전을 이룩했다. 1850년경 독일에서 공업에 이용된 증기기관은 2,000대였다. 증기기관의 동력과 열효율이 대폭 증대되어 40~50마력을 발생시키는 기관이 일반적으로 쓰였고, 250마력 이상 증기기관도 있었다. 1860년경 선박용 대형 복합기관의 동력 발생 수준은 1,000마력 이상이었다.

18세기까지만 해도 전기현상은 단순한 호기심의 대상이었으나 18세기 말부터 실험실의 연구 대상이 되기 시작했다. 1807년에 전기분해가 발견되었다. 이를 계기로 전기도금업이 등장했다. 1820년대 이후 전자장 유도현상 발견과 함께 조잡하나마 수동식 발전기가 탄생했다. 이를 토대로 1832년에 미국인 모스^{Samuel Morse}가 전신을 개발했다. 전기를 산업적으로 이용하는 일은 발전기를 설치하는 데 따르는 어려움 때문에 지연되었다. 과학자와 기술자들은 전기를 발생시키기 위해 다양한 장치 실험을 시작했다. 1873년 프랑스에서 알프스 산의 물을 끌어들일 때 수력터빈에 전동기를 사용하기 시작했다. 이 기술혁신은 석탄이 부족하고 수력은 풍부한 지역의 에너지 문제를 해결했다. 그후 증기터빈이 발명되어 수력 없이도 전기를 발생시킬 수 있게 되었다.

19세기 말은 서유럽의 2차 공업화 시기였다. 19세기 초 영국의 산업혁명 시대와 달리 전기, 화학 같은 신산업 부문에서 과학 발전과 결합된 기술 진보가 대대적으로 이루어졌다. 기술이 과학적 연구 수준과 밀접하게 관련되는 시대로 접어든 것이다. 과학자, 기술자, 기업가 사이에 협조 체제가 강화되었다. 독일은 이러한 신산업 주도국이자 중심지였다. 이미 1870년대 초에 주식회사 자본금이 4년 만에 2배로 성장했다. 구산업(방직업)이 독일에서는 부차적이었다. 석탄, 제철, 철강이 독일 공업의 성장 동력 역할을 하면서 1890~1913년 사이에 철과 강철 생산량이 3~4배 성장했다.

전기가 다방면에서 실용화되기 시작했다. 1840년대 이후 전기는 전기도금업, 전신업에서, 1850년대에 등대, 공장, 상점, 극장, 공공건물 전기 아크등에서 쓰였다. 1880년 무렵, 백열등이 쓰이면서 전기공업의 호황을 몰고왔다. 전기공업은 화학공업에 비해 훨씬 빠르게 성장했다. 급격히 진행된 독일의 도시화는 조명, 도시의 운송 수단 등의 필요에서 전기공업을 크게 자극했다. 20세기 초에 전동기는 증기기관을 대체하기 시작했다. 1913년 독일의 전력 생산량은 영국, 프랑스, 이탈리아, 스웨덴을 합친 것보다 더 많아서, 유럽 발전소를 독점하다시피 했다. 아에게$^{AEG Werke}$가 가전제품 생산을 시작했다.

1850년경 유럽과 미국의 주요 도시가 전신망으로 연결되었다. 1851년에 최초의 해저 전신케이블이 영국해협 해저에 설치되었다. 1866년 미국인 필드$^{Cyrus W. Field}$가 북대서양 해저에 전신케이블을 설치하여 유럽과 북미 사이에 거의 즉각적인 통신이 가능해졌다. 해저케이블은 더욱 확대되었다. 벨$^{Alexander Graham Bell}$이 전화 특허를 획득한 이후(1876년) 원거리 통신이 개인화되었다. 독일에서 헤르츠$^{Heinrich Hertz}$ 등의 과학적 발견에 기초하여 무선전신(라디오)이 발명되었다(1895년). 1901년부터 무선전보가 대서양을 횡단하여 전송되기 시작했고, 1912년부터 라디오는 대양 항해에서 중요한 역할을 했다.

19세기 후반과 20세기 초에 전동차와 디젤엔진이 도입되고, 1870년대에 유럽에서 침대차가 보편화되었다. 이 무렵 철도망은 국경을 가로질러 확대되었다. 1888년에 오리엔트 특급열차가 처음 운행되었다. 1879년에 독일인 지멘스Werner von Siemens는 전철과 전차를 발명하여 당시 급성장하는 대도시에서 대량 운송에 획기적인 결과를 가져왔다. 오토Nikolaus Otto, 벤츠Karl Benz, 다임러Gottlieb Daimler가 내연기관을 실험한 이후 1900년경 다양한 내연기관이 이용되었다. 가솔린과 디젤연료가 승용차, 화물차, 버스 같은 경수송 차량에 주로 이용되었다. 20세기에는 항공산업 발달이 가능해졌다. 가전제품도 고안되었고, 이 무렵 알루미늄이 발견되어 알루미늄 제련에 전기가 이용되기 시작했다.

화학

화학은 새로운 생산물과 새로운 공정 탄생에 기여했다. 1860년 이전 독일에는 화학공업이 거의 존재하지 않았으나 공업의 급성장과 함께 공업용 화학제품, 알칼리, 황산에 대한 수요가 생겼다. 1856년에 영국 화학자 퍼킨William Perkin이 고급염료 아닐린을 합성한 이래 합성염료산업이 시작되었다. 나아가 합성염료는 유기화학산업 복합체 형성의 발단이 되었다. 의약품, 폭약, 인화 시약, 합성섬유 같은 다양한 상품이 만들어졌다. 퍼킨은 영국에 초빙된 독일인 화학자 호프만A. W. Hoffmann 밑에서 수학하였다. 독일로 돌아간 호프만은 대학의 연구진과 시설을 화학공업에 끌어들였고, 이후 독일 화학공업은 전 세계에서 압도적 우위를 점했다.

이외에도 화학은 코크스 제조 과정의 부산물인 콜타르를 쓰레기에서 원료로 변모시켰다. 야금술 발전에도 기여했다. 고대부터 알려진 철, 구리, 납, 주석, 수은, 금, 은 이외에 아연, 알루미늄, 니켈, 마그네슘, 크롬 등의 새로운 금속이 발견되고 적절한 용도로 쓰이기 시작했다. 특수 합금 철강, 비철 합금 개발도 가능해졌다. 화학은 식료품 생산, 가공, 보관에도 기여했다. 1830~1840년대에 토양에 관한 과학적 연구가 시작된 이래 과학적 농업, 인공 비료가 도입되고 농업이 크게 개선되었다. 통조림 제조, 인공 냉동 방식이 개발되어 식생활 혁명이 일어났다. 부패하기 쉬운 식료품을 수입할 수 있게 된 것이다. 이제 유럽은 자체 생산한 농산물만이 아니라 수입 농산물까지 이용할 수 있게 되었고, 더 많은 인구 부양이 가능해졌다.

근대적 화학공업이야말로 독일이 가장 성공한 분야다. 1870년대에 독일은 세계 화학제품 시장의 절반을 차지했다. 1차 대전 이전 약 25년간 독일 화학공업은 연평균 6.2퍼센트씩 성장했고 생산량은 10배 증가했다. 전쟁 전 독일은 전 세계 화학제품의 3분의 1과 종합염료의 90퍼센트를 수출했다. 독일의 화학제품 생산량은 미국보다 60퍼센트, 유럽 화학제품 생산에서 독일 다음인 스위스보다 5배나 더 많았다. 1879~1913년에 독일의 1인당 GDP는 32퍼센트 증가했다.

독일의 기업과 은행

19세기 초까지 독일에서는 몇몇 자치 영방이 각각의 통화, 화폐제도를 독자적으로 보유하여 단일 금융제도가 통용되기 어려웠다. 프로이센, 작센, 바이에른 등지에 은행권 발행 독점권을 보유한 은행이 존재했고, 정부가 이들을 엄격히 통제했다. 이들은 주로 정부의 재정자금을 조달하는 역할을 했다. 함부르크, 프랑크푸르트, 쾰른, 뒤셀도르프, 라이프치히 같은 상업 중심지와 프로이센의 수도 베를린에 민간은행이 다수 존재하여 국지적, 국제적 교역에 자금을 지원하거나 개인 재산 관리에 주로 관여했다.

1840년대부터 이 은행들이 새로운 공업기업, 철도회사의 자금 지원, 설립, 인수 사업 등에 착수하면서 독일 은행업의 새 시대가 열렸다. 1848년 쾰른에서 샤프하우젠은행연합Schaaffhausen'scher Bankverein이 설립되었다. 한 민간은행이 파산하면서 세워진 이 은행은 몇 년에 걸친 업무 정상화 노력 끝에 신용은행Kreditbank의 기능을 했다. 1853년에 쾰른의 민간은행가들이 정부 규제를 피해 대공국의 수도인 헤센다름슈타트Hesse-Darmstadt에 다름슈타트상공은행Bank für Handel und Industrie zu Darmstadt(Darmstäter)을 세웠다. 은행은 프랑스의 크레디모빌리에를 모델로 하여 크레디모빌리에의 금융, 기술을 지원받아 설립되었다. 설립 당시부터 독일 전역을 무대로 영업했다. 프로이센 정부는 1870년까지 주식은행 설립을 허용하지 않았고, 코만디트게젤샤프트Kommanditgesellschaft(합자회사) 형태의 금융업체가 1850, 1860년대에 급증했다. 베를린의 디스콘토게젤샤프트Diskonto-Gesellschaft, 베를린 한델스게젤샤프트Berliner Handelsgesellschaft 등이 그 대표적 예다. 일부 소영방에는 주식은행에 대한 반감이 없어 주식은행 설립이 허용되기도 했다. 북독일연방은 영국, 프랑스 법률에 기초하여 자유로운 기업 설립을 허용한 법을 만들었다(1869년). 이에 따라 100개 이상의 신용은행이 창립되었는데, 1873년 6월 금융공황이 발생했을 때 부실 은행들은 대부분 소멸했다.

이후 12개 정도의 거대 은행이 독일의 금융 대부분을 지배했다.

이 가운데 도이체방크, 디스콘토게젤샤프트, 드레스드너방크, 다름슈테터 등이 가장 유명하다. 드레스드너방크, 코메르츠방크, 도이체방크 등은 독일제국 출범 시기(1871년)를 전후하여 민간 주식은행으로 만들어졌다. 모두 자본금 1억 마르크 이상에, 베를린에 본점을 두고 독일 산업 자금을 공급했으며, 수출업자와 외국 상인들에게 신용을 제공하며 독일의 대외 교역을 확대 촉진했다. 이들은 해외무역과 장기 산업 여신을 담당하면서 상업은행과 투자은행의 기능을 동시에 했다. 은행과 기업이 긴밀한 관계를 맺어 소위 하우스방크 체제가 성립되었다. 이 큰 은행들과 작은 저축금고 등이 종합은행의 업무를 수행하면서 제조업 기업들의 카르텔 결성에 관여하고 주식회사의 설립과 성장에 큰 역할을 했다. 19세기 독일의 은행업 발전은 독일의 공업화에 크게 기여했다. 독일 공업의 성공은 다시 독일의 은행 제도 성공에 기여했다. 20세기 초의 독일 은행 제도는 세계에서 가장 효율적이었다. 제국이 통일된 후, 프로이센 국립은행이 모태가 되어 라이히스방크가 만들어졌다(1876년). 라이히스방크는 은행의 재원과 권한을 대폭 확대하여 은행권 발행을 거의 독점했다. 또한 통화 금융을 감독하면서 신용은행이 어려울 때 지원하기도 하고 독일의 금융 구조를 총괄하는 중앙은행의 역할을 했다.

19세기에 장기 산업금융을 위한 근대적인 주식회사 형태의 은행이 서서히 발달했다. 철도 건설에 필요한 엄청난 규모의 자본 조달을 위해 신용은행이 만들어졌다. 이것은 다른 부문 기업들의 자금 조달 방식에 선례를 제공했다. 일반 시중은행, 개발은행, 미국식 투자은행 등의 역할을 동시에 하는 신용은행이 독일형 종합은행으로 발전했다. 종합은행은 단기 운영자금과 대규모의 장기 시설자금 대출뿐만이 아니라 기업체가 발행한 주식, 회사채 등 유가증권의 인수, 중개 업무 등까지 담당했다. 독일에서는 자본시장의 발달이 늦어 국가와 은행이 이 기능을 대신했고, 이것이 독일식 기업 지배 구조의 역사적 연원이 되었다.

독일의 기업은 급속한 수직적 결합의 전략을 채택했다. 예컨대 철공업에서 독자적인 석탄, 금속광산, 코크스 공장, 송풍로, 주물 및 압연공장, 기계공장 등을 확보했다. 독일의 공업은 총생산량에서만이 아니라 개별 생산 단위 면에서도 규모가 컸다. 20세기 초에 각 기업의 평균 생산량은 영국의 2배에 달했다. 기업 대형화와 업종 다변화로 기업 경영이 복잡해지자 경영 업무가 전문화, 조직화될 필요가 생겼다. 또한 독일은 영국과 달리 산업교육에 충실하여 과학, 경영 기술이 발달했고, 기업에 필요한 전문 기술과 경영 인력 공급도 잘 이루어졌다. 그리하여 중간 경영조직을 착실하게 구축할 수 있었다.

독일의 대기업들은 출발부터 세계시장을 상대로 했으므로 영미의 선진 기업과 치열하게 경쟁해야 했다. 그래서 국내에서는 기업들끼리 경쟁을 피해 합법적으로 협동, 담합했다. 이러한 인식은 독일의 대기업들만이 아니라 독일 국민 전체가 공유했다. 기업들이 카르텔 협정을 맺고, 협정을 위반한 상대 기업을 고소하여 승소한 사례까지 있었다. 카르텔은 가격 결정, 생산 제한, 시장 분할, 기타 독점적, 반경쟁적 정책 등을 실시하기 위해 명목상 독립적 기업들끼리 맺은 협정을 말한다. 1875년에는 4개이던 카르텔이 1890년에 100개 이상, 1914년에 1,000개로 급증했다. 이론상 카르텔 행위는 이윤 증가를 위해 생산량을 제한한다고 하지만, 독일의 산업 카르텔은 생산량을 급속히 증대시켰다. 1879년 비스마르크가 보호무역주의로 전환한 후 카르텔과 보호관세가 결합되었다. 카르텔은 보호관세를 통해 국내시장에서 인위적으로 높은 가격을 유지하는 것이 가능했다. 해외시장에는 평균 생산비 이하 가격으로 무제한 수출했다. 국내 화물선보다 국경을 통과하는 화물선에 대해 더 낮은 관세를 부과했는데 이 방식을 국가가 소유, 관리하는 철도에도 적용하여 이익을 증대시켰다. 독일의 수출은 급증하여 세계시장에서 자유무역을 표방한 영국이 보복 조치를 취할 정도였다.

기업 협력 체제가 처음에는 카르텔 방식이다가 1차 대전 이후부터 더 강력한 I.G.(판매, 구매, 연구 개발을 함께하고 이윤도 통합해 생산하지만, 각 기업의 법적, 행정적 지위는 각기 유지되는 연합체)나 콘체른으로 발전했다. 기업들이 자금 조달을 종합은행에 의존했으므로 이런 과정이 더욱 진전되고 강화되었다. 종합은행으로서도 은행 자금을 대출받은 기업들이 서로 출혈 경쟁을 하기보다는 협조하는 것이 바람직했다. 은행이 나서서 기업들에 강력한 영향력을 발휘하여 기업 간 협동을 유도하기도 했다.

전기, 화학 공업 분야의 기업들 역시 석탄, 철과 마찬가지로 규모가 컸다. 종업원 수가 대부분 수천 명이며 심지어 8만 명에 이르는 기업도 있었다. 독일의 대기업은 성장과 조직 면에서 미국 모델에 가까웠다. 독일은 구산업(직물, 철강)과 신산업(기계, 전기, 화학, 자동차)을 거의 동시에 일으키고 자본재산업에 치중했으며, 특히 중화학공업에서 규모와 범위의 경제를 추구했다.

19세기 후반에 독일의 철도와 전신 산업 부문에서는 시장의 확대와 함께 기업 규모가 급속히 커졌다. 독일 역사상 최초의 통일국가

인 독일제국 당시, 독일의 인구 규모는 미국과 비슷했으나 인구 성
장률은 미국에 뒤졌다. 독일의 인구는 영국보다 많았지만 도시에
거주하는 인구 비율은 영국에 크게 밑돌았다. 그래서 교통, 통신 시
설 확충에 따라 국내시장이 확대되는 정도가 미국만큼은 아니었어
도 영국보다는 컸다. 또한 독일의 시장은 처음부터 유럽 전역이었
기 때문에 시장의 확대가 기업 규모와 운영에 끼친 영향도 영국보
다 컸다. 독일에서 철도와 전신 산업은 국영이었다.

6장

제국 통일의 완성

프로이센이 주도하는 관세동맹 역내에서 라인란트의 공업 그룹이 성장했다. 동부에서도 농업 자본주의화가 진전되었다. 라인란트 기업가와 프로이센 융커의 지지를 바탕으로 독일 지역 통합의 가능성을 최초로 간파한 뛰어난 정치가 비스마르크는 기발한 군사, 외교 전략으로 프로이센과 주변 나라와의 충돌이 지역 분쟁으로만 그치게 했다. 또한 오스트리아를 배제하고 분파적인 의회를 휘어잡고, 프로이센왕국이 온전히 독일제국에 흡수되게 하여 독일 통일을 완성했다.

통일의 먼동이 트기 시작하다

프로이센이 주도하는 관세동맹의 역내에서 라인란트의 공업이 발전하는 가운데 기업가 그룹과 중간층 그룹이 성장했다. 이들은 자유주의 운동을 조직하여, 프로이센이 입헌 의회를 도입하고 절대주의를 종식시킬 것을 요구했다(1848년). 이는 프로이센 절대주의의 기반인 동부 융커 세력을 자극했다. 하지만 이 자유주의 운동 세력은 사회경제적 이유에서 독일 지역이 통합되기를 바랐으며, 그것도 오스트리아가 아니라 프로이센이 통일을 주도하기를 바랐다. 19세기의 곡물 시장 호황으로 자유주의자와 동부 융커들 간에 타협할 여건도 조성되어 있었다. 동부에서도 농업 자본주의화가 진전되고 있었던 것이다.

프로이센이 더는 군대에 치중하는 나라이기를 원하지 않는 자유주의자들이 의회에 대거 진출하여(1848년 이후) 군비 증강 예산 승인을 거절했다(1862년). 이때 왕 빌헬름 1세(재위 1861~1888년)는 이들을 압도할 비스마르크를 재상으로 임명했다. 그 오랜 세월 조각조각 갈라져 있던 독일 땅에 통일의 먼동이 트기 시작한 것일까? 비스마르크(1815~1898년)는 프로이센 융커와 라인란트 기업가들의 지지를 바탕으로 독일 통일이 이루어질 가능성을 최초로 간파한 뛰어난 동부 귀족 출신 정치가였다.

프로이센에서 독일제국으로

비스마르크는 국내 자유주의 중산층의 저항을 많이 받았으나, 국제 정세에 대한 탁월한 판단력을 지닌 인물이었다. 비스마르크는 프로이센이 덴마크, 오스트리아, 프랑스 등과 충돌했을 때 기발한 군사, 외교 전략을 동원하여 이것이 지역 분쟁으로만 그치고 확대전은 되지 않게 했다. 그렇게 해서 슐레스비히-홀스타인을 정복하거나 남부 독일 나라들이 프로이센에 가담하게 하는 데 성공했다. 이 과정에서 비스마르크는 오스트리아를 배제하고, 결국 국내 중간층을 굴복시키고, 분파적인 의회를 휘어잡고, 프로이센왕국이 온전히 독일제국에 흡수되게 하여 통일을 완성했다. 척박한 '신성로마제국의 모래상자'이자 독일의 변방인 프로이센이 유럽의 강대국, 독일제국으로 거듭나게 된 것이다(1871년).

독일 중산층의 통일 운동과 결합된 자유주의

19세기 중엽 약 20년간 독일에서도 독자적으로 자유주의가 발전했다. 유럽 서부에서 시작된 자유주의의 발전이란 측면에서 독일 일부에서 일어난 자유주의는 프랑스의 자유주의보다 더 중요한 역할을 수행했다. 하지만 1830년대부터 시작된 독일의 자유주의 운동은 이탈리아에서 그랬듯, 출발 당시부터 국가 통합을 목표로 한 운동과 긴밀히 연결되는 특징을 가졌다. 칸트Immanuel Kant(1724~1804년), 실러Johann Christoph Fridrich von Schiller(1759~1805년) 등은 영국, 프랑스에 기원을 둔 자유주의 이념을 강조한 대표적인 독일인이다. 칸트 이론의 핵심은 흄David Hume(1711~1776년)과 유사하게 법을 개인의 자유를 보호하는 것으로서 이해하고, 법치국가 이념, 즉 법의 지배를 강조했다. 훔볼트Alexander von Humboldt(1769~1859년)는 철저하게 법과 질서유지에만 국한된 국가상을 고안했다. 실러도 독일의 교양인이 개인의 자유 이념에 익숙해지는 데 기여했다.

북부 독일에서 자유주의 운동은 영국적 실례를 추종하는 헌법 운동으로 발전하여 엄격한 법치국가관이 생겼다. 프랑스의 영향을 많이 받은 남부 독일은 국가의 자의적 권력을 제한하는 문제에 더 많은 관심을 보여 행정부로부터 사법부의 독립성을 강조한 권력분립에 치중했다. 남부(바덴, 뷔르템베르그)에서는 본격적인 자유주의 이론가 그룹이 형성되어, 1848년혁명 전야에 독일 자유주의 사상의 중심이 되었다.

독일 지역 내 자유주의 그룹의 소망은 동부 토지 귀족의 반발을 자극하는 면이 있긴 했으나, 자유주의 세력은 사회경제적 이유에서 오스트리아가 아닌 프로이센이 주도하는 독일 통일을 원했다. 관세동맹을 이끄는 쪽이 프로이센이었기 때문이다.

독일의 1848년

프랑스 2월혁명의 영향이 독일의 남서부 지역(바덴, 뷔르템베르그, 헤센 등등)에 미쳤다. 프로이센의 베를린에서도 혁명이 발생했다(1848년 3월). 장인, 직공들은 공장과 기계를 파괴하고 농민은 봉건적 의무 폐지를 요구했다. 남부, 서부 독일의 개혁가들이 하이델베르그에서 모이는가 하면, 자유주의자들은 프랑크푸르트에서 예비 의회를 개최하는 데 합의했다. 국회는 이러한 움직임에 대해 중립을 선언하고 검정, 적색, 금색을 독일연방을 대표하는 색으로 채택했다(3월 9일). 독일 지역의 많은 나라들에서 보수적인 정부가 물러나고 온건 자유주의자로 구성된 새 정부들이 출범했다. 오스트리아의 메테르니히(1773~1859년, 재임 1821~1848년)가 망명을 떠났다는 소식에 프로이센의 프리드리히 빌헬름 4세[Friedrich Wilhelm IV](1795~1861년, 재위 1804~1861년)는 자유주의자가 요구하는 새 헌법을 수용했다. 또한 독일 나라들의 통합이 이루어진다면 프로이센도 이에 합류하겠다는 약속도 했다.

그러나 혁명 세력은 리더십을 갖춘 조직도 아니었고, 자기네끼리 합의된 명확한 개혁안도 갖고 있지 않았다. 왕이 양보한 바에 대해 도시 노동자, 온건한 자유주의자, 프로이센 귀족 등이 품은 소망은 제각각이었다. 예컨대 프로이센은 가톨릭 단체, 융커 총회, 수공업자 조합, 자유주의자들, 급진주의자들로 분열되어 있었다. 가톨릭 단체는 국내 그 어느 단체보다 규모가 크고 조직적이었다. 융커 총회는 프로이센 지주들의 조직이었다. 수공업자 조합은 자유무역정책을 비난하며 길드 복원을 주장했다. 이런 상황에서 1848년에 선거를 통해 조성된 프로이센 입헌 의회가 프로이센 헌법을 만들기 위해 베를린에 모였다.

프랑크푸르트 국민의회의 헌법 초안과 통일 시도

같은 시점에 여러 독일 나라의 자유주의자들도 통일 독일을 위해 연방 헌법을 만들 국민의회 소집에 성공했다. 5월에 프랑크푸르트에 모인 국민의회Nationalversammlung는 묘한 혁명 집단이었다. 이들은 주로 법률가, 교수, 의사, 관료, 기업가들로 구성되었으며, 대중적 기반은 없었다. 혁명 집단 사이에서 사회문제나 뚜렷한 재산권 보장 논의 같은 것은 없었고, 민족문제는 언제나 열띤 논란을 야기했다. 내셔널리즘이야말로 1848년 독일 중산층을 움직이는 가장 결정적 사안이었다. 독일인이 거주하지 않는 지역은 독일 통일에서 제외한다는 원칙이 이때 세워졌다. 즉 대독일주의Grossdeutschtum(다민족 나라인 오스트리아 중심의 독일 통일 추구)가 아닌 소독일주의Kleindeutschtum(프로이센 중심의 통일 추구)가 채택되었다. 이로써 새 통일 헌법에서 오스트리아, 슐레스비히, 홀스타인은 제외되었다.

이들은 프랑크푸르트의 파울 교회Paulskirche에 모여 오스트리아의 요한 대공Erzherzog Johann von Österreich(1782~1859년)을 제국 행정관(가장 높은 직책)으로 내세워 새 정부를 구성했다. 그리고 독일연방을 자유주의적으로 개혁하고 나라 통일 작업을 추진했다. 프랑크푸르트 의회는 미국 연방제와 영국 의회 등의 관례를 참작하여 자유주의적인 통일 헌법을 초안했다. 통일 헌법은 입헌군주인 독일 황제 밑에 양원제 입법부를 두었다. 상원은 제국에 속한 각국 정부와 입법부가 선임하는 의원으로, 하원은 성년 남자의 보통선거로 선출된 의원으로 구성하게 했다. 중앙정부를 구성하는 장관들은 입법부에 책임을 지고, 각 회원국은 중앙정부에 많은 권한을 양도하게 되어 있었다. 즉 훗날 독일 통일이 달성된 후 만들어진 제국 헌법에 비해 더 헌정적이고 자유주의적이었다.

프랑크푸르트에서 헌법 초안이 작성되던 무렵, 프랑크푸르트 국민의회는 때마침 슐레스비히, 홀스타인 지역 문제로 인해 덴마크와 전쟁에 휘말리게 되었다. 두 지역은 독일인이 많이 거주함에도 덴마크 왕의 통치를 받았고, 그러면서도 홀스타인은 독일연방에 속해 있었다. 법률적 사안이 매우 복잡한 두 지역을 덴마크의 새 왕 프리드리히 7세^{Friedrich VII, König von Dänemark}(1808~1863년)가 덴마크에 통합시키려 했다. 그러자 두 지역에 거주하는 독일인이 이에 저항했다. 덴마크에 대항하기 위해 프랑크푸르트 국민의회는 논의 끝에 군대 소집을 요구했다. 독일 군대가 덴마크에 진군했지만, 영국, 프랑스, 러시아 등의 압력과 스웨덴의 중재로 독일과 덴마크 간에 정전 협상이 이루어졌다. 독일 군대는 슐레스비히, 홀스타인에서 철수했다. 이 문제를 둘러싼 시위가 프랑크푸르트에서 발생했다. 시가전이 벌어지자 프랑크푸르트 국민의회는 오스트리아와 프로이센 군대의 보호를 받는 지경에 이르렀다.

프랑크푸르트의 새 정부는 애초에 실권이 없었다. 유럽 강대국들의 인정도 받지 못했다. 러시아나 프랑스는 독일 통일을 원하지 않았다. 영국은 새 정부와 외교 관계 맺기를 주저했다. 스웨덴, 네덜란드, 벨기에, 스위스 등 유럽의 일부 나라와 미국만이 프랑크푸르트 새 정부를 인정했다. 그러므로 새 정부는 정책을 수행할 힘이 없었다. 재정이 마련되어 있지 않았고 군대의 지지도 받지 못했다. 또한 프랑크푸르트 국민의회는 모든 주요 사안에서 아무런 합의도 끌어내지 못하고 있었다.

프랑크푸르트 국민의회, 서서히 흩어지다

프랑크푸르트 의회가 군대의 보호 아래서만 제 기능을 발휘할 수 있다는 점이 명백해졌다. 그러자 도처에서 반혁명 세력이 주도권을 잡기 시작했다. 프로이센에서는 브란덴부르크 출신 프리드리히 백작이 이끄는 보수 정부가 구성되었다(11월). 프리드리히 빌헬름 4세는 자신의 왕권을 다시 주장했다. 그리고 프로이센 입헌 의회를 해산하고 새 헌법을 발표했다(12월 5일). 한편 프랑크푸르트 의회는 오스트리아가 독일연방에 속하려면 다민족 국가인 합스부르크제국(오스트리아, 헝가리, 보헤미아 등)의 독일 부분과 비독일 부분을 명확히 구분해야 한다고 주장했다. 이는 합스부르크제국의 분할을 의미했으므로 오스트리아로서는 도저히 받아들일 수 없었다. 그러자 프랑크푸르트 의회는 통일 독일제국의 왕관을 프로이센 왕에게 바치기로 결정하고 대표단이 베를린으로 향했다(1849년 4월). 그러나 프리드리히 빌헬름 4세는 '아랫것'들이 주는 제국의 왕관은 받을 수 없다고 거절했다. 이로써 일단 독일 지역이 통일될 가능성은 사라졌다. 프랑크푸르트 의회도 무의미해졌다. 프로이센 정부는 프랑크푸르트 의회의 해산을 요구하고, 프로이센 의원들에게 의원직을 사임하고 돌아오라고 명령했다.

무력해진 프랑크푸르트 의회는 서서히 해산되었다. 의원 대부분이 이리저리 떠났다. 잔류한 강경 좌파 의원 가운데 일부가 프로이센과 오스트리아의 군대에서 벗어나기 위해 슈투트가르트로 옮겨갔다. 그러나 이들은 곧 군대(뷔르템베르크 군대)의 추격을 받았다.

프로이센 군대는 작센의 반란, 폴란드 장군 등의 이런저런 저항 등등을 진압하고 질서를 회복하면서 혁명 분자들을 색출했다. 일련의 군법회의와 수많은 처형이 이어졌다. 1849~1854년 사이에 110만여 명이 독일을 떠나 주로 미국으로 향했다.

당시 독일에서는 공업화가 진행되고 있었지만 1848년혁명이 실패함으로써 경제 변화가 사회변혁으로까지 이어지지는 못했다. 귀족의 지위는 더욱 확고해졌다. 프로이센의 귀족 영지에서 귀족의 경찰권은 계속 유지되었다. 이런 상황은 훗날 1872년과 1892년의 개혁을 통해서야 시정되었다. 군 장교들 가운데서도 귀족 출신이 크게 늘었다. 귀족은 정치적으로 신뢰할 만한 집단으로 여겨져 국가 공무원으로도 많이 발탁되었다. 1846~1873년에 독일 경제는 급성장하는데, 이때 성장한 공업 기업가 집단은 정치적 야망을 포기하고 돈 버는 일에 전념하거나 개인의 전문 경력을 쌓는 데 몰두했다.

혁명은 실패했어도 법치국가 수립에 필요한 헌법과 법의 개정 등은 1860~1870년대에 계속 이어졌다. 1848년혁명을 실패한 경험은 독일의 자유주의자에게 깊은 인상을 남겼다. 자유주의가 성공하려면 현 정부를 공격할 것이 아니라 정부와 협력해야 한다고 믿는 분위기였다. 또한 자유주의자들은 대중정당을 결성할 생각도, 권력을 장악할 생각도 하지 않았다.

실패로 돌아간 프로이센의 1차 통일 시도

프로이센 군대가 혁명을 진압한 후 프리드리히 빌헬름 4세는 소독일주의를 유지했다. 프로이센에는 소독일주의에 반대하는 보수 집단이 있었다. 소독일주의에 자유주의적, 민족주의적 요소가 들어 있다는 것이 그 이유였다. 프로이센의 외무장관 라도비츠^{Joseph Maria} ^{von Radowitz}(1797~1853년)는 작센, 하노버 정부와 접촉하여 '세 왕의 동맹^{Dreikönigsbündnis}'을 결성했다. 이들은 에르푸르트에 모여 새 헌법 ^{Unionsverfassung}은 세 정부 간 협의로 만들어져야 한다고 합의했다(에르푸르트 동맹). 이후 1849년 6월 말에 자유주의자들이 고타에서 만나 반혁명적인 프로이센이 주도하는 보수적 연방주의를 지지, 수용했다. 자유주의자들이 3월에 초안된 연방법의 자유주의적, 민주적 원칙을 버린 것이다. 새 원칙에 따라 하원의 선출 방식이 정해졌다. 하원의 3분의 1은 프로이센에서 세금을 가장 많이 내는 주민이 선출하고(주민의 4.7퍼센트), 3분의 1은 그다음으로 세금을 많이 내는 주민이(12.6퍼센트), 나머지 3분의 1은 일반 주민(82.7퍼센트)이 선출하기로 했다. 이 방식은 1918년까지 지속되었다.

독일연방 복원되다

26개 에르푸르트 회원국 가운데 12개 국가만이 새 헌법을 받아들였다. 오스트리아, 바이에른 등은 새 헌법에 강력히 반대했다. 하노버는 에르푸르트 동맹에서 탈퇴하여(1850년 2월) 바이에른, 작센, 뷔르템베르크와 함께 '네 왕의 동맹^{Vierkönigsbündnis}'을 체결하고 대독일주의를 지지했다. 프로이센의 프리드리히 빌헬름은 자신이 원하는 조건을 갖춘 제국의 황제가 되고자 독일의 작은 나라들의 군주들로 하여금 자신을 황제로 선출하게 하려 했다. 오스트리아가 이를 저지했다. 프로이센의 군사력으로는 러시아의 지원을 받는 오스트리아를 감당하기 어려웠다. 프로이센은 에르푸르트 동맹을 해산하고 독일연방 부활에 동의했다(올뮈츠조약$^{Vertrag von Olmütz}$, 1850년). 이로써 예전에 프랑크푸르트 국민의회가 초안한 자유주의 체제로의 통일 안, 그후 프로이센이 시도한 '위로부터의 독일 통일', 이 두 시도 모두 완전히 실패했다. 독일연방이 복원되었다. 이 사건에서 오스트리아가 특별히 얻은 것은 없었다. 1850년대에 오스트리아와 프로이센 사이의 긴장이 확대되었다. 독일연방 내의 이러한 교착 상태는 각 개별 나라의 국내 정치에까지 널리 파급되었다.

심화된 오스트리아―프로이센 적대 관계: 관세동맹, 독일연방

한편 프로이센이 주도하여 1834년부터 발효된 관세동맹 덕분에 관세동맹 회원국 간 시장 통합이 진전되었다. 역내무역과 공업이 급성장했다. 즉 경제적 균형 면에서 새로운 판도 변화가 일어나고 있었다. 관세동맹을 추진하는 프로이센 관료의 애초의 목적이 무엇이었든 간에 관세동맹을 통한 시장 통합 움직임이 그 자체의 동기와 논리를 취득하여 애초의 동기를 능가하는 결과를 초래하기 시작했다. 여기에서 프로이센의 주도권이 작동할 수 있었다는 사실이 중요하다. 회원국이 프로이센에 반감을 가졌다 할지라도 관세동맹은 회원국에게 커다란 상업적 이익과 결속력을 제공했다. 결과적으로 관세동맹은 국가 통일에 크게 기여했다. 이 관세동맹으로 독일은 경제적 통일을 정치적 통일(1871년)보다 먼저 달성하여 공업 생산 기반을 조성했다.

오스트리아는 관세동맹에서 배제된 채 국내 공업을 높은 수준으로 보호했으므로 관세동맹 내 관세 의무가 감소함에 따라 더욱더 관세동맹에 합류할 수 없게 되었다. 이 문제는 1848년 이후 오스트

중부 유럽 경제사

리아-프로이센 간 적대를 심화시킨 결정적 요인이 되었다. 오스트리아는 관세동맹 파괴를 시도했으나 성공하지 못했다. 1851년 드레스덴에서 장관 회의가 열렸다. 이 회의에서 프로이센은 오스트리아와 동등한 대접을 받지는 못했지만, 합스부르크제국 전체를 독일연방에 포함시켜 독일연방 내 주도권을 잡으려는 오스트리아의 시도를 좌절시켰다. 1853년 말까지 오스트리아를 제외한 모든 국가가 관세동맹에 가담했다. 관세동맹 내 독일의 중산층과 기업가 집단은 경제적 이유에서 독일 통일이 절실했다. 이러한 사정은 오스트리아가 독일연방 내에서 주도권을 갖기를 원치 않는 프로이센에게 유리했다.

크림전쟁 이후 오스트리아와 프로이센의 세력 판도가 바뀌다

그 무렵 러시아는 일찍부터 흑해 방면으로 진출하고자 남진 정책을 추구했다. 팔레스타인의 성지 관리권이 프랑스로 넘어갔을 때, 러시아는 러시아정교회를 보호한다는 구실로 터키에게 터키와 해협지대에서 러시아의 특권적 지위를 보장할 것을 요구했다. 터키가 이를 거절하자 러시아는 터키에 선전포고했다. 그러자 이 방면에 깊은 이해관계를 가진 영국과 프랑스가 터키와 동맹을 맺고 러시아에 선전포고를 했다. 크림전쟁(1853~1856년)이 일어난 것이다. 러시아의 남진 정책을 반대하던 오스트리아는 러시아의 야망을 좌절시키고자 터키를 지지했다. 오스트리아는 처음에는 중립을 표방했지만, 영국과 프랑스가 동맹을 체결한 후 러시아가 포기한 도나우 공국을 점령하고 군대를 러시아 국경 근처로 이동시켰다.

그런 한편 오스트리아는 프랑크푸르트 의회에 군대 동원을 요청했다. 독일연방이 군대를 동원하여 오스트리아의 반러시아 정책을 지원해달라는 것이었다. 이 의회에 프로이센 대표로 참석한 비스마르크가 오스트리아의 주장에 강력 반발했다. 독일연방 회원국들은 크림전쟁에서 독일이 중립국으로 남아 있기를 바랐으므로 비스마르크는 이들에게 반오스트리아 노선을 부추겼다. 독일 의회는 오스트리아의 군대 동원 제안을 부결시켰다.

러시아는 오스트리아에 격분했고, 오스트리아와 러시아의 관계는 나빠졌다. 그러나 오스트리아는 크림전쟁에서 영국, 프랑스 동맹 진영에 너무 늦게 가담하는 바람에 승전국으로서의 특권을 누리지도 못했다. 반면 프로이센은 러시아와 우호 관계를 유지할 계기를 얻었고, 영국, 프랑스와의 관계도 괜찮았다. 독일연방 내에서 프로이센은 일단 오스트리아에 승리했다.

프로이센과 오스트리아 간 경쟁은 아직 끝난 것이 아니었다. 크림전쟁 이후 독일연방 내 중간 규모 나라들이 연방 내 주도권을 잡았다. 이들은 여러 법안을 제출하여, 예컨대 연방 상법이 제정되고, 북부 독일의 화폐 탈러와 남부 독일의 화폐 굴덴 간 교환율이 결정되었다. 오스트리아는 이들 나라의 지지를 얻기 위해 이들이 제출한 법안에 적극 동의했다. 오스트리아의 이런 의도를 저지하기 위해 프로이센은 이 법안들에 반대했다.

프로이센의 새 정부

프로이센의 프리드리히 빌헬름 4세의 정신질환이 악화되자 그의 동생 빌헬름 왕자Prinz Wilhelm가 정식으로 섭정Regentschaft에 임명되었다(1858년 10월). 기존의 정책들이 별다른 반대에 부딪치지 않고 이어지기를 바란 빌헬름 왕자는 보수 정부를 해산시키고 자유주의자에게 형식적인 양보를 하여 온건 자유주의 정부를 세웠다. 카를 안톤Fürst Karl Anton von Hohenzollern-Sigmaringen(1811~1885년)이 새 정부의 수반이 되었다. 안톤은 프로이센 왕실 내 가톨릭 세력의 중심 인물이었다. 이후 실시된 지방의회 선거에서 자유주의자가 과반수 이상의 의석을 차지했다.

프로이센의 새 정부는 오스트리아와의 관계 회복을 위해 노력했으나, 프랑크푸르트에 있던 비스마르크는 이에 동조하지 않았다. 1858년에 오스트리아는 프랑스와 동맹을 맺은 피에몬테 사르데냐 군대와 전쟁을 하게 되었다. 이 기회에 비스마르크는 오스트리아를 꺾어야 한다고 생각했다. 하지만 비스마르크와 달리 독일 나라들의 일반 여론은 오스트리아가 북부 이탈리아에서 밀려난 이 사건을 독일의 패배로 받아들였다. 피에몬테 사르데냐와 프랑스에 반격을 가하기 위해 오스트리아는 독일연방군의 지원을 얻고자 했다. 오스트리아는 프로이센에 지원 대가로 알자스와 로렌을 넘겨주겠다고 제안했다. 이에 대한 프로이센의 요구는 프로이센이 독일연방군 지휘권을 가질 것, 연방 의회 내 프로이센의 지위를 오스트리아와 동등하게 대우할 것 등이었다. 그러나 이 전쟁에서 오스트리아가 쉽게 무너져버려 이런 제안과 요구는 의미가 없어졌다. 독일 나라들은 오스트리아의 패배를 독일의 패배요 수치로 받아들였고, 이 패배에 대한 책임을 프로이센에게 돌렸다. 1859년에 이탈리아에서 발생한 국민 소요 사태 또한 독일 나라들에 깊은 인상을 남겼다. 프로이센

내에서 정치적 변화의 분위기가 감돌았다. 프로이센이 오스트리아나 프랑스 등과 전쟁할 가능성이 커지는 분위기도 감지되었다.

당시 독일 지역의 경제는 급속히 성장하고 있었고, 프로이센은 자유무역을, 오스트리아는 보호무역을 주장했다. 이때 프로이센은 오스트리아를 격리시킬 절호의 기회를 맞는다. 해외에서 영국과 프랑스가 서유럽 자유무역 기구를 만들고(코브던-슈발리에^{Cobden-Chevalier} 조약, 1860년) 나폴레옹 3세는 독일의 관세동맹도 이에 가담하기를 원한 것이다. 소독일주의를 지향하는 독일 부르주아 자유주의자들은 '국민통합^{Nationalverein}'을 조직하여 영향력을 확대하는 중이었다(1859년). 프로이센과 프랑스는 무역 조약을 체결하고(1862년 3월), 프로이센 하원이 이를 비준했다. 프로이센은 이탈리아의 혁명민족주의 정권을 정식으로 인정함으로써 오스트리아를 배척했다.

프로이센의 군대 개혁 시도

프리드리히 빌헬름 4세를 섭정하다가 프로이센 왕위에 오른 빌헬름 1세(프로이센의 왕이자 독일 황제, 1797~1888년)는 군대 개혁의 필요를 절감했다. 군대 규모를 2배 늘려 이들을 고도로 엄격히 훈련하려면 국방 예산과 조세 증대가 필요했다. 빌헬름 1세는 왕이 되기 이전 왕자 시절부터 군대 개혁을 시도했었다. 국방장관이 내놓은 군대 개혁안의 주요 내용은 지방군의 위상을 크게 낮추고, 군 복무 기간을 연장하며, 신병 수를 늘리기 위해 국방 예산을 25퍼센트 증대한다는 것이었다.

자유주의자들은 이에 반대했다. 1848년에 신통찮은 모습으로 등장했던 프로이센 의회는 1859년 무렵에는 프로이센 선거제도에 따라 선출된 부유한 자유주의 중산층이 토지 귀족과 함께 다수를 차지했다. 의회 내 자유주의자들은 프로이센이 이제 군대 중심의 나라에서 탈바꿈하기를 바랐다. 더는 군대가 국가 내 국가로서 군림할 것이 아니라 의회에 책임을 지는 위치에 있기를, 권력도 왕이 아니라 의회가 장악하기를 원했다. 의회는 25퍼센트나 증가된 국방 예산을 거부했다(1862년). 자유주의자들은 차기 선거에서도 승리했다. 의회의 반대에 부딪친 빌헬름 1세는 자유주의 정부를 해산하고 보수적인 정부를 구성했다. 그러나 이는 의회 내에서 자유주의 지지를 더 높이는 결과를 초래했고 국방 예산 증대는 거부되었다. 군대 개혁을 둘러싼 헌법 투쟁으로 프로이센 정부 기능은 거의 마비될 지경이었다.

비스마르크의 독일 통일 작업

군대 개혁 추진자들은 왕에게 동부 독일의 토지 귀족(융커) 출신이자 러시아(1859년), 프랑스(1862년) 주재 대사를 지낸 비스마르크(당시 파리 대사)를 수상으로 임명할 것을 제안했다. 비스마르크는 독일 통일을 가로막는 최대 장애가 오스트리아와 프랑스이며, 이 장애를 제거하는 길은 군사적 행동밖에 없다고 판단하는 인물이었다. 왕은 그를 불러들였다. 비스마르크는 자신이 최선이라고 판단하는 정책을 수행할 절대적 권한을 왕에게서 부여받았다(1862년).

재상이 된 비스마르크는 국회 예산위원회에서 훗날 역사에 길이 남을 연설을 했다. '독일연방 내에서 프로이센이 주도권을 잡으려면 프로이센이 강해져야 한다. 정부와 의회가 교착 상태에 빠졌을 경우에 관한 규정이 헌법에는 없다. 그러므로 의회 동의 없이 비스마르크 자신의 판단에 따라 정책을 취할 수 있다.'는 등의 내용이었다. 그는 다음과 같은 유명한 발언도 남겼다. "오늘날 중대한 문제들은 1848년부터 1849년까지 저질러진 엄청난 실책들이 그렇듯이 구호나 다수결 원리에 따라 결정해서 될 일이 아니라 피와 철로써 결판날 사안들이다."*

의회가 예산 승인을 거부하는데도 비스마르크는 정부 측에 증세를 하도록 밀어붙였다. 군대 재조직 작업에도 착수했다. 프로이센의 유권자들은 1862~1866년에 선거 때마다 계속 자유주의자를 의회에 다수로 진출시킴으로써 비스마르크의 군대 개혁에 반대 의사를 표시했다.

비스마르크의 돌파구: 슐레스비히-홀스타인

당시 늘 말썽이던 슐레스비히-홀스타인 문제가 비스마르크에게 돌파구를 제공했다. 두 공국, 특히 독일계 주민이 많은 홀스타인은 형식적으로는 덴마크 국왕에 속했지만 자치가 허용된 지역이었다. 덴마크 왕이 이미 1848년에 시도했던 덴마크의 중앙집권화를 또다시 시도했다(1864년). 이는 독일연방의 의지에 반하는 것이었다. 프로이센은 일단 오스트리아를 끌어들여 군사행동을 통해 슐레스비히, 홀스타인, 라우엔부르크를 차지했다. 슐레스비히는 프로이센에, 홀스타인은 오스트리아에게 할양되었다. 오스트리아는 프로이센에게서 250만 탈러를 받고 라우엔부르크를 포기했다(가슈타인협정Gasteiner

---

* "…nicht durch Reden und Majoritätsbeschlüsse werden die großen Fragen der Zeit entschieden—das ist der große Fehler von 1848 bis 1849 gewesen—sondern durch Eisen und Blut."(Winkler, Heinrich August(2002), s.154.)

중부 유럽 경제사

한편 독일연방 내에서 북부 독일은 프로테스탄트 우세 지역이었는데, 애초부터 비스마르크는 이 북부 독일을 프로이센이 완전히 장악해야 한다고 판단했다. 이는 독일 문제에서 오스트리아를 배제한다는 뜻이었다. 그렇다면 프로이센과 오스트리아 사이에 전쟁이 일어날 수도 있지 않겠는가. 비스마르크는 미리 이렇게 예측하고 그럴 경우에 대비하고자 했다. 전쟁을 한다면 그 전쟁은 국지전에 머물러야 하고, 그러려면 러시아와 프랑스가 동맹을 맺어 프로이센에 맞설 일이 없게 하는 게 중요하리라! 일찍부터 이를 간파한 비스마르크는 폴란드 민족문제에 관해 러시아 황제를 전폭 지지했다. 또한 수완을 발휘해 러시아와 프랑스가 프로이센-오스트리아 문제에 관해 중립을 취하도록 했다. 1860년 통일 독립을 성취한 이탈리아와는 공수동맹을 맺는 데 성공했다(1866년). 공수동맹이란 프로이센이 3개월 이내에 오스트리아와 전쟁을 하면 이탈리아는 즉시 오스트리아를 공격한다는 것이었다.

프로이센-오스트리아전쟁

프로이센과 오스트리아 간 갈등은 점점 깊어만 갔다. 프로이센은 모든 준비를 끝냈다. 오스트리아가 연방 의회에 슐레스비히-홀스타인 문제를 해결해달라는 청원을 내자, 프로이센은 오스트리아가 가슈타인협정을 위반했다는 구실을 내세워 홀스타인에 군대를 파견했다(1866년 6월). 프로이센-오스트리아전쟁Austro-Prussian War이 벌어진 것이다.

이 전쟁에서 프로이센이 싸워야 할 상대는 독일연방의 거대한 연합군*이었다. 그렇지만 프로이센은 이미 당시 최신 무기(총신 뒤로 장전을 하는 단발식 후장총breechloading needle gun)와 대규모 군 수송이 가능한 철도 등을 갖춘 상태였다. 프로이센은 보헤미아의 자도바Sadowa 전투에서 오스트리아에 결정타를 날렸다. 전쟁은 불과 7주 만에 끝났다. 강화 조건은 관대했다. 전후 처리 과정에서 오스트리아는 이탈리아에 베네치아를 넘기는 대가만 치렀다. 오스트리아는 프로이센에 배상금을 지불하거나 영토를 할양하지 않아도 되었다. 프로이센이 오스트리아에 베푼 이 같은 관대함은 장차 프로이센에 필요할 경우를 대비한 비스마르크의 계산된 전략이었다. 독일연방은 해체되고 오스트리아는 독일 문제에서 빠지기로 합의했다.

이후 마인 강 북부에 있는 나라들은 새로이 북독일연방der Norddeutsche Bund**을 만들었다. 프로이센이 이를 주도했다. 작센은 독자적 위치를 보장받는 것을 전제로 하여 평화 협상의 마지막 순간에 북독일연방에 들어왔다. 남부 가톨릭 나라들(바이에른, 뷔르템베르크, 바덴, 다름슈타트 등)은 프로이센의 반대로 남독일연방을 구성하지 못했다. 북독일연방에 속하지 못한 독일 나라들은 1834년 이래 관세동맹의 의미를 더욱 강조하는 프로이센이 원하는 바에 따라 프로이센과 각기 동맹 관계를 유지한 개별 나라로 머물렀다. 비스마르크는 북독일연방에 포함되지 않은 남부 독일 국가들과 서둘러 군사협정을 맺었다. 프로이센-오스트리아전쟁 때 평화 협상을 중재해

---

* 오스트리아, 바이에른, 뷔르템베르크, 바덴, 작센, 하노버, 헤센, 헤센다름슈타트, 기타 작은 독일연방 나라들로 구성되었다.
** 슐레스비히, 홀스타인, 하노버, 헤센, 나사우, 프랑크푸르트 등. 북독일연방은 사실상 확대된 프로이센에 대한 느슨한 정치적 명칭이다.

준 프랑스가 프로이센에 과도한 중재 대가를 요구했기 때문이었다. 프로이센은 조만간 프랑스와 전쟁을 치를 가능성에 대비해야 했다. 그래서 서두른 군사협정이었다. 여하튼 프로이센이 일단 북부 독일을 장악한다는 비스마르크의 본래 목표는 실현되었다.

비스마르크, 의회를 휘어잡다

비스마르크는 매우 노련한 인물이었다. 비스마르크는 기존의 보수층이 자유주의 중산층이나 독일 통일 운동 세력과 좋은 관계를 유지할 필요가 있다는 것을 간파했다. 또한 내셔널리즘이 보수적이고 권위주의적인 프로이센 정부와 반드시 상충하는 것만은 아니라는 것도 제대로 파악했다. 또한 비스마르크는 다음과 같은 독일 중산층의 생각도 빨리 알아차렸다. 즉 독일 중산층은 1848년을 경험하면서 독일 통일이라는 과업은 지지부진하고 모호한 투쟁을 일삼는 자유주의자보다는 보수적인 지도층 쪽이 달성할 수 있을 것으로 여기게 되었고, 그래서 독일 중산층은 후자 쪽을 더 선호하는 편이었다. 1866년 오스트리아와 전쟁을 치르면서 비스마르크는 독일 통일 성취가 프로이센의 운명이라고 여겼다.

비스마르크가 고안한 새 북독일연방 헌법에 따라, 연방 회원국들은 자체 정부를 유지하지만 연방 의장은 프로이센 왕이 맡았다. 재상 비스마르크는 의회가 아니라 오직 연방 의장에게만 책임을 졌다. 군대와 연방 관련 업무는 연방 정부, 즉 빌헬름 1세와 비스마르크의 소관이었다. 또한 양원제를 도입하고, 상하 양원은 입법을 동등하게 분담했다. 상원은 각 회원국이 지명한 대표로 구성되고, 하원은 25세 이상 성년 남자의 보통선거로 선출된 대표로 구성되었다. 이로써 외관상 대중이 정치에 참여하는 것처럼 보였다. 중산층 수뇌부와 대중이 직접 연결될 가능성도 열려 있었다. 그러나 실제 권력은 프로이센, 프로이센 왕, 군대에게 있었다.

프로이센 국내 정치에서 비스마르크는 의회 내 반대파와 화해하고자 했다. 비스마르크는 모든 수완을 발휘하여, 1862~1866년에 발생한 정부 지출을 모조리 사후 승인하는 특별 면책 법안을 통과시켜달라고 의회에 요청했다. 비스마르크의 '불법적' 조치들에 별 대안도 없이 오랜 세월 반대와 비난을 일삼던 자유주의자 대부분은 서둘러 비스마르크에 협조했다. 심지어 자기네가 과거에 그렇게 저질러온 '죄'를 참회하기까지 했다. 비스마르크, 왕, 군대(귀족 출신으로 조직된 장교 집단)가 자유주의 중산층의 어설픈 꿈을 압도해버린 것이다. 독일 통일이 저만치 다가오고 있었다(1866년).

프로이센의 헌법 투쟁은 그렇게 마무리되었다. 독일의 중산층은 비스마르크, 왕의 권위, 귀족 앞에 깊이 머리 숙였다. 귀족 집단인 프로이센군 장교의 가치 체계가 점점 더 자유주의 중산층의 가치를 압도하고 대중의 존경심을 확보하며 사회적 기준을 결정하는 모습이 1914년까지 이어졌다.

한편 관세동맹 회원국 모두가 참가하는 관세 국회가 만들어졌다. 관세동맹과 이를 주도하는 프로이센의 영향력은 더욱 커졌다. 의회 의원이 보통선거로 선출되었으므로 인구가 가장 많은 프로이센이 관세 국회도 장악했다. 관세 국회는 관세, 교통, 무역 문제 등을 다뤘다.

프로이센–프랑스전쟁

곧이어 독일 통일을 마무리 짓게 할 사건이 일어났다. 예전 프로이센–오스트리아전쟁 때의 평화 협상은 전세가 불리해진 오스트리아가 프랑스에 중재 역할을 요청하여 시작된 것이었다. 중재 대가로 나폴레옹 3세는 언감생심 과도하게도 1814년 당시의 국경선 회복을 요구했다(1866년 7월). 그 요구를 들어주려면 일부 독일 나라들(룩셈부르그, 벨기에 일부, 라인란트 팔츠, 라인 헤센, 마인츠 등)을 프랑스에 넘겨야 했지만, 다행히도 이 사태는 진정되었다. 이제 비스마르크는 프랑스와 전쟁하게 될 경우에 적극 대비하기 시작했다.

남부 독일 나라들에서는 반反프로이센 감정이 지속되었다. 바이에른의 가톨릭 대독일주의자들이 그 선도자 격이었다. 이곳에서 반프로이센적 대독일주의를 표방하는 정당의 지지도가 급상승했다. 관세 국회 선거(1868년 초)에서도 남부 독일의 자주 독립을 지지하는 측이 대거 당선되었다. 그러면서도 많은 나라가 프로이센과의 관계 유지를 통해 경제 번영의 혜택을 누리거나 누릴 수 있다고 판단했기 때문에 프로이센은 관세 국회에서 주요 법안 대부분을 통과시킬 수 있었다. 프로이센으로서는 남부 독일 나라들의 반프로이센 감정에 잘 대처하는 것이 중요했다. 이를 위해 비스마르크의 경제 담당 보좌관 델브뤽은 오스트리아와 자유무역협정을 체결했다(1868년). 이 조약은 관세 국회에서 비준되었다. 이제 남부 독일 나라들은 오스트리아의 지지를 기대할 수 없게 되었다.

프로이센과 프랑스의 관계는 날로 악화되었다. 나폴레옹 3세는 프로이센–오스트리아전쟁 때 중립을 지켜준 대가를 결국 얻지 못했다. 당시 프랑스 국내에는 전쟁을 통해 나라 내부의 불만을 나라 밖

문제로 관심을 돌리고, 외부의 적을 표적 삼아 프랑스 국민의 결속을 강화하려는 보나파르티즘적 기류가 강했다. 프로이센으로서는 프랑스와의 전쟁이 소독일주의에 입각한 독일 통일을 완수할 절호의 기회였다. 독일 자유주의자들이 국방비 지출 심의권을 포기하는 바람에 프로이센 정부는 국방비를 무제한으로 지출할 수 있었다. 비스마르크는 이제 프랑스와의 전쟁이 독일인의 애국심을 자극하여 프로이센이 남부 독일 나라들을 끌어안을 기회가 될 것으로 판단했다. 혹시 가능하면 오스트리아의 지지까지도 얻어낼 셈이었다. 일찍이 비스마르크는 이를 예상하여 프로이센-오스트리아전쟁에서 승리하고서도 오스트리아에게 관대하게 대하지 않았던가!

전쟁의 발단과 프로이센의 승리

스페인에서 일어난 한 사건이 프로이센-프랑스전쟁(보불전쟁)의 빌미를 제공했다. 1870년 스페인 의회에서 호엔촐레른 지그마링겐 Hohenzollern Sigmaringen가의 왕자를 스페인 왕으로 추대했다. 이 왕자는 프로이센의 빌헬름 1세와 먼 친척이었다. 이 때문에 프랑스에는 프랑스가 적대적인 프로이센에 포위된다는 우려가 퍼졌다. 때마침 프랑스에서 실시된 선거에서 프로이센에 적대적인 우파 정당이 승리했다. 프랑스는 호엔촐레른 가문 출신 스페인 왕을 결사반대했다. 그가 왕위에 오를 경우 전쟁을 불사하겠다고 스페인에 선언했다. 호엔촐레른 왕자는 스페인 왕이 되기를 포기했다. 프랑스는 여기서 멈추지 않았다. 프랑스 외무장관이 베를린 주재 프랑스 대사에게 빌헬름 1세를 찾아가 호엔촐레른 후보를 절대 지지하지 않겠다는 약속을 받아오라고 지시한 것이다. 빌헬름 1세는 프로이센을 모욕하려는 프랑스의 의도를 눈치채고 이를 거부했다.

이 소식이 발표되기도 전에 프랑스는 전쟁을 결정하고 군대 동원 령을 내렸다. 프랑스는 영국의 중재안도 거절한 채 전쟁을 공식 선 포했다(1870년 7월 19일). 비스마르크는 영국이나 러시아가 스페인 왕위 계승 문제에 개입하지 않으리라는 것을 간파했다. 전쟁 가능 성에도 이미 대비해왔다. 이를 예상하여 프로이센-오스트리아전쟁 때도 패배한 오스트리아에 관대한 처분을 내렸던 비스마르크였다. 일찍이 프랑스와의 전쟁을 남부 독일 나라들을 끌어안을 수 있는 기회로 생각한 비스마르크는 전쟁 시작 직후부터 남부 독일 나라들 에 심혈을 기울였다. 남부 독일 나라들도 프로이센을 지지했다. 이 들은 프로이센과 맺은 방위조약에 따라 독일을 방어하기 위해 전쟁 에 가담했다.

프랑스군은 스당^{Sedan}에서 결정적으로 패했다. 나폴레옹^{Louis Napoleon}은 체포되어 모욕을 당했다(1870년 9월). 공화주의자 티에르 ^{Thiers}가 프로이센과 평화조약을 체결했다(1871년 2월). 파리의 애국 자들은 과격한 코뮌^{Commune}을 선포하고(1871년 3월), 포위당한 파리 에서 5개월간 굶주리며 저항했다. 독일인이 지켜보는 가운데 프랑 스 제3공화국 군대가 파리 시로 들어가 코뮌을 무너뜨렸고, 전쟁은 종결되었다. 이 무렵 남부 독일 나라들은 신생 독일제국에 가담하 는 데 동의했다. 승승장구한 빌헬름 1세는 베르사유궁전의 거울 방 에서 독일 황제 선포식을 거행했다.

비스마르크와 독일제국은 프랑스에게 엄청난 배상금을 부과했 다. 부유한 알자스 동부와 로렌 지방의 일부도 차지했다. 비스마르 크의 이처럼 가혹한 강화조건을 프랑스는 받아들여야 했다. 이후 독일-프랑스의 관계는 악화 일로로 치달았다. 1862년에 프로이센은 오스트리아, 영국, 프랑스, 러시아 다음 순위의 나라였으나 10년도 되지 않아 최강대국으로 부상했다. 독일인은 자기네가 유럽인 가운데 가장 우수한 국민이라는 자부심을 갖기 시작했다. 당시 유럽의 대세는 강력하게 조직된 국민국가 틀 내에서 정치가 작동하는 것이었다. 이러한 유럽의 심장부에 유산계급들 간 동맹에 기초를 두었으며 보수적이고 권위주의적인, 내셔널리즘의 나라 독일제국이 우뚝 선 것이다. 1866년 헌법에 따라 프로이센 왕과 그의 각료들은 신생 독일제국 내에서 최고 권력을 보유했다. 독일제국은 의회 의원들이 비록 보통선거로 선출되기는 하나 매우 제한된 권한만을 갖는 나라였다. 성년 남자 보통선거로 선출된 하원은 실은 실권이 없었다. 군주의 권한은 줄지 않았다. 귀족 역시 기존의 특권을 유지했고, 군대는 이전보다 더 막강한 힘을 가졌다.

독일제국의 완성

제국 헌법은 1867년에 제정된 북부 연방 헌법의 연장이었다. 프로이센에서는 1850년 헌법이 지속되고 계급별 선거제도가 유지되었다. 의회는 토지 귀족과 신흥 부르주아가 주도했는데, 하원은 예산 승인 업무를 맡고, 정책 수립이나 결정은 상원이나 국왕, 군대, 왕의 정치 고문 등이 수행했다. 내각은 국왕이 임명하고, 국왕은 원치 않는 법안을 거부할 수 있었다. 국왕은 자유롭게 사용할 수 있는 비용을 보유했다. 국왕 직속하에 군사 문제를 처리하는 군사 내각이

〈지도 2〉 독일제국(1871년)

자료: 위키피디아

별도로 있었고, 이 군사 내각은 의회나 일반 국무장관에게 보고할 의무가 없었다. 국왕에 충실한 관료와 군대를 보유, 존속시키는 프로이센의 권위주의적이고 군국주의적인 성격이 통일제국으로 계승된 것이다.

새 헌법에 따라 남부 독일 나라들은 북독일연방에 흡수되었다. 개별 국가마다 연방 의회(상원Bundesrat) 의석이 주어졌다. 프로이센은 이미 어떤 헌법 개정 시도도 좌절시킬 수 있을 만큼 충분한 의석을 확보했다. 이제 신생 독일제국은 25개 연방 회원국, 4개 왕국, 6개 대공작령, 5개 공작령, 7개 공국, 3개 자유도시로 구성되었다. 일상적인 정부 업무 대부분은 각 개별 국가가 수행했지만, 재상 1인과 보통선거로 선출된 의회(하원Reichstag)를 갖춘 강력한 국가 정부가 존재했다. 예컨대 프로이센, 바이에른, 작센, 뷔르템베르그 왕국은 자국 군대 유지가 가능했다. 이들은 전시에만 황제 휘하의 독일군으로 편성되었다. 황제는 상원 의장직을 맡았으며 이 자리는 세습되었다. 황제는 상원과 하원을 소집하고 해산할 수 있었고 재상과 각부 장관 임명권도 가졌다.

1890년까지 재상은 비스마르크였다. 재상직 수행 때 비스마르크는 다수결 원리가 작동하는 의회의 구속을 받지 않았다. 그러면서도 1878년까지는 국민자유당National Liberals에 의존했다. 독일의 자유주의자들도 1866년 이후부터 비스마르크를 추종하면서 나라의 경제 발전과 법률적 통일 작업에 필요한 입법을 추진했다. 비스마르크는 화폐 통일, 중앙은행 설치, 철도와 우편 제도 통합 등의 중앙집권화 작업을 추진했다. 이 과정에서 비스마르크는 가톨릭교회와 대립하게 되었다. 이른바 문화투쟁Kulturkampf이 시작된 것이다.

문화투쟁

비스마르크는 자유당의 협조를 얻어 독일제국 내에서 예수회 회원 추방, 성직자의 정치 설교 금지, 교회가 운영하는 교육기관 폐쇄 등에 관한 법률을 통과시켰다. 프로이센에서는 종교의식과 관계없이 민법상의 혼인을 인정했다. 교회 신부가 되려는 자는 일반 대학에 적을 두어야 한다는 규정도 만들어졌다.

1864년에 교황 피우스Pius 9세가 19세기의 자유주의, 국가의 교회 간섭 등을 비난, 공격하는 사건이 있었다. 교황은 교황무오론das Dogma der Infallibilität을 선언했다(1869년). 이 도그마는 교황권이 세속 국가보다 우월함을 강조하고 독일 가톨릭 신도에게 국가보다 교회에 대한 충성을 우선하도록 요구하는 것이었다. 교황은 프로이센의 반교회적 법률이 무효라고 선언했다. 신도에게 그런 법에 저항할 것도 명했다. 독일제국이 완성된 후 가톨릭교회는 가톨릭 신도를 기반으로 중앙당Zentrum을 만들어 교황의 주장을 수용하고 독자적 노동운동까지 전개했다. 가톨릭 지역의 가톨릭 신도들은 가톨릭 중앙당을 지지했다. 국가의 중앙집권화에 대한 가톨릭 신도의 저항은 예상외로 강경했다. 가톨릭중앙당 의석이 증가하고 이들은 교회에 적대적인 국가법 통과를 저지했다. 비스마르크의 문화투쟁은 프로테스탄트가 우세한 프로이센에서만 제한적으로 성공했다.

불편한 타협

결국 비스마르크는 교회 공격을 포기하고 가톨릭 세력과 화해했다 (1878년). 경제적 이유에서 이루어진 불편한 타협이었다. 1873년에 세계적 불황이 닥쳤을 때 미국, 캐나다, 러시아산 곡물이 유럽에 대거 유입되었다. 철도 확대와 기술 진보 등으로 운송료는 하락했다. 그 여파로 곡물 가격이 폭락하고 유럽의 중소 농민은 경쟁력을 잃었다. 가톨릭 신도가 대다수인 서부, 남부 독일 지역 농민이 받은 타격이 특히 컸다. 가톨릭중앙당은 당 지지자인 이들을 위해 보호주의를 내세웠다. 동부에 대규모 영지를 소유한 프로테스탄트 융커들도 이와 유사한 경제적 압박을 받았다. 이들 역시 보호관세를 지지했다. 또한 예전에는 자유무역을 선호하던 집단 가운데 경제 여건이 달라지자 보호주의에 가담하는 세력도 있었다. 프로이센 라인란트와 베스트팔렌 지역의 일부 철강 부호가 그들이었다. 이 세 그룹의 적극적 로비에 따라 비스마르크는 기꺼이 새 보호관세를 도입했다(1879년). 비스마르크도 증세 방법을 모색하고 있었기 때문에 보호관세 인상 방식을 택한 것이다. 이로써 비스마르크는 의회 Reichstag 내에서 새로운 지지 그룹, 즉 가톨릭중앙당, 프로이센 토지 소유자로 구성된 보수당 등을 끌어안는 데 성공했다.

자유무역을 주장하던 장관들은 모두 사임했다. 본래 유럽 자유주의의 발전이란 측면에서 독일 자유주의는 프랑스보다는 더 중요한 역할을 수행한 바 있고, 19세기 중반 이후 약 25년간 독일 내에서도 독자적으로 자유주의가 발전해왔다. 그러나 비스마르크가 주도한 강력한 신생 공업국 독일이 이 시기(1870년대 중반)에 보호주의로 방향을 전환하면서, 독일에서 자유당은 신속히 몰락하여 그 전성기는 12년도 채 되지 못했다. 1879년의 관세 인상으로 독일에서 농업과 공업 간 동맹('호밀과 철의 결혼')이 이루어졌다. 가톨릭중앙당은 모든 결정을 뒤집을 수 있을 만큼 영향력이 커졌지만 의회의 황금기는 끝났다. 이제 독일 정치는 이익집단과 로비스트의 막후 협상으로 작동하게 되었다. 빌헬름제국 시기 정치의 기본 토대가 잡힌 것이다.

1880년대와 1890년대는 보호주의가 널리 확산되는 시기였다. 프랑스나 다른 여러 나라 정부들의 정치 상황도 이와 유사했다. 자국의 이익에 몰두하는 내셔널리즘이 이 같은 보호무역주의와 결합되고 이것이 무역전쟁으로 번져갈 여건이 조성되기 시작했다.

독일의 사회주의

비스마르크와 사회주의

독일의 눈부신 공업 발전과 함께 공업 노동인구도 급증했다. 이들 사이에서 사회주의와 노동운동이 고조되었다. 예컨대 라이프치히에서 라살Ferdinand Lassalle(1825~1864년)은 전독일노동자단체 Allgemeiner Deutscher Arbeiterverein를 만들었다(1863년 5월). 이들은 폭력을 배격하고 국가와의 타협을 내세웠다. 그런가 하면 마르크스주의자 리프크네히트Wilhelm Liebknecht(1826~1900년)와 베벨August Bebel(1840~1913년)은 아이제나흐Eisenach에서 독일사회민주노동당Sozialdemokratische Partei Deutschlands을 조직했다(1866년 12월 말). 이들의 노선은 라살 쪽보다 좀 더 혁명적이었다. 두 노동 세력은 고타Gotha에서 연합하여 라살적 성격이 강한 독일사회주의노동자당 Sozialistische Arbeiterpartei Deutschlands을 만들고(1875년), 훗날 당 명칭을 사회민주당Sozialdemokratische Partei Deutschlands으로 고쳤다(1890년). 이에 따라 독일의 사회민주당은 폭력을 배제하고 혁명보다는 노동조건 개선에 역점을 두는 노동자당으로 발전했다.

비스마르크는 애초부터 사회주의혁명과 관련된 언어라든가, 국민국가를 초월하겠다는 사회주의 운동 등을 저지하고자 하는 인물로, 노동계급의 세력 증대를 크게 경계했다. 비스마르크는 1878년에 빌헬름 1세를 노린 두 차례의 저격 사건을 이용해 사회주의 집회와 출판물을 엄격히 다스렸다. 사회민주당을 불법화하는 법안도 의회에서 강력히 밀어붙였다. 그런데 이 법은 매우 흥미롭게도 독일에서 사회민주주의자 정당의 활동을 금지하면서도 사회민주주의자가 의회에 입후보는 할 수 있게 해놓았다.

동시에 비스마르크는 모든 공업 노동자를 대상으로 하는 건강보험 의무가입 제도를 세계 최초로 도입했다. 질병보험법(1882년), 공업재해보험법(1884년), 양로 및 상해자 보험법(1889년) 등과 같은 일련의 사회정책 법안은 노동자에게만 한정되었고 소득에 따라 차별화되었다. 재원은 역진적인 소비세나 피보험자의 기여를 기반으로 조달했다. 질병보험은 고용주와 노동자가 기금을 내도록 하고, 재해보험은 전적으로 고용주가 부담하게 하며, 양로보험은 고용주와 노동자가 기금을 내면 정부는 이에 보조금을 지급하도록 고안되었다. 비스마르크의 이런 정책은 사회주의 세력을 약화시키고 노동계층을 국가에 충성하는 신민으로 확보하려는 것이었다. 그렇지만 이것이 사회민주주의의 확산을 저지하지는 못했다. 이 제도가 복잡한 도시 산업사회의 불확실성으로부터 노동자를 보호하는 기능을 했다는 시각이 있다. 반면에 여러 이유에서 노동자나 고용주 모두에게 만족스럽지 못했다는 등의 견해도 있다. 그렇지만 비스마르크의 사회보장제도는 영국, 프랑스보다 훨씬 앞섰으며, 이것이 이웃 나라들의 개혁을 자극한 것만큼은 사실이었다.

비스마르크 사임하다

빌헬름 1세가 죽고(1888년) 그의 아들 프리드리히 3세가 뒤를 이었다. 프리드리히 3세는 영국 빅토리아 여왕의 장녀와 결혼하고 영국 헌법을 존중하던 자유주의자였는데, 병약했다. 그래서 독일을 약 100일 정도밖에 통치하지 못하고 그 아들 빌헬름 2세(재위 1888~1918년)가 뒤를 이었다. 당시 독일 정치의 가장 큰 현안은 사회주의와 마르크스주의 사회민주당 문제였다. 새 황제 빌헬름 2세는 사회민주당 불법화를 계속 이어나가려는 비스마르크의 시도에 반대했다. 독자적으로 노동자의 지지를 확보하고 싶던 황제는 비스마르크에게 사임을 강요했다. 비스마르크는 제국 의회 선거(1890년 2월)에서 지지 기반을 잃었으며 우여곡절 끝에 결국 사직서를 제출했다. 탁월한 지도자를 배척한 독일에게 아주 큰 불행의 시작을 알리는 사건이었다.

빌헬름 2세는 사회주의 정치활동을 합법화하고 새로운 노동자 보호법도 통과시켰다. 그 의도는 복지 정책을 통해 노동자를 사회주의에서 분리시키는 동시에 이들에게서 황제에 대한 충성심을 확보하려는 것이었다. 그러나 사회주의 이념은 노동자들 사이에서 급속히 확산되었고, 1890년대에 의회에 사회민주당 출신이 점점 더 증가했다.

독일사회민주당의 변신

독일사회민주당은 1906년에 독일령 남서부 아프리카에서의 식민

전쟁에 반대했는데, 그 이후 1907년 총선에서 크게 패했다. 그러자 사회민주당은 애국심을 강조하는 목소리를 내면서 당 지지 기반을 넓혔다. 1912년 선거에서 사회민주당은 큰 승리를 거두고 의회에서 단일 다수당이 되었다. 보수적 중산층과 귀족은 크게 충격을 받았고, 사회주의혁명에 대한 두려움도 고조되었다. 그러나 실제로 독일에서 혁명적 사회주의의 급진성은 약화되고 있었다. 이론상 사회주의는 국가를 초월한다고 하지만 이 무렵 독일 사회주의는 군비 증강과 제국 팽창에 저항감을 갖기는커녕, 그들 스스로를 국가 운명과 동일시하고 점진적인 개혁에 집중하는 분위기였다.

마르크스와 사회주의 인터내셔널

19세기에 내셔널리즘은 긍정적, 부정적으로 유럽의 신생국가 통합에 기여했다. 1914년 전야까지 유럽 국민국가들 내에서 보수 귀족과 중산층 그룹 간에 국민적 일체감이 다져졌다. 반면에 이들과 혁명적 사회주의 집단 간에는 갈등이 증폭되는 듯이 보였다. 그렇다면 소위 국가를 초월한다고 하는 사회주의가 독일의, 그리고 나머지 다른 국민국가들의 존립을 저해했던가? 이 시기에 국제 프롤레타리아혁명에 몰두하겠다는 사회주의정당들이 유럽 나라마다 급성장했다. 그렇다면 이 사실이 국가가 국가에 대한 노동자들의 지지 확보에 실패했다는 것을 뜻하는가?

사회주의는 19세기 말 서유럽과 중부 유럽의 노동 계층에게 호소력을 가졌다. 1871년 이후 유럽 나라마다 사회주의정당들이 만들어졌다. 예컨대 독일에서 비스마르크의 반사회주의법, 사회보장 확대도 사회민주당의 성장을 막지 못했다. 독일의 정치권력 구조는 영국과 크게 달라서 독일 정치에서 의회가 차지하는 비중의 의미가 약하기는 했지만, 어쨌든 독일사회민주당은 의회에서 수백만 노동자의 지지를 확보하여 다수당으로 등극하기도 했다(1912년 무렵). 그 정도까지는 아니지만 다른 나라들에서도 사회주의정당이 탄생했다. 이 가운데 러시아 사회주의는 특이하다. 공업 발전은 미미했으나 마르크스주의가 가장 성공적으로 뿌리내린 곳이 러시아였다. 러시아 지식인들은 유별나게도 마르크스주의에 열광했다. 스위스에 망명한 러시아 사회주의자들은 러시아사회민주당을 창설했고(1883년), 이 당은 내분을 겪긴 했으나 1890년 이후 급성장했다. 프랑스에서도 파리코뮌의 유혈 사태 이후 1880년대에 다시 사회주의정당들이 등장했다. 벨기에와 오스트리아-헝가리에서도 강력한 사회주의정당이 생겼다. 각국의 사회민주당들은 한데 모여 강력한 마르크스주의를 표방하는 '국제 노동자 프랑스 지부the French Section of the Workers International'를 만들었다(1905년). 이름에 프랑스 지부란 문구가 붙긴 했지만 이는 결국 마르크스주의적 사회주의당들을 하나로 모은 국제조직이었다.

1848년에 마르크스Karl Marx(1818~1883년)는 『공산당선언』에서 "노동자는 조국이 없다the working men have no country"며 각 나라의 프롤레타리아에게 국가에 저항하도록 촉구한 바 있다. 1848년혁명 실패 후 유럽의 급진주의자, 공화주의자들은 영국과 미국에 모여들었다. 마르크스는 친구 엥겔스Friedrich Engels(1820~1895년)의 도움으로 런던에 정착하여 저널리스트 활동을 하면서도 혁명에 대한 생각을 결코 버리지 않았다. 그는 경제학과 역사에 깊이 파고들어 경기 침체에 이르면 혁명이 일어난다고 결론짓고 이를 입증하고자 『자본

론^{Capital}』(1867년)을 저술했다. 또한 국제 노동자 조직인 제1인터내

셔널^{the First International of Socialists: the International Working Men's Association}

창설에 중요한 역할을 했다(1864년). 매년 정기적으로 모이는 이 조
직에서 마르크스는 자신이 설파하는 사회주의혁명 불가피론이야말
로 현실적이고 "과학적"이라는 교리를 확산시켰다. 그는 파리코뮌
의 광적이면서 어정쩡한 과격 애국주의와 프랑스민족협회^{the French}
^{National Assembly}가 충돌한 사건을 두고 사회주의혁명을 향한 주요 진
전이라 판단하기도 했다. 그러나 마르크스주의를 신봉하던 대다수
는 이들의 지나친 과격함을 보면서 마르크스주의에 등을 돌렸다.
온건파인 영국 노동당 지도자들이 그 대표적 예다. 그리고 제1인터
내셔널은 붕괴되었다.

그래도 마르크스주의자들의 주요 목표는 국제 프롤레타리아 연
대였으므로 각 나라에서 사회주의정당이 더욱 커지면서 제2인터
내셔널이 결성되어(1889년) 1914년까지 유지되었다. 제2인터내셔
널은 각국 사회주의정당의 연합체였을 뿐이지만 이것이 갖는 심리
적 영향력은 컸다. 매 3년마다 각 나라 정당 대표가 모여 마르크스
의 교리를 해석하고 공조를 취할 행동을 계획했다. 이들은 매년 5
월 1일(메이데이) 하루를 국제 파업의 날로 선포하고 행진하며 시위
를 벌이기로 했다. 인터내셔널을 위한 상시 집행부도 만들었다. 사
회주의와 제2인터내셔널의 성장을 우려하는 사람이 많았지만 이를
반기는 사람도 많았다.

노동조합과 수정주의

이 시기에 사회주의가 정말 과격한 혁명을 추구했는가? 전반적으

로는 그렇지 않았다. 사회주의정당이 더 많은 노동자를 흡수하고 성장함에 따라 노동계급을 위한 꾸준한 개선이 기대되었다. 사회주의는 점점 더 혁명에서 멀어져갔다. 유럽 사회주의는 점점 더 온건파가 주도했다. 즉 사회주의자들이 급진적 구호를 외친다 하더라도 행동은 온건했다. 노동자들 역시 과격한 노선에서 점차 멀어지는 경향이었다. 그 이유는 무엇인가?

노동자의 참정권이 확대되자 노동자의 관심은 혁명보다 선거에 더 쏠렸다. 노동자가 투표를 통해 구체적인 성과를 얻어가면서 이 경향은 더욱 커졌다. 군 복무 기간 동안 노동자는 애국심에 고취되고 세뇌되어 이를 자극하는 군사적 외교 구호에 적극적으로 반응하는 모습을 보이기도 했다. 또한 노동자들은 사회적으로 통합된 집단이 아니었다. 더 중요한 것은 노동자의 생활수준이 향상되었다는 점이다. 예컨대 1906년 영국 노동자의 구매력은 1850년대보다 2배 늘었다. 특히 1870년 이후 그런 현상이 확연했다. 여전히 러시아가 매우 후진적이긴 했지만, 1850년 이후 유럽의 공업 노동자 대부분의 생활수준도 점진적 실질적으로 개선되는 가운데 도시 지역 노동자의 생활수준 향상이 뚜렷했다. 이들은 점점 더 온건해졌다. 대부분의 나라에서 공업화 초기에 노동조합은 일반적으로 법으로 금지되어 있었지만, 노동조합이 성장하고 합법화될수록 이 온건화 추세도 커졌다.

1914년 무렵 독일은 공업화가 가장 많이 이루어졌고 사회주의 경향이 강했고 노동조합 조직의 정도가 높은 나라가 되었다. 하지만 1869년까지 독일의 노조들은 중요한 권리를 얻지 못했고, 노조가 사회주의의 온상이라는 이유로 정부의 탄압을 받는 일이 빈번했다. 이런 일은 1890년에 반사회주의법이 없어질 때까지 지속되었다. 뿐만 아니라 사회주의 지도자들은 '임금철칙'과 정치혁명의 필요성을 신봉했으므로 노조활동에 특별한 관심이 없었다. 그 결과 1895년까지도 약 800만 명의 성인 남성 공업 노동자 가운데 노조 회원은 고작 27만 명이었다. 공업화가 더욱 강력히 진행되고 노조에 법적으로 불리한 요소가 거의 다 제거되면서 노조 가입 회원은 수직 상승하여 1912년에 대략 300만 명에 달했다.

이 같은 엄청난 팽창은 독일 노조의 성격을 반영하는 동시에 다시 독일 노조의 성격 변화에 영향을 미쳤다. 노조는 정통 사회주의 교리의 확산보다는 임금, 노동시간, 노동조건 문제에 점점 더 관심을 기울이기 시작했다. 예컨대 사회주의 지식인들은 순수 단체협약을 '변절'이라는 이유로 오랫동안 반대했었다. 그런데 1899년에 독일 노조 총회는 순수 단체협약 방식을 공식적으로 채택했다(1899년). 사측이 협상을 꺼린다고 판단되면 노동자들은 사측의 생각을 바꾸게 할 목적으로 일련의 파업을 벌였다.

단체 협상은 1906~1913년 독일의 산업 현장에서 큰 성과를 거뒀다. 1913년 한 해에만 1만 개의 단체 협약이 이루어졌다. 이에 서명하고 그 혜택을 누린 노동자 규모가 125만 명이었다. 이제 독일 노조 운동의 최우선 목표는 혁명이 아니라 더욱더 점진적 개선 쪽으로 향하게 되었다. 겉으로야 어떻든 독일 노조 운동과 그 지도자들은 실질적으로 철저한 수정주의자들이었다. 20세기 초 호전적 마르크스주의자들은 수정주의Revisionism를 엄청난 불경으로 여겼다. 그렇지만 수정주의는 실은 여러 사회주의자들이 마르크스주의적 교리를 시대의 변화에 맞게 수정 보완하여 이룬 성과였다.

독일의 사회주의자 베른슈타인^{Eduard Bernstein}(1850~1932년)은 자신의 『진화하는 사회주의^{Evolutionary Socialism}』(1899년)에서 "노동자는 더욱더 빈곤해질 수밖에 없고 부는 계속 소수의 손에만 집중되리라는 마르크스의 예언은 오류로 드러났다"고 썼다. 그러므로 '사회주의자들은 오류로 드러난 교리에서 벗어나 전술을 바꿔야 한다. 입법, 노조, 경제 발전 추구 등을 통해 그 성과를 노동자를 위해 점진적으로 확보하고자 노력해야 한다. 이를 위해 다른 진보 세력과 힘을 모아야 한다.'고 주장했다. 독일의 사회민주당과 제2인터내셔널은 이와 같은 수정주의를 이단이라며 비난했다. 그러나 독일의 여러 사회주의자들과 특히 노조들은 이 수정주의 전술을 수용했다.

이처럼 1914년 이전에 독일의 사회당은 입으로는 혁명을 말했지만 이 같은 거대한 독일 노조의 영향을 받아 실제로는 개혁을 추구했다. 제1, 제2 인터내셔널처럼 사회주의 자체가 국제적으로 통합되는 듯 보이는 이면에서 나라별로 다양한 모습으로 발전하고 있었다. 사회주의 정책과 교리도 나라마다 다양하여, 유럽 사회당들은 각 국가별 개성이 뚜렷했다. 러시아인과 오스트리아-헝가리제국의 사회주의자들이 가장 과격했다. 프랑스사회당은 혁명을 외치면서 실제로 혁명을 추구했다. 이들은 매우 허약하면서도 매우 급진적인 통합 노조 운동의 제약도 받지 않았다. 영국노동당은 사회주의적이었지만 마르크스주의는 추구하지는 않았고, 잘 조직된 노조 운동이 반영되었으며 공식적으로 점진적 개혁을 추구했다. 스페인과 이탈리아에서는 마르크스주의적 사회주의가 매우 허약했다. 두 나라에서는 아나키즘이 급진적 사고와 행동을 지배했는데, 이들의 목표는 부르주아보다는 국가를 때려 부수자는 것이었다. 이것은 1914년에 독일의 사회주의가, 그리고 다른 나라의 거의 모든 사회주의 지도자들이 '만국의 노동자 단결'이 아니라, 각기 자기네 정부를 지지한 이유를 설명해준다.

7장

두 차례의 세계 대전

유럽 강대국이 팽창하는 가운데, 예리하고 탁월한 국제 정세 판독력을 갖춘 비스마르크가 사임한 이후 강력한 신생 독일제국의 외교는 매우 서툴고 시대착오적으로 되어갔다. 경제적으로 낙후되었으며 정치적으로도 어수선한 발칸반도의 내셔널리즘은 결국 1차 대전의 도화선이 되었다.

전운이 감도는 유럽

베를린회의

베를린회의Berlin conference(1884~1885년)는 독일이 돌연 제국주의 열강으로 떠오른 계기가 되었다. 1880년 이전까지 비스마르크는 해외 식민지의 가치를 별로 인정하지 않았다. 유럽인이 식민지 경영에 열 올리는 것을 두고 비스마르크는 '내복 살 여유도 없는 가난한 사람이 털 코트를 걸치고 귀족 흉내를 내며 허세 부리는 모양새'에 비유하곤 했다. 그러다가 이 베를린회의 무렵 비스마르크도 태도가 돌변하여 토고, 카메룬, 남서부 아프리카 등에 더해 동부 아프리카에까지 소규모 아프리카 왕국과 부족들의 보호령을 만들고 제국주의 열강 대열에 동참했다.

1880~1914년에 유럽인의 해외 팽창 열기와 경쟁은 정점에 달

했다. 사하라사막 이남에서 벌어진 이들 간 경쟁 가운데 특히 콩고 분지의 영유권이 쟁점으로 부상했다(1882년). 벨기에의 레오폴드 2세Leopold II(1835~1909년)는 국제아프리카협회International African Society를 창설하여(1876년) 스탠리(1841~1904년)를 후원했다. 그리고 레오폴드빌Leopoldville(지금의 킨샤사Kinshasa)을 건설하고(1881년), 콩고 강 유역을 자신의 보호령으로 만들었다. 프랑스도 해군 장교인 브라자Pierre-Paul-François-Camille Savorgnan de Brazza(1852~1905년)를 시켜 콩고 강 유역에서 강의 북쪽 지역에 보호령을 설치하고(1880년), 브라자빌Brazzaville을 건설했다(1883년). 포르투갈은 콩고왕국Kingdom of Kongo과의 협정을 근거로 콩고 강 유역의 영유권을 주장했다. 영국은 1884년 포르투갈과 협정을 맺어 이를 인정하는 대신 그 지역에서의 자유로운 교역권을 얻었다. 그러나 영국과 포르투갈의 협정은 벨기에와 프랑스의 반발에 부딪쳤다. 포르투갈이 국제회의의 소집을 제안하여 베를린회의가 열렸다. 이 아프리카 문제를 해결하기 위해 비스마르크는 프랑스의 페리Jules Ferry(1832~1893년)와 함께 베를린에서 국제회의를 주재했다(1884년 11월 15일~1885년 2월 26일). 이 회의는 바로 뒤에 언급할 1878년의 베를린회의Congress of Berlin와 구분하여 '베를린 서아프리카 회의Berlin West Africa Conference'라고도 한다. 회의에는 독일은 물론, 영국, 프랑스, 러시아, 미국, 스페인, 포르투갈, 벨기에, 네덜란드, 덴마크, 스웨덴, 오스트리아-헝가리제국, 터키 등의 대표가 참석했다.

베를린회의에 따라 콩고 강 유역에 레오폴드 2세의 사유 영지인 "콩고 자유국Congo Free State"이 세워졌다. 콩고 강 유역에 대한 포르투갈의 영유권은 인정되지 않았다. 또한 베를린회의가 확정한 아프

중부 유럽 경제사

리카 분할선은 원주민의 인종과 문화 등을 무시한 것이어서 지역 정치 불안과 분쟁을 낳는 주요한 원인이 되기도 했다.

이 회의에서 서구 열강들은 아프리카 분할 문제를 논의하여 '콩고분지조약'을 만들었다. 조약은 아프리카의 노예제도와 노예무역의 금지, 모든 나라에 대한 교역과 선박 운송의 자유 보장 등을 선언했다. 또한 유럽의 아프리카 영토는 실제로 점령하고 있어야 ("effective occupation") 다른 나라들이 그 영유권을 인정한다는 원칙도 정했다. 이는 사실상 유럽인의 거침없는 아프리카 내륙 침투를 보장하는 동시에 아프리카 대륙을 어느 한 유럽 나라가 통째로 차지할 수 없음까지 천명하는 것이었다. 또한 유럽인이 대서양 연안에서 인도양 연안에 이르는 광대한 지역의 식민지를 분할하여 공식적으로 확정하는 것이었다. '실제로 점령하고 있어야 영유권을 인정받을 수 있다'는 조항은 유럽 공업국들의 군사적 해외 진출과 경쟁을 더욱 촉발했다. 서구 열강의 본격적인 아프리카 식민 시대가 열린 것이다.

1차 대전 전야

1차 대전은 길고 파괴적이었다. 강대국 모두가 참전하여 순식간에 군사적 교착 상태에 빠져 죽기 살기로 싸웠다. 승부를 가려줄 심판도 없었다. 이 같은 전쟁을 벌일 두 적대 진영은 어떻게 조성되었는가.

1871년에 유럽의 강대국 프랑스는 프로이센-프랑스전쟁에서 신생 독일제국에 패했다. 프랑스는 엄청난 배상금과 함께 알자스-로렌을 독일에 넘겨야 했다. 한때 유럽의 변방이던 프로이센이 불과

10년 만에(1862~1871년) 독일 나라들을 통합하여 이루어진 독일제국은 이제 유럽의 최강대국으로 떠올랐다. 프로이센-프랑스전쟁과 독일제국의 완성으로 새로운 국제 관계 시대가 열릴 참이었다. 독일제국은 충분히 만족스러웠다. 유럽 내에서 더 이상 영토 확장보다는 평화 유지가 더 중요했다. 어떻게 평화를 유지할 것인가?

독일의 서쪽에 이웃한 프랑스는 알자스-로렌을 독일에 잃어 독일에 대한 적대감이 엄청났다. 평화 유지를 위해 이러한 프랑스를 외교, 군사적으로 고립시키는 것이 독일제국으로서는 최우선적으로 중요하다고 비스마르크는 판단했다. 비스마르크의 그다음 관심사는 독일의 동쪽 도처에 잠재하는 평화 위협 세력을 억지하는restrain 것이었다. 독일제국 동쪽의 다민족 국가인 오스트리아-헝가리제국과 러시아 등에서는 여러 민족의 다양한 이해관계가 충돌하고 있었다. 오스트리아-헝가리와 러시아 간 갈등이 잘 다스려지지 못하면 이것이 유럽 평화를 크게 위협할 수 있었다. 또한 발칸반도에서는 유럽의 중환자 오스만제국이 급격히 무너져내리는 중이었다. 이 지역 어디에선가 분쟁이나 전쟁이라도 나면 독일도 이에 끌려 들어갈 수 있었다.

비스마르크는 이에 대비하고자 했다. 대비 전략의 첫 단계는 삼제동맹Three Emperors' League이었다(1873년). 즉 유럽 내 급진적 움직임(예컨대 자유주의를 추구하는 입헌 국가 체제의 확대)에 대항하여 기존의 전통적 정치질서가 유지되는 오스트리아-헝가리, 독일, 러시아 세 나라의 군주가 동맹한 것이다. 한편 1877년과 1878년에 러시아는 오스만제국과의 전쟁에서 승리했는데, 이로써 발칸반도에서 오스트리아와 러시아 간 세력 균형이 위협을 받았다. 또한 이 사건은 중동에서 영국과 러시아 간 이해관계의 균형도 위태롭게 했다. 비스마르크는 평화 유지를 위해 이들의 진정한 중재자로 나섰다. 그런데 1878년 베를린회의Congress of Berlin에서 비스마르크가 벌인 중재 노력은 러시아 민족주의자들을 격분시켰다.

1878년 러시아-터키전쟁 후 맺은 산스테파노조약으로 러시아는 남하 정책 추진에 유리해졌다. 영국과 오스트리아는 조약의 재검토 필요성을 주장했다. 비스마르크가 이를 중재하기 위해 베를린회의를 열었다. 7개국 대표(영국, 독일, 러시아, 오스트리아, 프랑스, 터키, 이탈리아)가 참석하여 베를린조약이 체결되고 산스테파노조약은 폐기되었다.

베를린조약으로 루마니아-세르비아, 몬테네그로 등의 독립이 인정되었다. 불가리아는 산스테파노조약 때보다 훨씬 더 축소된 반半독립 자치국이 되었다. 불가리아 남쪽에는 새로운 주州 동東루멜리아가 만들어져 터키 주권하에 특수한 자치가 허용되었다. 보스니아-헤르체고비나 지역은 명목상으로는 터키의 주권하에 두지만 오스트리아가 이 지역에 주둔하여 행정을 맡도록 했다(occupy and administrate). 러시아는 터키에게서 남南베사라비아와 기타 아주 작은 땅만을 확보하는 데 그쳤다. 즉 베를린회의로 터키 영토 내에는 많은 소小독립국이 출몰하여 발칸 지역 내 민족주의 운동이 고조되었다. 악화된 오스트리아-러시아 관계까지 더해져 이후 발칸 문제는 더욱 심각해졌다.

베를린조약은 유럽의 국제 관계를 크게 변화시키며 1차 대전 때까지 발칸 지역 내 유럽 강대국들의 세력 균형을 규정했다. 영국, 오스트리아에는 크게 유리했고, 러시아의 남진을 저지했다. 터키가 산스테파노조약에서 부과받은 부담은 훨씬 가벼워졌지만 영토는 현저히 축소되었다. 이 회의에서 독일은 러시아가 아니라 오스트리아를 지지했다. 오스트리아는 발칸반도로 진출할 수 있게 되었다. 러시아-독일 관계는 악화되었다. 범슬라브주의와 범게르만주의 진영이 뚜렷해졌다.

그러므로 이제 비스마르크는 러시아에 대비할 필요가 생겼다. 비스마르크는 오스트리아와 군사적 방위 동맹을 맺었다(1879년). 이 동맹은 1918년, 1차 대전이 끝날 때까지 지속되었다. 또한 프랑스와 적대적이던 이탈리아가 독일과 오스트리아 진영에 가담하여 (1882년) 삼국동맹Triple Alliance이 형성되었다. 비스마르크는 이후 오스트리아-헝가리제국과 러시아 간 긴장 완화를 위해 계속 노력했다. 두 나라가 서로를 두려워한다는 점을 이용해 비스마르크는 두 나라를 부추겨 각기 따로 독일과 비밀동맹을 맺도록 했다(1881년). 이 관계는 1887년까지 지속되었다. 비스마르크는 영국과 이탈리아와 좋은 관계를 유지하고자 했으며, 프랑스와의 관계에 있어서는 미묘하게도 아프리카에서는 프랑스를 지원한 반면 유럽에서는 프랑스를 고립시키는 전략을 썼다. 러시아가 발칸에서의 새로운 긴장 상황을 이유로 삼제동맹 갱신을 거절했다(1887년). 그러자 비스마르크는 러시아-독일 재보장조약Russian-German Reinsurance Treaty으로 이를 대체했다. 즉 러시아와 독일은 만일 서로 간에 어느 한쪽 나라가 공격을 받을 경우 중립을 취하기로 약속했다.

1871년 이후 거의 30년간 독일은 국제사회를 이끌며 평화 유지라는 목표를 달성했다. 이는 앞을 내다볼 줄 아는 탁월한 안목을 지닌 비스마르크의 외교적 활약 덕분이라고 해도 과언이 아니다. 비스마르크는 크고 작은 국제적 분쟁을 잘 조절하고, 오스트리아-헝가리 제국과 러시아와도 방위 동맹을 맺어가며 많은 문제를 적절히 잘 다스렸다.

적대적 블록 형성되다

이처럼 유능한 비스마르크를 빌헬름 2세가 경질해버렸다(1890년). 비스마르크가 1870년대 이래 러시아에 우호적인 정책을 써왔다는 것이 해임 이유 가운데 하나였다. 그 무렵 러시아는 러시아-독일 재보장조약을 기꺼이 갱신할 의사가 있었는데도 빌헬름 2세는 그 갱신을 거절했다. 이 사건은 외교적 고립 상황을 탈피하려는 프랑스에게 절호의 기회였다. 프랑스는 공화정 체제였다. 그런 프랑스건만 아직도 절대왕정 체제에 머물러 있는 러시아에게 자금과 무기를 제공하면서까지 러시아와 우호 관계를 맺고자 했다. 상트페테르부르그St. Petersburg 항구에 정박한 프랑스 전함 선상에서 프랑스 혁명가 마르세예즈Marseillaise가 연주될 때(1891년) 구체제의 러시아 황제 알렉산드르 3세가 모자를 벗어 경의를 표할 정도로 두 나라의 관계는 발전했다. 러시아와 프랑스는 잠정 합의(1891년)를 거쳐 군사동맹을 맺고(1894년 초), 이 동맹 관계가 오스트리아, 독일, 이탈리아의 삼국동맹이 존속하는 한 유지되도록 했다. 프랑스-러시아 간 군사동맹은 비스마르크가 가장 우려하던 바였다. 유럽의 국제 질서는 완전히 새로운 단계로 접어들었다. 위험스럽게도 이제 유럽 대륙이 두 개의 적대적 블록으로 나뉜 것이다.

영국 외교정책의 결정력이 더욱 커졌다. 영국은 어느 특정 나라와도 고정된 동맹을 유지하지 않는 "눈부신 고립주의splendid isolation"

를 표방했다. 1891년 이후부터 영국은 어떤 규약에도 얽매이지 않는 유일한 초강대국이었다. 영국은 급속히 제국을 팽창시키는 중이었으므로 세계 곳곳에서 프랑스나 러시아와 충돌할 소지가 있었다. 영국이 이들과 동맹을 맺을 가능성은 거의 없었다. 영국은 독일과도 분쟁할 소지가 있긴 했지만, 독일인 대부분과 일부 영국인은 독일과 영국이 다른 나라들에 비해 경제적으로 앞섰고 게르만족과 앵글로-색슨족은 인종적으로도 가깝다는 "혈통적 유대" 감정을 갖고 있었다. 18세기 중반 이래로 프로이센과 영국 간 관계도 전반적으로 좋았다. 하지만 이 좋은 분위기도 비스마르크의 독일이 승승장구하는 동안에 아주 심각한 앵글로-게르만 적대감으로 치닫고 말았다.

영국, 프랑스와 손잡다

이처럼 바람직하지 않은 국제 관계가 조성된 데에는 몇 가지 요인이 있었다. 1890년대 이래 세계시장에서 독일과 영국 간 무역 경쟁이 치열해졌다. 이 시점에 빌헬름 2세는 무모하게도 상대국을 배려하지 않는 연설을 불사했다. 빌헬름 2세는 독일제국을 세계적 강대국으로 발돋움시키려는 전함 확대 정책을 결정했다(1900년). 이것은 오랜 세월 세계 최강의 해군 강국으로 군림해온 영국에 대한 강력한 도전이었다.

때마침 영국은 소小더치공화국Dutch republics of southern Africa과 전쟁을 치렀다(남아프리카전쟁South African War 혹은 보어전쟁, 1899~1902년). 소더치공화국은 네덜란드의 보어인이 남아프리카에 이주하여 세운 나라였다. 전쟁 초기에 당시 초강대국 영국 군대가 정규 상비군도 없는 보어인 민병 조직에 크게 밀렸다. 영국은 영국 본국과 캐나다, 오스트레일리아, 뉴질랜드 등지에서 대폭 인력을 확충하여 매우 힘 겨운 싸움을 하고서야 승리했다. 이 전쟁은 영국 외교정책이 변화 하는 계기가 되었다. 당시 영국이 세계 곳곳으로 뻗어가는 만큼 반 영국인 정서 역시 확산되고 있었는데, 남아프리카전쟁 때 이 점이 부각되었다. 영국의 팽창을 견제하는 다른 열강들은 이 전쟁에 개 입하지는 않았지만 심정적으로 보어인 편에 있었고 이들에게 암암 리에 무기와 군사기술을 수출했다. 영국의 정치 지도자들은 신중해 졌다. 영국이 이제 눈부신 고립주의에서 벗어나서 다른 나라와 동 맹이나 협약을 맺어 광범하게 노출된 영국의 안보에 신경 쓸 필요 가 있다고 판단하기 시작한 것이다.

영국은 미국과의 관계를 개선하고 일본과도 공식적 동맹 관계에 들어갔다(1902년). 프랑스에서 델카세^{Théophile Delcassé}(1852~1923년) 가 프랑스 외무장관에 취임한 것도 환영했다. 델카세는 평소에 프 랑스가 영국과 좋은 관계를 유지하기를 원한 인물이었다. 델카세는 영국의 이집트 지배를 기꺼이 수용했다. 그 대가로 영국은 프랑스 의 모로코 지배 계획을 지지했다. 두 나라는 영국-프랑스협약^{Anglo-France Entente}을 맺어(1904년) 그동안의 영국과 프랑스 간 모든 식민 지 분쟁을 정리했다.

영국과 프랑스가 손잡자 독일 지도자들은 속이 불편했다. 독일은 영국-프랑스협약의 강도를 시험해볼 셈이었다. 독립국이면서도 프 랑스 영향하에 있는 모로코에 독일이 관심을 표명했다. 그러자 델 카세는 독일에게 무역 허가권을 내주겠다고 제안했다. 독일이 이 에 만족하지 않자 프랑스는 델카세를 해임하고 더 좋은 조건의 무역 허가권을 독일에 제안했다. 그러나 독일은 모로코에서 회의를 열자고 끝까지 고집 피우며 으름장을 놓았다(1905년). 결국 모로코에서 알헤시라스회의Algeciras Conference(1906년)가 열리긴 했으나 독일은 빈손으로 회의장을 떠나야 했다. 독일의 무모한 힘 과시로 영국과 프랑스의 관계는 더 돈독해졌다. 독일은 외교적으로 고립되었다. 이제 독일 옆에는 오스트리아-헝가리제국만이 남아 있을 뿐이었다.

모로코 위기와 알헤시라스회의 결과는 국제 외교사상 중요한 분기점이었다. 영국, 프랑스, 러시아, 미국 등은 독일을 잠재적 위협국으로 인식하기 시작했다. 그들의 눈에 독일은 유럽 전역을 지배하려는 야욕을 가진 나라로 비쳤다. 독일은 독일대로, 독일을 둘러싼 강대국들이 독일이 세계 강대국으로 부상하는 것을 저지할 음모를 꾸민다고 의심하기 시작했다. 때마침 러일전쟁과 혁명(1905년)으로 크게 타격을 입은 러시아는 영국-러시아협약Anglo-Russian Agreement(1907년)을 맺고, 두 나라가 서로 페르시아, 중앙아시아 등에서 벌이던 분쟁을 끝냈다. 그러자 독일을 에워싼 강대국들에 대한 독일의 의심증은 더욱 커졌다.

독일은 해군 증강에 이어 대규모 전함 건조 계획을 세웠다(1907년). 국제적 긴장이 더욱 고조되었다. 독일 내셔널리스트들은 독일의 대규모 해군 보유를 강대국의 징표이자 국가적 자긍심의 기반으로 여겼다. 영국은 독일의 해군 증강을 비난했다. 독일이 민생 복지는 외면한 채 전함에 예산을 쓰며 군사 도발을 하고 있다는 것이었다. 영국과 독일의 기자들과 특정 이익집단들은 정상적인 해외무역 경쟁과 투자활동을 경제 전쟁이라며 떠들어댔다. 1909년 가장 많은 발행 부수를 기록하던 『데일리 메일^{Daily Mail}』 신문은 "독일이 작심하고 대영제국을 파괴할 준비를 하고 있다"는 연재 기사를 게재했다. 그 무렵 영국은 공식적으로는 아니지만 정서적으로 프랑스-러시아 진영에 있었다.

한편 독일은 모로코를 완전히 포기한 것이 아니었다. 모로코에 내란이 발생하자(1911년 봄) 이를 계기로 프랑스와 독일이 모로코에 각기 군대와 군함을 파견했다. 다시 위기가 고조되었다(2차 모로코 사건). 영국이 프랑스를 강력 지지하는 바람에 독일은 물러났다. 모로코에서 프랑스의 지위는 더 확고해졌다. 모로코는 프랑스의 보호령이 되었다. 유럽은 두 개의 적대적 블록으로 확고하게 갈라졌다. 양측 모두 유럽 남동부 국경 지대에서의 준동에 대처할 준비는 별로 되어 있지 않았다.

전쟁 발발

이런 상황에서 20세기 초에 발칸 내셔널리즘이 득세함에 따라 5세기 동안 발칸 지역을 지배하던 오스만제국이 해체되고 있었다. 내셔널리즘 때문에 오스트리아-헝가리제국도 언제 산산조각 날지 모를 지경이었다. 이 지역 어느 곳에서든 아무 때라도 조만간 전쟁이 일어날 것 같았다.

20세기 초 산업혁명과 연계되어 고도의 성장 가도를 달려온 유럽에 비해 유독 발칸 지역은 후진을 면치 못했다. 이 지역은 부존자원이 미미했다. 사회적 역량, 교육 수준 등도 낙후했다. 대부분 전형적인 농업국이고, 공업 부문에 종사하는 노동력은 10퍼센트 정도에 불과했다. 외국에서 들여온 자본은 주로 국가, 군대, 화려한 수도 건설에 투입되었다. 예컨대 세르비아에서 외국자본의 40퍼센트가 군인 봉급 지불과 예산 적자 보전에 쓰였다. 세기 전환기에 세르비아와 불가리아의 재정은 지급불능 상태였다. 1차 대전 발발 직전에 세르비아의 1인당 GDP는 서유럽 수준의 4분의 1을 약간 넘는 정도였다. 루마니아의 석유산업은 중요해졌지만 외국 관할하에 있었다. 즉 발칸 지역의 공업화는 아직 미미하거나 실패했고, 대부분 마이너스 성장 중이었다.

일찍이 1832년에 독립을 쟁취한 그리스는 민족 해방 투쟁의 선구자였다. 1875년에 오스만제국(터키)에서 내셔널리즘으로 인한 반란이 확산되자 터키가 이를 진압했다. 그러자 러시아가 이에 개입하기 시작했다. 강대국들 간 긴장이 고조되었다. 이 위기를 해결하기 위해 베를린회의에서 비스마르크는 터키가 유럽에 보유한 영토를 일부 분할했다(1878년). 베를린회의의 결정에 따라 오스트리아-헝가리는 보스니아와 헤르체고비나를 점유하여 다스릴 권한을 얻었다. 세르비아와 루마니아는 독립을 얻었고, 불가리아 일부는 지역 자치권을 확보했다. 발칸 지역의 요지는 오스만제국이 계속 보유했다. 이는 오스트리아-헝가리와 러시아가 서로 상대방이 이 지역을 독점 지배하는 것을 우려했기 때문이었다.

발칸 내셔널리즘이 다시 득세했다(1903년 무렵). 세르비아가 그 선두였다. 슬라브족 나라인 세르비아는 같은 슬라브족 나라인 러시아가 자신들의 민족적 열망을 지지해줄 것을 기대하며 오스트리아-헝가리와 오스만 제국 양쪽 모두에 공공연히 적대감을 드러냈다. 1905년 혁명으로 러시아가 약화되었을 때, 오스트리아는 세르비아의 팽창을 막고자 보스니아와 헤르체고비나를 공식적으로 합병했다(1908년). 이곳에는 크로아티아인, 무슬림도 있지만, 주민 다수가 세르비아인이었다. 오랫동안 보스니아 영유를 갈망해오던 세르비아왕국은 오스트리아의 이 같은 합병 조치에 격노했다. 하지만 세르비아는 러시아의 지원이 없으면 아무것도 할 수 없는 처지였다.

1912년은 2차 모로코 사건으로 유럽 강대국들의 관심이 모로코에 쏠려 있던 해였다. 또한 이탈리아가 터키령 트리폴리를 점령하고, 케말 파샤가 터키 근대화를 부르짖으며 일으킨 혁명 때문에 오스만제국(터키) 국내외가 정치적으로 혼란해진 해이기도 했다. 바로 이때 1차 발칸전쟁이 일어났다. 오랜 세월 이곳 영토를 노리던 불가리아, 세르비아, 그리스가 발칸동맹을 맺고 오스만제국과 전쟁을 시작한 것이다. 이들은 제국에게서 영토를 빼앗았다. 빼앗은 영토를 놓고 세르비아와 불가리아가 다시 싸웠다(2차 발칸전쟁, 1913년). 오스트리아가 이에 개입했고(1913년), 세르비아는 알바니아를 포기해야 했다. 수 세기 동안 지속된 발칸 내셔널리즘은 결국 오스만제국의 유럽 부분을 파괴했다. 발칸 내셔널리스트들은 의기양양해졌다. 이들은 이제 오스트리아-헝가리제국의 해체를 꿈꾸기 시작했다. 오스트리아-헝가리 지도자들의 이들에 대한 두려움이 커져갔다.

이러한 긴장 국면에서 오스트리아-헝가리제국 황제의 지위를 계승할 페르디난트 대공Archduke Francis Ferdinand(1863~1914년)과 그의 부인 소피가 보스니아의 수도 사라예보를 국빈 방문했을 때, 보스니아에 거주하는 세르비아 청년이 이들을 암살하는 사건이 발생했다(1914년 6월 28일). 오스트리아-헝가리 측은 세르비아가 이에 연루되어 있으며 이 기회에 세르비아를 단단히 혼내줘야 한다고 결론지었다. 7월 23일에 오스트리아-헝가리는 세르비아에 최후통첩을 보냈다. 세르비아 정부가 세르비아 국가 통치를 오스트리아 측에 양도하는 수준의 요구 사항에 동의하라는 것이었다. 그 시한은 48시간 이내였다. 세르비아가 여기에 모호한 반응을 보이자 오스트리아는 군대를 동원하고 세르비아에 선전포고를 했다(7월 28일). 오스트리아-헝가리제국 내외에서 커져만 가는 호전적 내셔널리즘에 위협을 느낀 다민족 국가 오스트리아-헝가리는 나라를 구출하고자 거의 자포자기 심정에서 의도적으로 전쟁을 선택했다. '3차 발칸전쟁'이 시작된 것이다.

오스트리아-헝가리가 이 같은 결정을 한 것은 독일이 오스트리아를 무조건적으로 지원할 것이라 믿었기 때문이다. 7월 초에 독일의 빌헬름 2세와 그의 재상 베트만홀벡Theobald von Bethmann Hollweg(1856~1921년)은 오스트리아-헝가리에게 "백지수표blank check"를 주었다. 오스트리아가 알아서 세르비아에게 공격적인 조치를 취하도록 촉구한 셈이다. 당시에 빌헬름 황제는 러시아의 범슬라브주의가 무엇인지 알고 있었다. 범슬라브주의란 러시아를 남부 슬라브족의 보호자인 동시에 제국에 억압된 슬라브족의 해방자로 여긴다는 것이었다. 또한 빌헬름 황제는 슬라브족인 세르비아에 대한 공격이 자칫 오스트리아와 러시아 간 전쟁이라는 최악의 사태로 치달을 수 있다는 것도 알고 있었다. 러시아는 세르비아인이 당하는 것을 보스니아 위기 때처럼 가만히 앉아 지켜볼 생각이 없었다. 한편 베트만홀벡은 러시아가 전쟁에 뛰어들면 당연히 프랑스도 참전하겠지만, 그렇다 할지라도 영국은 중립을 취하리라 기대했다.

발칸 지역은 영국에서 멀리 떨어진 곳인데, 영국이 발칸 지역에 세력을 뻗으려는 러시아를 위해 러시아 편을 들어 기꺼이 싸우려 들까! 설마 그럴까?

외교적으로 해결할 단계는 이미 물 건너갔다. 군사행동과 이에 따른 일정만이 정책을 지배했다. 러시아는 영토가 넓어 독일이나 오스트리아-헝가리보다 군대 동원에 훨씬 오랜 시간이 걸렸다. 오스트리아 군대가 베오그라드Beograd를 폭격하기 시작하자(7월 28일) 차르 니콜라스 2세는 군대 동원 명령을 내렸다. 이때 차르는 오스트리아-헝가리 쪽만 염두에 뒀으나 즉각 오스트리아와 독일 양쪽과 대항해야 한다는 것을 깨달았다. 7월 29일에 러시아는 전면전을 선포했다.

독일 장군들은 이 전쟁을 두 전선two-front war의 관점에서만 생각했다. 먼저 중립국 벨기에를 통과하여 프랑스를 속전속결로 제압한 후 러시아로 간다는 전략이었다. 몰트케Helmuth von Moltke(1848~1916년) 장군은 독일 군대가 프랑스 공격을 위해 벨기에 영토를 통과하게 해달라고 벨기에에 요청했다(8월 2일). 벨기에는 거절했다. 1839년에 프로이센을 포함한 모든 강대국들에게서 벨기에의 중립국 지위를 정식으로 보장받았다는 것이 그 이유였다. 독일 황제와 수상은 타협을 모색하자는 영국의 제안을 받아들이려 했다. 그러나 독일 군대는 이미 벨기에 영토 안에 진입해 있었다. 중립국 벨기에 평원을 거쳐 프랑스도 침공했다(8월 3일). 벨기에가 공격받는 것을 본 영국이 프랑스 편을 들어 독일에 선전포고했다(8월 4일). 1차 대전이 시작된 것이다.

1차 대전 참전국들

삼국동맹과 삼국협상* 양측에 소속된 모든 국가가 전쟁에 돌입했다. 월말에 일본이 연합국(삼국협상) 측에, 11월에 터키가 삼국동맹 측에 가담했다. 이탈리아는 처음에는 중립을 선언했다가 삼국동맹을 떠나(1915년 5월) 연합국 편에서 참전했다. 불가리아는 독일과 오스트리아에게서 전후 영토 획득의 약속을 받고 삼국동맹 측에 가담했다(1915년 10월). 루마니아는 독일, 오스트리아와 교섭하여 루마니아가 중립을 지켜주는 대가를 요구했으나 거절당하자 연합국 편에서 전쟁에 뛰어들었다(1916년 8월). 패전을 거듭하던 러시아에서 혁명이 발생하고(1917년 3월), 11월에 레닌의 볼셰비키가 정권을 장악하고 연합국 대열에서 이탈했다. 러시아는 다음 해 3월에 독일과 단독강화를 맺고 전쟁에서 빠져나갔다. 미국이 독일에 선전포고하여 연합군에 들어오고(1917년 4월), 그리스도 연합국 편에서 전쟁에 끼어들었다(1917년 6월).

독일은 미국의 윌슨에게 강화 교섭을 청했으나 거절당했다(1918년 10월). 불가리아가 항복하고(1918년 9월) 터키가 휴전에 응하여(1918년 10월) 동맹 측의 발칸 전선이 먼저 붕괴했다. 오스트리아가 무조건 항복을 수락했다(11월 3일). 같은 날 킬 군항 수병들이 출항 명령을 거부하고 폭동을 일으켰다. 빌헬름 2세가 퇴위하여 네덜란드로 망명하고(11월 10일) 독일의 제2제정이 막을 내렸다. 11월 11

---

* 삼국협상은 러시아·프랑스 동맹(1891년), 영국·프랑스 협상(1904년), 영국·러시아 협상(1907년)의 자연적인 산물로서, 독일에 대한 영국·프랑스·러시아 3국의 대항 체제를 가리킨다. 삼국동맹처럼 특정한 조약은 없었으나, 삼국동맹에 대항하는 뜻에서 군사적인 결합까지 강화되어, 당시의 국제 정세를 양분하는 2대 군사 협력 체제가 되었다.

일 사회민주당 정부가 정권을 인수하고 휴전 조약에 조인했다. 4년 반에 걸친 1차 대전은 연합국의 승리로 끝났다.

총력전: 19세기와 20세기의 분수령

1차 대전은 19세기와 20세기의 진정한 분수령이 되었다. 19세기 말부터 금본위제가 확립되어 이를 근간으로 한 국제 지불 체계가 작동했다. 교통·통신이 국제적 차원에서 연결되고 20세기 초 유럽의 GDP는 27퍼센트 증가했다. 1차 대전 동안 금본위제는 무너져갔으며 잘못된 전후 문제 처리는 대공황, 나치 경제의 등장, 2차 대전으로 이어졌다.

19세기 말 유럽의 자유방임과 금본위제

1860년에 코브던-슈발리에조약Cobden-Chevalier Treaty은 유럽 전역에 자유무역 체제를 구축한 획기적인 사건이었다. 이 조약의 최혜국 조항은 이후 조약 당사국이 다른 나라와 무역을 추진할 때 자동적으로 관세 인하를 유발하도록 되어 있었다. 이에 따라 이 조약은 자유무역을 확산시키는 견인차 역할을 했다. 19세기 말, 영국은 독일, 이탈리아, 벨기에, 스웨덴, 노르웨이, 스페인, 네덜란드, 오스트리아, 포르투갈 등과 일련의 협정을 체결함으로써 유럽은 자유무역 지대가 되었다. 물론 앞에서 본 바와 같이 1870년대가 되면 영국과 네덜란드를 제외한 모든 유럽 나라가 보호주의로 돌아선다. 그래도 무역은 계속 증대했다.

1차 대전 이전까지 무역 거래는 대부분 쌍무적이었지만, 적어도 20~25퍼센트는 다각적으로 이루어졌다. 이것이 국제무역을 촉진했다. 다자 무역이 성사되면 각국이 어느 한 나라와의 무역적자를 다른 나라와의 무역흑자로 상쇄할 수 있다. 그러면 무역수지 균형을 이루는 데 도움이 되고, 국제무역의 중대한 장애 요인, 즉 많은 양의 금과 경화를 준비해야 하는 난제가 해결된다. 즉 다자 무역 이전보다 더 적은 규모의 금과 경화로도 무역을 확대할 수 있다.

금본위제가 도입됨으로써 자유무역 체제는 한 걸음 더 나아갔다. 각 나라는 다른 나라와 동일한 통화제도를 유지해야 교역하기 쉽고 유리하다. 1870년대까지 유럽 나라의 통화제도는 금은 복본위제(프랑스, 벨기에, 이탈리아, 스위스, 미국), 은본위제(네덜란드, 스칸디나비아제국, 독일 영방국가들, 러시아), 불태화제도(오스트리아-헝가리, 그리스) 등 제각각이었다. 대부분 통화가 태환이 불가능하여 무역 확대가 어려웠다. 그런데 영국은 일찍이 완전한 금본위제를 채택했다(1821년).

영국이 산업혁명으로 경제 대국이 되자 각 나라는 은본위 또는 복본위에서 금본위로 이전하려는 유인이 생겼다. 우선 영국과 긴밀히 교역하던 포르투갈이 1854년 금본위제로 돌아섰다. 은화의 순도가 제각각이던 복본위 나라들(벨기에, 프랑스, 이탈리아, 스위스)은 1865년 라틴통화동맹을 결성하여 은함량을 0.835로 맞추도록 정했다. 프로이센-프랑스전쟁은 국제통화제도의 큰 전환점이 되었다. 복본위나 은본위제 또는 금본위제를 유지하던 나라들의 균형이 깨진 것이다. 오스트리아-헝가리제국과 러시아에서 은화 대신 불태환지폐가 유통되면서 독일이 동유럽과 교역하는 데 은본위제는 더 이상 이점이 되지 않았다. 독일은 프로이센-프랑스전쟁 배상금을 이용해 금을 모았고, 이를 기반으로 1871년에 공식적으로(실질적으로는 1873년) 금본위제로 이행했다. 스칸디나비아제국은 이를 따라서 1873년에 은본위제에서 금본위제로 전환했다. 같은 해 라틴통화동맹도 복본위제를 포기하고 금본위 추세를 따랐다. 러시아(1876년)와 오스트리아-헝가리(1879년)가 금본위를 받아들여 금본위제는 이제 유럽 전역에서 통용되었다. 금은 복본위제인 미국에서는 남북전쟁 때문에 불환지폐가 유통되다가 1879년 태환이 복원되었을 때 실질적으로 금본위 상태였다. 1873년에 이미 은화의 자유로운 주조를 폐기한 것이다. 공식적으로는 1900년에 금본위제법이 통과되었다. 각각의 통화 단위가 일정량의 금에 고정되고, 이에 따라 통화 교환이 쉬워졌다.

19세기 말에는 이처럼 국제경제 면에서 금본위제를 근간으로 한 국제 지불 체계가 작동했다. 런던이 그 중심이었고 주요 나라의 중앙은행들은 서로 협력했다. 생산요소는 국제적으로 자유롭게 이동했다. 금에 기초한 환율은 안정되었다. 1821~1914년 사이에 가치가 변하지 않았던 영국의 파운드 스털링은 사실상 금과 동격인 국제통화가 되었다.

이 시기에는 철도, 통신망, 수로 등이 국제적 차원에서 연결되고, 도량형제도(1875년), 국제전신연맹(1865년), 우편협회(1875년), 국제 특허·저작권 협정(1880년) 등이 도입되었다. 1825년 영국에서 시작된 철도는 1910년 유럽 전역에 걸쳐 36만 3,000킬로미터까지 늘어났다. 1900~1913년에 유럽 GDP는 27퍼센트 증가했다. 영국, 벨기에, 네덜란드, 스위스, 프랑스는 유럽 최고의 부국이었고, 독일, 덴마크도 이에 합류했다(1913년). 19세기 동안 서유럽의 소득수준은 3배 증가했다.

전시경제, 특히 독일의 전시경제

전쟁 발발 직후 독일은 전시원자재부^{Kriegsrohstoffabteilung}를 설치하고 자유시장가격을 폐지했다(1914년 10월). 전시원자재부는 물가를 고정시키고 물자를 배분하고 대체 상품을 개발했다. 거대한 관료 집단이 관리하는 식량 배급제가 실시되었다. 사실상 정부가 식품을 구매, 저장, 판매하기 시작한 것이다(1915년 1월부터). 식량을 공급하고 분배하는 전시식량청이 만들어졌다(1916년 5월). 중공업 부문의 전시 생산 증대를 위해 힌덴부르그 계획이 시행되었다(1916년 8월부터). 노동 총동원이 도입되고 특별법인 조국자원봉사법이 제정되었다. 이에 따라 17~60세의 남성 인구 모두가 강제노동에 동원되었다(1916년 12월부터). 노조 대표는 전쟁청의 일원이 되어 정부와 노동조합 간 협력의 상징적 역할을 했다. 정부의 전쟁 부서 내에 최고전쟁청^{Oberstes Kriegsamt}이 만들어졌다. 이 기관은 비효율적인 기업을 폐쇄하고 강제 카르텔을 통해 산업 조직을 개편할 권한을 가졌다(1916년 11월). 민간 소비재 산업은 크게 위축되었다. 1914~1918년 독일의 경제계획 실험은 사실상 모든 참전국에게 모델이 되었다. 계획경제^{Planwirtschaft}란 용어 자체가 1차 대전 중 독일에서 만들어진 것이었다. 영국, 프랑스, 오스트리아, 헝가리 등등에서도 이와 유사한 일이 일어났다. 1차 대전이 길게 지속되면서 각국 정부는 무역, 생산에 대한 통제 체제를 구축하고 보호관세를 도입했다.

전비 조달과 전시 대부 체계

국가의 전쟁 비용 조달 방식은 다양했다. 새로운 조세와 수입원이 창출되고, 전쟁 비용 대출, 재무성 증권을 통한 국가의 단기 채무나 조세 증징으로 보장하는 방식 등으로 전쟁 비용이 충당되었다. 전비 지출이 수입을 초과했기 때문에 정부 차입을 대거 늘릴 수밖에 없었다. 결국 인플레이션 유발적인 자금 조달, 즉 화폐 발행이 시작되었다. 화폐 공급이 5배 늘고 화폐유통 속도가 급증했다. 물가가 상승하고 인플레이션이 가속화되었다. 고전적 금본위제는 이미 전쟁 초기에 희생되었다. 유럽의 거의 모든 중앙은행이 일방적으로 금 지불을 중지했다.

대신 1차 대전 중에 강대국들은 연합국 간 대부를 기초로 고유의 지불 체계를 발전시켰다. 영국은 프랑스, 이탈리아, 벨기에 등의 연합국에게 자금을 빌려주었다. 그것만으로도 모자라 이후에는 미국이 영국을 통해 이 나라들에게 전시 대부(외채)를 제공했다. 필요한 물자는 대부분 채권국의 국내시장에서 조달되었다. 연합국 공통의 목표를 달성하기 위해 필요한 군수품 수입 수준을 유지하기 위한 이 같은 전시 대부 체계가 만들어졌다. 이 나라들 사이에서 환율은 경제적이 아니라 정치적으로 용인되는 수준에서 고정되었다.

전쟁 후 사회 혼란

1차 대전은 아무도 예기치 못했을 만큼 장기에 걸친 총력전이었다. 출생률이 감소한 데다 유럽 총인구의 2퍼센트나 참전하여 인력 손실이 너무 컸다. 군비 지출도 막대했다. 예를 들어 1913년 GDP의 4퍼센트이던 영국 군비 지출액이 1916~1917년에 38퍼센트로 급증했다. 정부의 총지출이 국민소득의 절반 가까이 되었다. 생산량도 감소했다. 영국은 세계적 경제 강국이자 금융 강국으로서의 지위를 상실했다. 영국이 보유한 해외 자본도 25퍼센트나 줄었다. 미국은 국내 문제에만 몰두했고, 복수심에 불탄 프랑스는 독일에 부과할 엄청난 전쟁배상금에만 집착했다. 독일은 경작지와 자원을 대거 몰수당했다.

더 큰 당면 과제는 각 나라마다 전쟁 관련 인구와 산업 생산 설비를 '정상으로' 재배치하는 일이었다. 하지만 전쟁 도중에 이미 물가 불안이 심각해지고, 경제는 정부의 과도한 개입 때문에 심각하게 경직되어 있었다. 전쟁 중에 강제적 산업 재편이 이루어지고, 막대한 노동력이 군수산업 쪽으로 신속히 배치되었다. 징집될 만한 거의 모든 성인 남성은 전선으로 떠났다. 여성, 아동, 노인 노동력이 그 빈자리를 메웠다. 사회 전체가 크게 변한 것이다. 따라서 전쟁이 끝난 후 모든 것을 '정상으로' 재배치하는 작업 역시 결코 쉬운 일이 아니었다.

그뿐만이 아니었다. 참호 속에서 전투하는 동안 남자들은 전례 없던 다양한 대중 선동에 노출되었다. 그 가운데 일부는 대중을 정치적으로 조직하는 방법을 습득했다. 전쟁이 끝난 후 대중운동의 실체를 무시하고 과거의 엘리트 정치로 복귀하는 것은 불가능해질 참이었다. 전쟁 이전 체제로 돌아가는 것은 불가능해 보였다.

독일의 혁명

러시아에서 그랬듯이, 전쟁 패배는 독일에 정치혁명을 불러왔다. 1918년 11월에 일어난 독일혁명은 1917년 3월의 러시아혁명을 닮

중부 유럽 경제사

왔다. 두 사례 모두 아래로부터 들고 일어난, 순전히 대중만의 힘으로 권위주의적 왕조를 제거하고 자유주의 임시 공화국을 세운 사건이었다. 두 나라 모두 자유주의자와 온건 사회주의자가 중앙정부를 장악하는 동안 노동자와 군인이 정부에 대항하는 조직을 만들었다. 다른 점도 있었다. 러시아에서는 레닌의 볼셰비즘이 승리한 반면 독일에서는 독일공산당(스파르타쿠스단)이 공산혁명을 시도했으나 실패하고 온건 사회주의자와 자유주의자가 연합하여 급진 혁명세력을 제압하고 승리했다.

1919년 2월, 20세 이상 남녀 보통선거로 선출된 국회가 우여곡절 끝에 바이마르에 소집되었다. 이들은 독일이 연방공화국임을 선포하고 사회민주당의 에베르트^{Friedrich Ebert}(1871~1925년)를 대통령으로 선출했다. 사회민주당을 중심으로 가톨릭중앙당과 새로 결성된 민주당이 연립정부를 수립하여 베르사유조약을 비준하고 7월에 바이마르헌법을 채택했다. 헌법은 18개 연방 대표로 구성되는 참의원을 두었지만, 사실상의 입법권은 20세 이상 남녀의 보통선거로 구성되는 국회가 갖게 했다. 대통령은 전 국민의 직접선거로 선출되며 임기는 7년이고, 조약 체결권, 내각 조직과 해산권, 군 통수권, 국회 해산권과 함께 비상시 긴급령을 발동할 수 있는 비상대권을 부여받았다. 정책 입안과 시행은 내각 수반이 하고, 내각은 국회에 대해 책임을 졌다. 헌법은 또한 사유재산과 상속권을 보장하고 국민의 노동권, 노동자의 단결권과 단체교섭권을 인정했다.

베르사유조약의 배상금 조항

베르사유조약은 클레망소의 1918년 사상이 구현된 것이자, 윌슨의

'민족자결권'을 이용 혹은 남용한 것이었다. 조약은 전후 문제 해결을 모색하는 것이라기보다는 독일의 동맹 체제 해체에 역점을 둔 듯했다. 각 나라 국경은 경제적 고려를 무시한 채 '민족자결' 원칙에 입각해 정해졌다. 중부 유럽의 지도가 다시 그려진 셈이다. 전쟁 전 26개였던 독립 경제단위가 38개로 늘어났고, 전쟁 전에 사용되던 통화는 14개였는데 전쟁 후에는 27개 통화로 늘었다.

베르사유조약에서 책정된 엄청난 규모의 전쟁배상금 조항은 평화를 가져오기는커녕 더 큰 문제를 야기했다. 이것은 국제적으로 정치적, 경제적 대립과 불화를 불러일으킨 주요인이 되었다. 유난히도 배상금에 집착한 나라는 프랑스였다. 복수심에 불타던 프랑스는 전후 복구와 전시 채무 상환을 위해 독일에서 전쟁배상금을 받아내려 애썼다. 사실 전쟁 채무는 채무국 개별 책임으로 해야 할 사안이었다. 채무를 배상금과 연계시킬 이유가 없었는데도, 프랑스는 미국과 영국에 대한 프랑스의 채무 상환이 독일에 부과할 배상금과 연계되어야 한다고 주장했다.

일찍이 케인스John Maynard Keynes(1883~1946년)는 이 조약이 체결된 1919년에 『평화의 경제적 귀결Economic Consequences of the Peace』이란 글로 엄청난 배상금 규모를 맹비난했다. 케인스에 따르면, 1914년 이전에 유럽 번영의 대부분은 독일의 경제성장에 의존한 것이었으므로 독일을 경제적 장애자로 만드는 것은 현명한 처사가 아니었다. '독일에 천문학적 규모의 전쟁배상금을 부과한 조항이 경제 대국인 독일 경제를 몰락시키고 결국 주변 나라를 모두 가난에 빠뜨릴 것'이기 때문에 이 조약은 어리석은 것이었다.

여하튼 베르사유조약에서 연합국이 독일에 부과한 배상금 조항과 그 이후 책정된 액수는, 케인스가 지적한 대로, 너무 커서 이행하기 어려웠다. 프랑스는 독일이 이를 고의적으로 이행하지 않는다고 단정하고 철, 석탄 등의 지하자원이 풍부하게 매장된 독일의 루르 지방을 점령했다. 독일 정부는 루르 지역 주민의 애국심을 자극하면서 소극적 저항을 하도록 주문했다. 프랑스는 그 지방을 점령했지만 배상금을 받아내지도 못하고 단지 독일의 경제만 마비시켰을 뿐이었다.

연합국 간 전시 대부 체계와 이의 갑작스런 단절

전시 채무 문제도 심각했다. 전쟁 동안 이루어지던 연합국 간 전시 대부 협력 체계는 전쟁이 끝나자 즉각 단절되었다. 연합국 간 대부 체계의 단절과 미국의 금융 지원 중단으로 채무국들의 경제 재건이 어려워졌다. 국제경제는 큰 충격을 받았다. 결국 이와 같은 대대적인 국제적 채권 채무 관계는 미국이 대부를 다시 시작함으로써 일단 미봉되었으나 전후 국제경제 질서의 큰 불안 요소였다.

한편 1차 대전 후 유럽의 후진국들은 자급자족을 국가와 경제의 독립과 동일한 것으로 받아들였다. 이들은 서유럽과의 연결 고리를 끊고 수입 대체형 공업화를 추진했다. 이 과정에서 고관세, 국유화가 널리 확산되었다. 그 결과 기존의 경제, 국제적 분업 관계가 단절되고 예전에 없던 새로운 무역 장벽마저 조성되었다.

초인플레이션

인플레이션도 문제였다. 각국은 전쟁 물자를 세금만으로 충당할 수 없어 전쟁 중에 인플레이션을 유발하는 방식으로 자금을 조달했다.

이로 인하여 결국 동유럽권, 독일, 오스트리아 등을 중심으로 인플레이션이 진행되었다. 특히 독일의 인플레이션이 가장 심했다. 독일 정부는 전쟁배상금을 갚기 위해 세금을 더 많이 거두는 것은 정치적으로 바람직하지 않다는 판단하에 은행에서 융자받는 방식을 택했다. 이로 인해 정부 부채가 엄청나게 늘었다. 이미 위험수위에 달한 인플레이션 위험이 더욱 커졌다. 물론 전쟁배상금은 금마르크 gold mark 로 갚게 되어 있었기 때문에 이 인플레이션이 배상금에는 영향을 미치지 못했다.

1922년 8월부터 월 335퍼센트의 천문학적 비율로 도매물가가 올라 1923년 11월에 절정에 이르렀다. 경상수지 적자 때문에 마르크화 가치가 떨어졌고 재정 적자를 메우기 위해 통화를 증발할 수밖에 없어 결국 잠재되어 있던 인플레이션이 폭발한 것이다. 또한 그 무렵 독일이 배상금 지급을 제대로 하지 않는 이유를 조사한다는 명목으로 프랑스가 군대를 루르 지방에 파견했는데, 대다수 독일인들은 이를 침략으로 받아들였다. 독일 정부는 루르 지방 주민들에게 '소극적 저항'으로 총파업을 하게 했다. 총파업은 매우 효과적이어서 프랑스 로렌 지방 철강산업이 석탄 부족으로 문을 닫아야 할 정도였다. 하지만 독일도 엄청난 타격을 받았다. 총파업에 돌입한 루르 노동자들을 지원하기 위해 독일이 또다시 화폐를 찍어내기 시작한 것을 계기로 인플레이션이 폭발하기 시작했다. 1913년 물가수준을 100으로 할 때 1923년 물가수준은 1,000,000,000,000이었다.

금융자산 형태의 부가 소멸했다. 사회 안정을 유지하던 독일 중산층의 월급과 저축이 사라졌다. 이들의 근검, 절약 가치관이 조롱당했다. 이들은 자신들을 불행하게 만든 장본인으로 연합국 정부,

독일 정부, 대기업, 유대인, 노동자, 공산주의자 등을 지목하기 시작했다. 이와 같은 초인플레이션은 1920년대 바이마르 민주주의를 붕괴시키고 히틀러^{Adolf Hitler}(1889~1945년)가 이끄는 국가사회주의가 출현하는 배경이 되었다. 독일의 유명한 작가 귄터 그라스^{Günter Grass}(1917~2015년)의 『양철북』에서 주인공 오스카는 "나는 일곱 살에 머무르겠다. 더 이상 성장하지 않겠다."고 선언한다. 그것은 성장하는 모든 것을 두려워하고 거부하는 발언이었다. 오스카의 이러한 발언과 다짐, 성장을 멈춘 인생을 살겠다는 의지를 드러내는 행동은 엄청난 초인플레이션을 경험한 당시 독일인들의 불안감을 극명하게 표현한 것으로서, 그라스는 이 작품으로 노벨문학상을 수상했다.

금본위제로의 무리한 복귀와 그 파장

이 엄청난 혼란을 어떻게 극복할 것인가. 유럽 사람들은 과거의 좋았던 시절을 떠올렸다. 그 시절에 통용되던 규칙과 질서를 복구하면 문제가 해결되지 않을까? 금본위제를 회복하자! 금본위제가 통용될 기반은 이미 무너졌건만, 1925년을 전후하여 16개국이 전시와 전후 인플레이션 기간에 포기했던 금본위제로 서둘러 복귀했다. 금본위제로 돌아가면서 각국은 자국의 통화가치를 정할 때 상호 조정 없이 독자적으로 결정했다. 이 때문에 각국의 통화가치가 상대적으로 과대 혹은 과소평가되는 문제가 발생했다.

이로 인해 통화를 상대적으로 과대평가한 나라는 통화가치 유지를 위해 긴축정책을 써야 했다. 영국이 대표적 예다. 영국은 파운드화 가치를 전쟁 이전 수준으로 높여 금본위제에 복귀했다. 경제적 근거도 없이 19세기에 영국의 화려했던 국제적 위신만을 생각한 것이다. 고평가된 통화가치를 유지하려면 긴축정책을 써야 한다. 영국은 수출에 큰 타격을 입었다. 이자율은 치솟고, 공장들은 문을 닫았다. 그리하여 영국은 대공황이 발생하기 전부터 이미 실업자가 엄청나게 늘었다. 금본위제에 복귀한 나라들이 채무국일 경우, 이들의 채무는 눈덩이처럼 불어났다. 배상금과 전시 채무로 1924~1930년에 독일의 누적된 채무 규모는 국민경제에 비해 엄청나게 컸다. 오스트리아, 이탈리아 등도 마찬가지였다.

중부 유럽 은행 시스템의 붕괴

오스트리아

중부 유럽 은행 시스템이 붕괴했다. 이는 1차 대전 전후 문제를 처리할 때 경제, 산업적 기반은 고려하지 않고 민족주의에 따라 국경을 분할한 부정적 효과의 단적인 예다. 붕괴는 1929년 오스트리아 2위 은행 보덴크레디트안슈탈트^{Bodencreditanstalt}의 파산과 함께 시작되었다. 1920년대에 빈의 은행들은 그들의 예전 공업 거래처인 체코슬로바키아와 완전히 단절되었다. 그래서 은행 경영에 필요한 건전한 기반이 사라진 상태였다. 그런데도 오스트리아의 최대 은행인 로스차일드의 크레디트안슈탈트^{Creditanstalt}는 마치 합스부르그제국이 아직도 존재하고 있기라도 한 듯 방만한 경영을 지속하며 수익성 없는 산업에만 집착했다. 부실한 보덴크레디트안슈탈트를 정부 압력을 받고 인수하기까지 했다. 결국 크레디트안슈탈트도 파산했

중부 유럽 경제사

다(1931년 5월). 이 은행의 파산은 다른 많은 국내외 은행들에 대한 인출 쇄도, 오스트리아 화폐 실링에 대한 공격으로 파급되었다. 헛되이 금본위제를 지키고자 순식간에 외환 준비금을 모두 소진한 오스트리아 정부는 뒤늦게야 외환 통제를 실시했다.

독일

1931년 7월에 최고조에 달했던 독일 금융 위기의 원인은 독일 내부에 있었다. 바이마르공화국의 재정 문제가 통화 문제를 초래하고 이것이 은행 문제를 초래했다. 1931년 바이마르공화국의 재정은 심각한 불균형 상태로 미국, 프랑스에서의 차입에 의존하고 있었다. 그 무렵 독일 수상 브뤼닝Heinirich Brüning(1885~1970년)이 오스트리아와의 관세동맹을 옹호하는 발언을 했다. 그러자 1차 대전 이후 잔존해온 국가 간 긴장이 다시 고조되었다. 프랑스는 독일이 오스트리아와 맺은 관세협정은 조약 위반이라며 오스트리아에서 자본을 회수했다. 프랑스의 자본 회수로 오스트리아의 주요 은행인 크레디트안슈탈트는 결국 문을 닫아야 했다. 독일로 들어오는 대부자금이 끊어지고 제국은행의 금준비가 급감했다. 독일의 정세 불안을 우려한 국내 자본의 해외 도피도 이를 부추겼다.

파산한 어느 대기업에 막대한 자금을 투자했던 다나트 은행 등, 은행들은 제국은행에 도움을 요청했다. 그러나 은행들의 준비금을 화폐화할 제국은행 자산은 바닥난 상태였다. 차입도 불가능했다. 제국은행은 베를린 은행들의 어음을 더 이상 매입할 수 없었다. 제국은행은 국제 차입을 시도했으나 여의치 않았다. 미국과 프랑스는 독일에 대해 서로 엇갈린 태도만 취했다. 즉 1930년대에는 국제적 협력이 전혀 없었다. 헤게모니적 지위를 가진 국제적 최종 대부자도 전혀 없다는 사실이 명백히 드러나는 장면이었다.

결국 독일은 금본위제를 사실상 포기했다(1931년 7월). 그런데도 브뤼닝 수상은 독일이 여전히 금본위제에 묶여 있기라도 한 듯 긴축정책을 계속 유지했다. 브뤼닝은 독일이 배상금 지불 능력이 없다는 것을 확실히 보여주고자 독일 경제를 황폐화시켰다는 평가를 받는다. 독일 국민의 고통은 갈수록 심해졌다. 독일의 민주주의도 파괴되는 중이었다. 이 무렵 극단주의자들의 정부에 대한 위협이 커졌다. 내전이 임박한 듯 긴박감이 감돌았다. 1931년 10월 공화국에 반대하는 우익 집단들이 세력을 과시하기 위해 바트 하르츠부르그에서 집회를 열었다. 제복을 입은 나치 당원들이 자유 군단 병사들과 함께 행진했다. 히틀러는 그 주요 인사들과 어깨를 나란히 하고 서 있었다.

독일의 모라토리엄에 따라 독일 내 외국인 자산이 동결되었다. 이를 깨달은 다른 나라도 외국인 자산을 동결했다. 많은 유럽 나라가 고통받기 시작했다. 헝가리, 루마니아 등은 은행이 오스트리아 은행과 밀접히 연관되어 있어 특히 고통이 심했다. 독일이 외환 통제로 돌아서자 영국 파운드가 압박을 받았다. 7월 이후 파운드 매각이 꾸준히 증가했다. 독일에 대한 파운드 자산이 동결된 후 영국의 문제는 더욱 악화되었다.

영국은 1차 대전 비용 마련을 위해 금과 외화를 소진했는데도 전전 평가로 금본위제에 복귀했기 때문에 통화가 과대평가되었다. 또한 개발도상국에 대해 장기적인 자본 수출국 역할을 유지하려 들어 영국 경제의 취약성은 가중되었다. 자산에 비해 단기 부채가 엄청나게 높아져 신인도가 하락하자 파운드 평가를 더 이상 유지할 수 없는 상황에 내몰렸다. 영국은 7, 8월에 프랑스와 미국에서 준비금을 차입한 이후 결국 금본위제를 포기하는 수밖에 없었다(1931년 9월). 이러한 유럽의 금융 위기는 다시 미국에서 2차, 3차 은행공황(1931년)을 불러일으켜 악순환의 나락으로 떨어졌다.

유럽 자본의 유출

1920년대의 자본 순이동은 1914년 이전의 해외 대부와 비슷했다. 대부분 부유한 채권국에서 채무국으로 향했다. 그런데 1931년부터 상황이 급변했다. 막대한 규모의 자본이 저개발국에서 예전의 채권국으로, 국제수지 적자국에서 흑자국으로 갔다. 이 새로운 자본 이동은 주로 채무국들의 압도적 규모의 채무 상환이거나, 빠르게 움직이며 투기적 요인과 정치적 위협의 영향을 가장 크게 받는 대규모 단기 자금 이동이었다.

'핫머니'가 채무국에서 채권국으로 급격히 이동하도록 자극한 요인으로는 1930~1931년의 금융 위기, 여러 나라 경제의 안정성에 대한 신뢰 상실과 통화가치 상실 등을 꼽을 수 있다. 자산 보유자는 단순히 자기네 투자가치를 보호할 목적에서 엄청난 금액을 인출했다. 그러자 많은 나라가 금과 외환 준비금을 방어하기 위해 외환 통제를 단행하기 시작했다. 외환 통제는 더욱더 많은 자금 인출을 야기했다. 탈출구가 봉쇄되기 전에 자금이 이탈하려 했기 때문이다. 1931년에 독일에서는 계정상 10억 달러 이상의 자본 순유출이 있었다. 비상 조치로서의 외환 통제가 결국 전체주의적 제도로 변모했다. 모든 경상거래와 자본거래를 엄격히 통제하는 체제가 성립되었다.

외환 통제가 늘고 장기 대부가 줄자 금융시장이 통합되지 못하고 나라별로 분리되기 시작했다. 전쟁 이전에는 세계 곳곳의 이자율 패턴이 유사(혹은 수렴)했었다. 국제 자본이 존재했다는 뜻이다. 이처럼 국제 자본이 존재하면 적자국이나 후진국의 경제성장에 필요한 기반 시설을 만드는 데 흑자국이나 선진국의 저축을 끌어올 수 있다. 그런데 1930년대는 이와 같은 국제적 자본시장 통합이 사라졌다. 즉 이자율이 수렴하지 못하고 유용한 자본 흐름이 고갈되었다.

나치 정권의 등장: 자유주의를 뒤엎다

독일의 1932년 선거에서 나치는 최대 정당으로 부상했다(230석). 선거는 자유주의에 반대하는 이들의 승리였다. 나치당은 이제 파펜 정부를 떠받치고 있는 지주나 기업가, 은행가들의 지시를 받을 필요가 없을 만큼 세력이 커졌다. 파펜Franz von Papen(1879~1969년)은 나치당의 히틀러에게 내각의 두 자리를 제안했으나 히틀러는 힌덴부르크Paul von Hindenburg(1847~1934년) 대통령에게 수상 자리 외에는 받아들이지 않겠다고 했다. 파펜은 새 의회와 일을 해나갈 수 없어 의회를 해산했다. 하지만 의회는 이미 수상에 대한 불신임안을 통과시켜버린 후였다. 그것도 역대 최대 표 차였다(512:42).

정치 폭력과 파업이 확산되었다. 베를린 교통 파업에서 나치당, 독일공산당, 대학생이 공조했다(1932년 11월). 이 무렵 선거에서는 나치당이 크게 패하고 공산당이 약진했다. 힌덴부르크 대통령은 파펜에게 정당들과의 타협을 지시했으나, 사회민주당과 중앙당은 이에 응하지 않았다. 지지력이 약한(독일국가인민당과 독일인민당 일부) 파펜은 수상직 사임 후 한시적으로 정부를 이끌었다. 히틀러는 대통령의 비상대권을 이용해 정부를 구성하려 들었다.

우여곡절 끝에 대통령은 보수적인 슐라이허Kurt von Schleicher(1882~
1934년) 장군을 새 수상에 임명했다. 지방선거에서 나치당은 또다
시 크게 패했다(12월 초). 슐라이허는 제때 정부를 구성하지 못했다.
대기업가와 은행가는 파펜을 지지하며 긴축정책을 요구했다. 파펜
은 히틀러를 수상으로 임명하면 다수파 정부를 구성할 수 있고, 온
건한 보수 세력이 히틀러를 견제하리라 예상했다. 파펜과 히틀러가
만났다. 두 사람은 파펜이 부수상이 되고 파펜을 지지하는 독일국
가인민당에 상당수 내각 자리를 내주기로 합의했다(1933년 1월).

슐라이허가 동부 독일 농민들을 비난하는 사건이 발생했다. 그들
이 정부의 지원금을 남용했다는 이유였다. 그런 슐라이허를 견제하
기 위해 동부 독일 농민들은 히틀러를 수상으로 임명하라는 구호를
외쳤다. 동프로이센의 군부 일부도 히틀러의 수상직 임명을 지지했
다. 슐라이허와 몇몇 장군의 쿠데타 모의 소문이 돌았다. 힌덴부르
그는 서둘러 히틀러를 수상으로 임명하고 새 정부를 구성하게 했다
(1933년 1월). 파펜은 자신이 히틀러를 기용한 것으로 착각했다. 우
익 보수 세력들 역시 히틀러를 손쉽게 통제할 수 있으리라 믿었다.

의회를 해산하겠다는 히틀러의 요구를 힌덴부르그 대통령이 받
아들였다(1933년 2월 1일). 히틀러는 7주 동안 대통령 긴급명령권에
의거해, 힌덴부르그 대통령이 서명한 '독일국민보호법'을 근거로
모든 정적들을 제거하기 시작했다. 힌덴부르그 대통령은 모든 지방
정부를 해산하라는 파펜의 요구도 받아들였다. 파펜의 승인을 받아
나치돌격대와 히틀러 친위부대SS가 보조 경찰 임무를 시작했다(2
월). 괴링Hermann Göring(1893~1946년)은 관료와 경찰 인력에 대한 조

직적 숙청을 단행했다.

히틀러가 군대 앞에서 밝힌 바에 따르면, 나치의 주요 목표는 마르크스주의 제거, 독일군의 재무장, 국민 개병제 도입, 독일인의 생활공간 확보를 위한 동유럽 '독일화' 계획 등이었다. 국회의사당 화재 사건 날 밤, 괴링은 공산주의 지도자들을 체포하고 언론사를 폐쇄했다(2월 27일). '수권법'(행정부에 법률 제정을 위임하는 법률)으로 모든 정당은 사실상 존재 의미를 잃었다. 사회민주주의 성향의 노동조합은 해체되었다(5월 2일). 독일사회민주당의 모든 자산은 압류되고(5월 10일), 독일사회민주당은 법으로 금지되었다(6월 22일). 독일국가인민당과 철모단은 나치당이나 나치돌격대에 흡수되었다. 가톨릭 주교들은 나치 정권에 충성을 맹세했다. 교회의 지지를 잃은 중앙당은 크게 약화되어 수권법에 찬성하고 자체 해산해야 했다. 나치당이 독일의 유일한 합법적 정당으로 선포되었다(7월 14일).

나치의 경제정책: 디플레이션 정책을 비판하고 완전고용을 공언

나치 정권이 대중의 인기를 얻은 것은 경제와 외교 분야에서 거둔 놀라운 성과 덕분이었다. 히틀러는 라디오 연설에서 4년 안에 실업 문제를 완전히 해결하겠다고 공언했다(1933년 2월). 실제로 1936년에 미국의 실업률은 20퍼센트였으나 독일에서는 실업이 완전히 자취를 감췄을 뿐만 아니라 노동력 부족 현상까지 나타났다. 나치는 모스크바에 적대적이면서도 공산주의 5개년 계획을 추종했다. 나치 계획의 세부 사항이 정확히 무엇이었는지는 밝혀진 적도, 명확히 서술된 적도 없다. 하지만 정책 방향만큼은 분명했다. 디플레이션 정책을 비판하고 완전고용을 이룩하겠다는 것이었다. 나치의 새 정책 체제에는 내적 일관성도 없었다. 금본위제에 반대 입장을 밝혔으나 대안은 없었다. 위기에 처해 정치적 편의상 만들어졌을 뿐이다. 그것은 정책들 간에 서로 모순되기도 하는, 비자유주의적 자본주의 경제체제였다. 나치는 실업 감소를 위해 노조를 파괴하고 임금 교섭 업무를 정부가 직접 담당했다. 병역의무와 강제노동제도를 도입하고, 여성 고용을 줄이도록 하여 노동 수요를 증대시키는 등의 방법을 썼다. 43.8퍼센트(1932년)까지 올랐던 제조업 실업률이 12퍼센트(1936년), 7퍼센트(1937년), 3퍼센트(1938년)로 줄었다. 디플레이션, 균형재정 운영 경제정책 등으로 4년째 방치되던 경제가 나치 출현 이후 결정적으로 방향을 전환했다.

나치의 외환 통제와 막대한 정부 지출

나치는 외환 통제를 실시하면서 이 외환 통제의 보호막 안에서 팽창정책으로 돌아섰다. 은행 국유화는 실행하지 않았으나, 경기회복 과정에서 민간은행은 배제되었다. 나치의 경기 팽창은 국민에게 직접 경제적 이익을 준다는 소비자 중심의 정책이었다. 막대한 정부 지출이 초기에는 일자리 창출, 주택, 도로 건설, 자동차 부문에 쏟아부어지면서 경기 팽창의 주요 원천이 되었다. 계획을 실행할 자금은 정부가 비금융 기업에 재정증권 또는 세금 증서를 직접 매각하거나 정부채로 정규 자본시장을 독점하는 방식으로 조달했다. 강제저축 동원과 또 일종의 분식 회계 방식을 사용했다. 또한 우대금리를 적용해 기업에 대부하고 감세와 보조금 지급으로 민간투자를 촉진했으며 내부 자금 조달을 권장했다. 투자도 인허가제도, 원료 직접 배분 등의 방식으로 행정적으로 관리했다.

나치의 군비 지출 증강은 경기회복이 본궤도에 오른 이후

나치가 군비 지출을 증강하기 시작한 것은 경기 회복이 본궤도에 오른 이후다(1935~1936년). 군수생산의 비중이 커지면서 통제가 더 강화되었다. 루스벨트와 반대로 나치는 저임금 정책을 썼다. 이 것이 고용정책과 결합되면서 실업률이 1938년에 3퍼센트까지 떨어졌다. 경기 팽창을 위한 자극이 가장 강력했던 나라가 독일이었다. 이를 케인스 모델이라 할 수는 없다. 독일은 단지 기존의 정통적 재정 운영과 자유방임시장으로 인한 혼란에서 벗어나고자 계획화와 관리를 택한 것이다.

나치 독일은 사유재산을 폐지하지는 않았으나 관리자들에게 당근과 채찍을 주어 생산을 통제했다. 나치당 강령들은 잘 따져보면 미국의 뉴딜이 그랬듯이 서로 간 모순된 내용들로 가득했다. 그런데도 히틀러가 집권한 후 급격한 회복이 시작되었다. 통계상의 신뢰 문제가 제기되기는 하나, 여하튼 실업 문제도 해결되었다. 나치가 추진하는 색다른 정책에 대해 모든 사람의 기대가 변화하기 시작한 덕분이었다. 정책 내용보다는 정책 변화 자체가 경기 부양의 원동력이었다고 할 수 있다.

히틀러는 대공황의 산물

히틀러는 히틀러가 초래하지 않은 대공황의 산물이었다. 이 사실은 경제사적으로 의미심장하다. 나치 정권하에서 공식적으로 실업은 해결되고 노동력 부족 사태까지 낳았다. 정말 그랬다고 해도 경제사학자로서는 이에 대해 뭐라 할 말이 없다. 1차 대전 이후 베르사유조약을 체결할 때, 서방세계의 주요 산업국인 독일을 가난에 빠뜨릴 천문학적 액수의 전쟁배상 조항이 끼어들지 말았어야 했으며, 또한 일단 경기 침체가 시작될 때 세계 주요국 정부들이 디플레이션 정책으로 4년간이나 경제를 방치하지 말았어야 했다. 그토록 가공할 테러를 써서 추진된 계획경제가 나치 독일 말고는 서방세계에 없었다. 그런 체제는 스탈린의 계획경제, 즉 대공황과는 무관했으면서도 더욱 끔찍한 테러 방식으로 운영된 공산주의 계획경제에나 비할 것이었다.

나치: 자유주의의 몰락

독일 나치 정권은 서방세계에서 자유주의 체제의 급격한 후퇴와 함께 등장했다. 나치 정권의 출범은 서방세계에서 19세기 자유주의의 몰락을 확실히 알리는 새로운 정책 체제였다. 나치는 쿠데타가 아닌 합헌 방식으로 대중의 지지를 얻어 등장했다. 일단 권력을 장악한 후, 19세기 이래 발전해온 자유주의 가치관과 이것이 반영된 제도를 모조리 제거했다. 이 시기 자유주의 체제에 가해진 위협은 정치적 좌파 쪽의 위협보다 우파 쪽 위협의 위력이 훨씬 더 컸다. 서방세계에서 자유주의 체제를 뒤엎은 세력들의 근저에는 자유주의 질서 이전에 '좋았던' 사회의 질서가 자유주의 때문에 전복되었다는 반발이 깔려 있었다. 우파 세력들은 대체로 사회혁명에 대항하고, 자유주의 정치제도에 적대적이며, 군대를 선호하고, 권위주의적이었다. 또한 물리적 강제력을 행사할 기구를 육성하고 민족주의적 경향을 보였다.

그들은 대체로 특정한 이데올로기적 의제를 갖지 않은 반공주의자들, 사회의 분업적 질서를 강조하는 유기체적 국가주의자들, 파시스트 운동 세력, 이 셋으로 분류된다. 파시스트 우파와 비非파시스트 우파 간에는 중요한 차이점이 있다. 즉 파시즘은 밑으로부터 대중을 동원하여 등장했다. 대표적 파시즘 정권이라 할 나치 정권 역시 비파시스트 우파 세력과 달리, 일반 대중에게서 확산된 민심을 동원하여 등장했다. 그런 다음 모든 정적을 물리력으로 제거했다. 이들은 자유주의 해방을 비난하고, 18세기 계몽주의, 프랑스혁명의 유산에 대해 원칙적으로 적대적이었다. 파시즘은 반자유주의 anti-liberalism였다. 이들은 사회주의 노동계급 운동도 용납하지 않았다. 노동계급 운동이 자유주의의 산물이었기 때문이다. 뿐만 아니라 파시스트에게는 외국인과 이민족의 존재가 자유주의 물결에 따른 대량 이민의 산물이었다. 그러므로 파시스트들은 외국인 혐오를 극단적으로 표출했다. '소시민은 자유주의 시대에 성장한 독과점 대기업과 대중 노동운동의 틈바구니에서 압박을 느끼기 시작했다. 이 압박감, 분노가 정치적으로 표현된 것이 파시즘'이라는 견해는 상당히 설득력이 있다.

이러한 감정은 반反유대주의로 집약되었다. '유대인이 누구인가? 오랜 세월 유럽 전역에 거의 보편적으로 존재하다가 계몽주의, 프랑스혁명이 몰고온 자유주의 물결에 따라 해방되어 더욱 눈에 띄게 된 외국인 집단이 아니던가. 따라서 유대인은 계몽주의, 자유주의를 신봉하리라.'는 단정이 이 시대에 확산되었다. 실제로 유대인 가운데는 자본가, 사회혁명 선동가, 교육받은 전문직 종사자가 유달리 많았다. 그러한 유대인은 소시민층에게 상대적 박탈감을 부각시키는 '인종'이었다. 당시 동, 중부 유럽에서 농촌과 외부경제를 연결하는 역할을 주로 유대인이 했는데, 그런 지역에서 유대인에 대한 혐오는 독일, 이탈리아보다 더 확고했다. 이러한 인종주의, 민족주의는 자유주의 경험이 없는 지역에서 더욱 극단적인 급진 우파 행동으로 나타났다.

왜 1차 대전 후에 급진 우파가 급격히 부상했는가? 그것은 1차 대전으로 사회구조가 붕괴되는 가운데 그 붕괴된 사회의 일원이던 중간 계층과 소시민층 출신 민족주의 청년들이 파시즘에 매력을 느끼기 시작했기 때문이다. 파시즘은 사실상 현실로 받아들여졌던 사회혁명과 노동계급의 위력에 대한 대응이기도 했다. 영국, 프랑스, 미국 등 체제가 무너지지 않고 지배계급의 권력, 영향력 등이 무사한 곳에서는 파시즘이 성장하지 못했다. 새로 독립한 나라에서도 파시즘은 없었다. 파시즘은 구체제의 묵인 혹은 주도하에 합헌적 방식으로 권좌에 오른 후, 기존의 정치 게임을 거부하고 모든 경쟁자를 제거했다. 그리고 무제한적 독재를 행사했다. 따라서 '파시스트 혁명'이란 말은 성립할 수 없다.

또한 파시즘은 독점자본(혹은 대기업)의 표현도 아니다. 파시즘은 결과적으로 비자유주의적 방식으로 자본주의경제를 운영하는 체제였다. 공산주의와 달리 사유재산은 인정하되 이를 국가가 대대적으로 통제했다. 이들은 대공황을 효과적으로 이겨내고(독일), 마피아를 제거하면서(이탈리아) 노동운동을 파괴했다. 파시즘은 자유주의적 자본주의 체제가 맞은 위기의 산물로 등장한 정치체제였다. 그러므로 자유주의적 자본주의를 확실히 발달시켜본 경험이 없는 나라의 정권에게는 파시즘 개념을 적용할 수 없다.

나치 경제와 2차 대전 발발

1933년부터, 늦어도 1936년부터 유럽 국가들의 경제가 회복되기 시작한다. 하지만 바이마르 민주주의와 경제가 붕괴된 후 권력을 장악한 히틀러의 나치 체제, 즉 가공할 테러 방식까지 동원하여 추진된 계획경제가 전쟁에 대한 확신을 다지고 있었다.

대공황 기간 동안 강대국들이 수입을 억제하고 자국의 산업을 보호하기 위해 내세운 교역 장벽은 높아만 갔다. 1930년 미국의 스무트-홀리 관세Smoot-Hawley Tariff와 1932년 영국의 일반 관세를 비롯해 여러 나라가 보복관세와 비관세 장벽을 경쟁적으로 도입했다. 즉 당시 세계경제는 스털링 지역, 금 블록, '중부 유럽'을 구상하는 나치 무역 지역, 독자 노선을 표방하는 미국, 일본의 엔 블록 등으로 분할되었다. 이런 상황에서 영국과 프랑스가 독일을 견제하려면 이탈리아가 아쉬우리라는 것을 무솔리니Benito Mussolini(1883~1945년)는 간파했다. 무솔리니는 에티오피아(아비시니아)를 침공했다(1935년 10월). 이 사건을 연합국이 수수방관하는 것을 보고 히틀러가 용기를 내는 순간, 경제 장벽의 불길이 군사 장벽 쪽으로 옮겨붙었다. 결국 세계경제가 정상적인 경기회복을 마무리할 기회를 놓친 채 2차 대전이 발발하고야 만 것이다.

그 불길은 다음과 같이 번져갔다. 2차 대전 발발 전에, 사실상 국제적 성격을 띤 스페인 내전(1936~1939년) 때 히틀러는 프랑코 장군을 지지하면서 무솔리니와 가까워졌다. 독일은 갑자기 스페인 내전에 개입했다. 독일은 스페인의 천연자원을 확보할 필요가 있었다. 스페인이 마르크스주의 국가가 되지 않게 하는 것도 독일에게는 중요했다. 스페인이 마르크스주의 국가가 되면 프랑스 인민정부

의 입지가 강화될 것이고 이들이 소련과 밀접해지지 않겠는가! 독
일은 이 점을 우려했다.

히틀러는 영국과는 동맹을 맺고 싶어했지만 뜻대로 되지 않았다.
히틀러는 오스트리아 나치의 과격한 난동으로 거의 무정부 상태에
빠진 오스트리아를 침공했다(3월 9일). 히틀러는 오스트리아 국민
의 열렬한 환영을 받으며 오스트리아를 독일과 합병했다(3월 12일).

이어 히틀러는 독일인 인구 비중이 높은 체코슬로바키아의 수
데텐란트를 체코슬로바키아에게 요구했다. 영국은 독일의 국경
선 변경 요구는 정당하다며 이 문제에 개입하지 않았다. 프랑스
도 영국의 협조 없이는 개입하려 하지 않았다. 이탈리아도 독일
의 결정에 반대하지 않았다. 체코슬로바키아는 군대 동원령을 내
렸다(5월 20일). 영국, 프랑스, 소련은 긴장하면서 체코슬로바키아
의 결정을 지지한다고 발표했다. 영국 수상 체임벌린^{Houston Stewart}
^{Chamberlain}(1855~1927년)은 독일에게서 무력 자제 약속을 받아냈다
(6월). 영국과 프랑스는 수데텐란트를 독일에 넘겨주라고 체코슬로
바키아를 설득했다. 또한 체임벌린은 히틀러에게 이 수데텐란트 제
안을 받아들이라고 설득했다. 그러나 히틀러는 이를 단호히 거절했
다. 영국은 체코슬로바키아 문제로 전쟁이 일어날 경우 프랑스를
지원할 것이라고 발표했다. 히틀러는 체코슬로바키아 공격 준비 명
령을 내렸다(9월). 이때 무솔리니가 주선하여 히틀러, 체임벌린, 달
라디에^{Edouard Daladier}(1884~1970년, 프랑스 수상)가 만났다(뮌헨회담).
독일이 수데텐란트를 받는 대신 나머지 지역에 대한 체코슬로바키
아의 영유권은 존중한다는 합의가 이루어졌다.

자기의 원래 계획에 차질이 생기자 히틀러는 체코슬로바키아 침

공 계획과 1919년에 리투아니아에 양도했던 도시 메멜^{Memel}을 되찾을 계획을 실행하라는 명령을 내렸다(10월). 체코슬로바키아에서는 베를린의 지원을 받은 슬로바키아인들이 독립을 요구했다. 체코슬로바키아는 슬로바키아에 군대를 파견했다. 히틀러는 슬로바키아 지도자에게 슬로바키아 독립을 선포하지 않으면 슬로바키아 영토를 원하는 헝가리를 지원하겠다고 협박했다. 슬로바키아 의회는 독립선언을 통과시켰다(1939년 3월 14일).

독일은 체코슬로바키아에 나라를 넘기라는 최후통첩을 보냈다. 베를린을 방문 중이던 체코슬로바키아 대통령 하하^{Emil Hácha}(1872~1945년)는 이 통첩을 받고 심장마비로 쓰러졌다가 기운을 차린 후 서류에 서명했다(1939년 3월 14일). 체코슬로바키아의 '법과 질서, 평화' 유지를 위해 나라와 국민의 운명을 독일제국에게 맡긴다는 내용이었다. 다음 날 오전에 독일 군대가, 저녁에 히틀러가 프라하에 도착했다. 보헤미아와 모라비아는 독일의 보호령이 되었다. 체코슬로바키아가 독일의 위성국으로 전락하는 순간이었다. 히틀러는 리투아니아로 출정하여 이틀 만에 메멜을 되찾았다(1939년 3월 23일).

히틀러의 관심은 폴란드로 향했다. 히틀러는 폴란드에게 단치히를 독일에 돌려주고 독일과 단치히를 연결하는 폴란드 회랑을 요구했다. 폴란드는 이를 거절했다. 영국은 폴란드와 루마니아에 대한 안전보장을 연장한다고 발표했다. 히틀러는 소련이 영국, 프랑스 편에 설 것을 염려하여 모스크바에서 스탈린과 불가침조약을 체결했다(1939년 8월). 영국은 전쟁이 일어나면 폴란드를 지원하겠다고 선언했다. 선전포고도 없이 히틀러는 폴란드를 침공했다(9월 1일).

영국과 프랑스는 독일과의 전쟁을 선언했다(9월 3일).

소련은 폴란드 동부와 발트 해 연안 국가들을 병합해 소비에트 사회주의공화국연방을 수립했는데(9월 17일), 독일의 침공으로 폴란드가 무너지자 소련도 동부에서 폴란드를 침입했다. 소련과 독일은 폴란드 지배층을 조직적으로 제거했다. 소련내무인민위원회 NKVD(KGB 전신)는 폴란드 장교 수천 명을 죽여 카틴 숲에 집단 매장했다. 나치는 폴란드 지식인 수만 명을 죽이고, 폴란드 유대인들을 바르샤바의 몇몇 지역에 수용했다. 좋은 혈통의 일부 폴란드 아이들은 독일인으로 적응하는 교육을 받게 했으나, 나머지는 노역 군대로 만들거나 재산과 토지를 몰수하고 다른 지역으로 쫓아냈다. 이어 소련은 발트 3국을 점령하고 핀란드를 공격했다(1939년 11월).

독일은 스웨덴의 철광석을 확보하고(1940년 4월 9일), 중립국인 덴마크와 노르웨이를 공격했다. 네덜란드를 함락시키고(5월) 벨기에군, 영국군, 프랑스군을 궁지에 몰아넣었다. 프랑스는 파리를 '무방비 도시'로 선언하여 파리를 저항 없이 독일군에 넘겨주고 항복했다(6월). 휴전조약 성립과 함께 남프랑스에 친독일계 비시 정권이 들어섰다. 독일은 알자스, 로렌을 차지했으나 공식적으로 이 지역을 합병하지는 않았고 북부 프랑스를 독일군 점령 지역으로 만들었다.

이 무렵 이탈리아가 영국과 프랑스에 대항하여 참전했다(6월). 독일, 이탈리아, 일본은 삼국동맹을 체결했다(1940년 9월). 이탈리아는 발칸 방면과 아프리카로 진출했으나 고전을 면치 못했다. 히틀러는 이탈리아를 도우러 나섰다가 유고슬라비아와 그리스를 공격하여 발칸까지 지배하게 되었다.

히틀러는 영국과의 협상을 기대했으나 윈스턴 처칠은 영국민에게 히틀러에 대항할 것을 독려했다(1940년 5월). 히틀러는 영국 침공을 명령했다(7월). 미국은 영국의 패배를 방관하지 않겠다고 선언했다(7월 19일). 히틀러는 소련 공격 계획을 세웠다(1941년). 독일, 이탈리아, 일본이 3자 협상을 체결했으나(9월 27일), 신통치 않았다. 프랑스와 스페인을 독일 편으로 끌어들이려는 히틀러의 시도도 실패했다.

독소불가침조약을 맺은 소련이 핀란드, 루마니아, 불가리아, 보스포루스해협과 다르다넬스해협 통치권을 요구하고, 헝가리, 유고슬라비아, 서폴란드, 발트 해 연안이 소련제국에 포함되어야 한다고 주장했다. 그러자 히틀러는 소련을 공격하기 시작했다(1941년 6월). 독일 병사들은 이 전쟁의 목적이 서구 문명을 아시아적 야만성으로부터 보호하고, 유대인의 사주를 받은 볼셰비즘을 없애는 것이라고 교육받았다. 나치 친위대는 소련의 유대인을 제거하여 '볼셰비즘의 생물학적 뿌리'를 근절하라는 임무를 부여받았다.

1941년 이후 유럽 거의 대부분이 나치 전시 체제에 편입되었다. 나치의 동, 서유럽 점령 지역은 독일 경제의 일부로 편입되어 나치 정부가 통치했다. 독일의 동맹국들도 통치는 동맹국 정부가 했으나 독일 전시경제에 통합되었다. 헝가리가 대표적 예였다. 1942년 봄부터 나치 점령지에서 사실상 노예나 다름없는 수백만 노동자를 이동시키려는 극단적 작업이 자행되었다. 자유로운 상품 시장은 사실상 폐쇄되었다.

한편 독일이 폴란드를 공격한 이래로 미국 내에서 독일과 이탈리아에 반대하는 여론이 높아갔다. 영국마저 나치 독일과 소련에게 굴복하면 나치의 다음 목표는 어디란 말인가. 루스벨트는 군수공업을 급히 확장하고 영국을 적극 지원하기 시작했다(1940년 6월부터). 무기대여법Lend-Lease Act을 제정하여 영국 편에서 싸우는 모든 나라에게 군수품과 식료품을 공급하기 시작했다. 히틀러는 미국과의 정면 대결은 피하고자 했다.

나치 독일 패망하다

독일의 공격력이 약해졌다(7월 말부터). 소련군이 모스크바 근처에서 반격에 성공했다(12월). 히틀러는 소련의 붉은 군대를 포위하는 데 실패했다(1942년). 소련군이 스탈린그라드 북쪽을 공략했다(11월). 독일군 9만 명이 전쟁 포로가 되었다(1943년 2월). 살아남은 자는 거의 없었다. 대부분 얼어 죽거나 굶어 죽었다. 히틀러 신화가 빛이 바래기 시작했다. 이제 독일에는 공포 분위기가 조성되고 있었다.

　나치 특수부대는 유대인을 인체 실험실과 가스실로 보내 대량 학살을 시작했다(1941년 가을부터). 히틀러의 인기가 절정에 달한 1940～1941년에 독일 내에서 그에게 저항하는 운동은 의미가 없었다. 그러나 1942년부터 상황이 달라졌다. 독일에서 나치에 저항하는 다양한 세력(공산주의자, 기독교 사회주의자 등등)이 서로 분열된 채 히틀러 암살을 여러 차례 시도하였다. 이 반정부 세력들 가운데 바이마르공화국 시대로 돌아가기를 바라는 사람은 거의 없었다. 이들은 바이마르공화국이 민주주의란 이름으로 무식한 대중에게 너무 많은 영향력을 부여했고, 그 바람에 나치 정권 같은 잘못된 정부가 탄생했다고 생각했다.

독일은 동부전선에서 크게 패했다. 미국과 영국의 연합군이 노르망디에 상륙했다(1944년 6월 6일). 연합군은 공중 공격도 강화했다. 아름다운 독일 도시들이 잿더미로 변해갔다. 계속되는 폭격으로 인해 1944년 여름부터는 교통이 마비되고 물자 생산도 거의 중단되었다. 소련군은 폴란드를 거쳐 독일의 심장부 엘베 강 유역에서 미군과 만났다(4월 26일). 히틀러는 마지막 회의를 주재하고(4월 22일) 에바 브라운Eva Braun(1912~1945년)과 결혼한 다음(4월 29일), 카를 되니츠Karl Dönitz(1891~1980년) 제독을 독일 수상 겸 국방부 장관으로 임명하는 서안을 작성했다. 그러고는 다음 날 부인과 함께 자살했다. 남아 있던 독일군 지휘관들은 무조건 항복했다(5월 7일). 되니츠 제독은 가능한 한 전쟁을 연장시켜 300만여 독일인이 소련군에게서 벗어날 수 있게 돕다가 체포되었다(5월 23일). 연합군이 독일의 통치권을 공식적으로 인수했다(6월 5일).

8장

2차 대전 이후의 독일

2차 대전 초기에 연합국은 독일의 무조건 항복만을 염두에 뒀지만 독일 패망 후 소련과 견해 불일치로 신경전을 벌였고, 그 과정에서 독일의 분단이 굳어졌다.

아데나워는 서독을 확고한 서유럽 그룹의 일원으로 정착시키고자 했고, 서독과 프랑스의 화해를 성사시켜 새 유럽이 탄생할 기초도 마련했다.

서독 경제가 회복되는 데에는 마셜원조보다 독일 본래의 잠재력이 훨씬 더 결정적인 역할을 했으며, 서독은 1960년부터 미국에 이어 두 번째 경제 대국으로 성장한다. 반면 동독은 1948년부터 계획경제, 농업 집산화 등을 추진하여 시장경제 기반을 무너뜨렸고, 주민의 서독 이주를 막기 위해 베를린장벽을 세웠다. 동독의 계획경제가 파탄 나고, 설치 30년 만에 베를린장벽이 무너진 후 독일은 재통일되었다.

얄타회담

2차 대전 초기에 미국과 영국은 군사적 승리가 급선무였다. 그래서 처음에는 스탈린의 참전 목적이나 전후 문제 처리에 관해서는 서로 논의를 회피했다. 소련이 참전할 때 스탈린은 연합국과 군사동맹만 맺었고 전후 관련 임무는 맡지 않았다. 1942년 무렵만 해도 미국과 영국은 아직 불안정하고 미묘한 소련의 입장을 활용해볼 시도를 하지 않았다. 소련에게 복잡한 참전 조건을 달면 스탈린이 히틀러와 타협할까 우려했던 것이다. 또한 연합국 정책은 연합국의 결속 강화를 위해 독일에게서 무조건 항복을 받아낸다는 것에 초점이 맞춰져 있었다.

하지만 전후 문제 논의를 마냥 미뤄둘 수만은 없었다. 처칠 Winston Leonard Spence Churchill(1874~1965년), 루스벨트Franklin Roosevelt (1882~1945년), 스탈린Joseph Stalin(1879~1953년)이 이란의 수도 테

헤란에 모였다(1943년 말). 이들은 독일을 완전히 꺾는다는 방침을 재확인하고 이에 적절한 군사전략을 모색했다. 처칠의 생각은 미국과 영국 군대가 발칸 지역으로 들어가 이탈리아와 전투함으로써 독일을 간접 공격하여 전투를 마무리한다는 것이었다. 반면 스탈린의 의견은 미국과 영국은 프랑스 전선 쪽을 정면공격하는 게 더 좋다는 쪽이었다. 스탈린 전략에는 두 가지 의미가 있었다. 첫째, 북-남 전선을 따라 소비에트와 미-영 군대가 함께 독일을 공격한다는 것, 둘째, 동유럽 해방 임무는 소비에트 군대 단독으로 수행한다는 것이었다. 루스벨트가 스탈린 의견에 동의했다. 전쟁 기간 동안 전반적으로 루스벨트는 스탈린의 요구를 가능한 한 모두 들어줄 태세였다.

1945년 2월에 세 사람이 얄타(남러시아 흑해 연안)에서 다시 만났다. 이 무렵 소비에트 군대는 폴란드, 불가리아, 루마니아, 헝가리, 유고슬라비아 일부, 체코슬로바키아 대부분을 점령하고, 베를린으로부터 100마일 이내에 있는 지역까지 근접해 있었다. 반면 미-영 연합군은 아직 라인 강을 넘지도 못했고, 미국은 아직 일본을 무찌르지 못한 상태였다. 소련의 위상이 높아지고 미국은 밀리는 듯했다. 건강이 악화된 데다 조바심이 난 루스벨트는 할 수 있는 게 거의 없었다. 루스벨트가 스탈린의 평화 실현 의지를 믿은 것은 사실상 도박이었다. 회담에서 이들은 독일을 분할 점령하고, 독일로 하여금 소련에 두둑한 배상을 하게 한다는 등에 합의했다.

유럽자문위원회European Advisory Commission는 미국, 영국, 소련이 독일을 세 지역으로 분할, 점령 통치한다는 결정을 내렸다(1944년). 이후 프랑스도 이에 가담했다. 프랑스가 점령할 지역과 관련한 사항을 추가하기 위해 유럽자문위원회의 제3의정서 서명이 이루어졌다(1945년 7월 26일). 이로써 독일 분할이 기정사실화되었다. 수도 베를린은 소련의 점령 지역 복판에 있지만, 전국 점령 구획과는 별도로 다시 연합국이 네 구역으로 분할하여 점령하기로 했다.

전후 당면 과제는 긴급 구호와 재건이었다. 구호활동은 대부분 미국이 수행했다. 독일의 항복은 무조건적이었으므로 향후 독일에 관한 모든 문제는 연합군 소관이었다. 독일과 그 위성국에 평화를 정착시키고 민간인에게 긴급 구호 식량을 제공하는 일도 연합군이 맡아야 했다. 또한 구호는 국제연합 구호부흥사업국UNRRA을 통해서도 이루어졌다.

포츠담회담과 전후 독일

독일을 패망시킨 후 독일을 어떻게 할 것인가. 이를 결정하기 위해 포츠담회담이 열렸다(1945년 5월). 회담에서 미국·영국·소련은 군사적 분할 점령 기간을 연장하기로 했다(1945년 7월). 이것은 단지 일시적 편의에서일 뿐 이들에게 독일을 영구히 분할할 생각은 없었다. 나치 전범의 재판 회부, 나치 당원의 공직 사퇴, 민주적 정당과 노조 허용, 언론과 종교의 자유 존중, 주Land 정부 운영은 연합국 관리하에 독일인이 스스로 한다는 등의 원칙도 정했다.

소련은 이미 독일의 군수산업 및 중공업을 해체하고, 승전국과 나치 침략 희생자에 대한 보상, 독일 생산 설비에 대한 엄격한 통제, 강력한 탈나치화Entnazifizierung 계획 등을 실행에 옮긴 상태였고, 포츠담회담은 이를 묵과했다. 소련은 소련 점령 지역 내 독일의 공장 설비와 철도까지 뜯어내 배상금 조로 소련으로 가져갔다. 소련과 서방 연합국 간 견해 불일치로 신경전이 벌어졌다. 이로 인해 연합군은 연합군 측 점령 지역에 자치권을 점점 더 많이 허용하기 시작했다. 이 과정에서 서방 연합군이 점령했던 서독(독일연방공화국 BRD)과 소련군이 점령했던 동독(독일민주공화국DDR)으로의 분단이 굳어졌다.

전후, 독일의 국경은 달라졌다. 얄타회담 때 미국·소련·영국은 소련과 접한 폴란드 동부 영토를 소련 영토로 편입시키는 대신, 폴란드 서북 국경을 서쪽으로 더 밀어 독일 땅 일부를 폴란드에 주기로 합의했다. 그러나 이 회담에서 독일과 폴란드 사이의 국경선을 확정하지는 못했다. 미국-영국과 소련 간 의견 차이 때문이었다. 같은 해 8월 포츠담선언에서 미국·소련·영국은 오데르, 나이세 두 강의 동쪽에 있는 옛 독일 땅Oder-Neisse Line을 폴란드 통치 아래 두기로 했다. 이 과정에서 폴란드에 거주하던 독일인 1,300만 명이 독일로 추방되었다.

전후 서방세계와 서방 점령 지역의 독일

1945년 이후 독일만이 아니라 유럽 전역에서 기존의 이념이나 옛 지도자가 불신당하고 변화를 원하는 움직임이 일었다. 이에 부응하여 새로운 정당 조직과 지도자들이 등장했다. 서독, 프랑스, 이탈리아 등지에서는 공화국republics이, 벨기에, 네덜란드, 노르웨이에서는 입헌군주constitutional monarchs가 복구되었다. 여러 정당들이 의회 내에서 연정coalition을 구성하여 민주주의 정부가 다시 뿌리내리고, 민족자결주의, 시민권과 개인의 자유 이념이 확산되었다.

통합 유럽을 향한 움직임도 생겨났다. 즉 유럽이 세계에 영향력을 미칠 수 있고, 또한 유럽 나라가 서로 전쟁하는 일을 피하기 위

중부 유럽 경제사

해 자유롭고 서로 긴밀히 연계되는 정치, 경제 체제를 만들려는 움직임이 시작된 것이다. 이들 가운데 진보적 가톨릭과 기독교민주당 Christian Democrats이 두드러졌다. 가톨릭 유산을 공유하는 기독교민주당은 특히 '유럽 만들기building Europe'에 몰두했다. 이탈리아의 데 가스페리Alcide De Gasperi(1881~1954년, 총리 재임은 1945년부터 7년간), 프랑스의 드골Charles de Gaulle(1890~1970년)처럼 서독에서도 아데나워Konrad Adenauer(1876~1967년)가 이끄는 진보적 가톨릭 정당인 기독교민주당이 변화를 주도했다. 서방과의 협조 체제와 민주주의를 추구하는 기독교민주당은 1세대 안에 서독 다수당이 되었다. 이들은 권위주의, 편협한 민족주의 등을 거부했다.

당시 독일을 포함한 모든 유럽 국가의 최우선 목표는 경제성장이었다. 사람들은 더 나은 미래에 대한 희망을 갖고서 낮은 임금에도 열심히 일했다. 1920년대 말에 유럽에서 많은 소비재 상품이 발명되거나 완성되었지만, 그런 제품의 구매력은 존재하지 않았다. 1945년에도 냉장고, 세탁기, 자동차 등은 희귀한 사치품이었다. 하지만 이에 대한 엄청난 잠재수요는 존재했다. 마셜플랜과 한국전 이후 1960년대 말까지 유럽 경제는 급성장했다. 서유럽 나라들은 보호주의를 버리고 시장 통합, 즉 "공동시장Common Market"을 추구하기 시작했다.

한편 독일을 점령한 서방 점령국들도 애초에는 소련처럼 독일에게 실물 배상을 징수하고 점령 지역 내 독일의 대규모 공업 시설 철거를 시도했었다. 그러나 서유럽 경제 부흥을 위해 독일 경제를 살리는 것이 필수라는 걸 깨닫고 방침을 바꿨다. 이와 함께 독일의 생산 촉진을 위한 노력이 시작되었다(1946년). 미 군정이 최초로 서부 점령 지역에 원조를 제공했으며, 미국 점령 지역과 영국 점령 지역의 경제는 통합되었다(1947년).

전쟁 후 인플레이션이 폭발하고 암시장이 등장했다. 서방 연합국은 점령 지역의 경제 회복을 촉진하기 위해 독일의 통화개혁을 단행했다(1948년 6월). 통화개혁 당시 독일사회민주당^SPD^(이하 사민당)은 사회주의 계획경제를 주장했다. 그러나 재무장관 에르하르트 ^Ludwig Erhard^(1897~1977년)는 나치의 국가 개입주의 경제를 종식시키고 자유시장경제를 지향했다. 에르하르트는 경제적 자유가 있어야만 정치, 사회적 자유가 번성할 수 있고 자본주의가 더 효율적이라고 믿었다. 개혁 첫 단계로서 통화개혁과 함께 배급제와 가격통제 등을 폐지했다(1948년). 사회복지망은 그래도 유지했다.

서독에서 주 의회 대표로 구성된 경제평의회가 만들어졌다. 미국과 영국의 통합된 점령 지역에 프랑스 점령 지역도 합해졌다(1949년 4월). 의회 구성과 함께 새로운 국가를 위한 새 헌법인 기본법^Grundgesetz^이 만들어졌다. 이때의 헌법 논의에서 독일인은 '헌법 ^Verfassung^'이란 용어 사용을 꺼렸다. 소련이 점령한 지역과 분리하여 일을 추진할 경우 통일이 불가능해질까 우려한 것이다. 미 점령군 군정장관 클레이^Lucius D. Clay^(1897~1978년)는 서방 측 연합국 결정이 수행되어야 함을 강조했다. 독일과 서방, 양측은 용어 문제에서 타협하여 헌법 대신 기본법이란 용어를, 제헌의회 대신 의회평의회 ^Parlamentarischer Rat^란 용어를 쓰기로 했다. 기본법은 외국군 점령하에 제정된 법으로, 통일 헌법이 제정될 때까지만 효력을 발생하는 한시법적 성격을 갖는다. 이를 헌법이라 하지 않고 기본법이라고 함으로써 훗날 독일이 주권을 회복한 뒤 민족자결 원칙에 따라 헌

중부 유럽 경제사

법을 제정할 수 있음을 천명한 것이다. 의회와 연합국이 이를 승인하고, 기본법에 기초한 독일연방공화국이 탄생했다(1949년 5월). 기본법(즉 서독 헌법)은 국민의 직접선거와 비례대표제로 선출되는 하원의 권한을 크게 강화했다. 그러나 국민투표의 역할을 대폭 감소시키고 5퍼센트 미만을 득표한 정당은 의석을 차지할 수 없게 했다. 바이마르공화국 당시에 군소 정당의 난립 때문에 컸던 부작용을 없애기 위해서였다.

분할 점령된 독일을 하나로 만들기 위해 독일인끼리 몇 차례 회의를 했다. 하지만 소련의 점령 지역에서 토지개혁, 기업과 은행 국유화 등이 이루어졌고 이로 인해 독일 통합은 사실상 불가능하게 되었다. 미국은 독일이 외부의 간섭을 받지 않는 자유로운 나라로 운영될 것을 강조했고, 영국은 서독을 인정하고자 했다. 프랑스는 이에 계속 반대하는 입장이었다. 그러다가 미국 의회에서 마셜플랜이 통과되었다(1947년).

서독과 마셜플랜

서독은 마셜플랜(유럽부흥계획^{ERP})에 통합되었다. 마셜플랜은 1948~1951년에 미국이 서유럽 14개국에 약 120억 달러(요즘 가격으로 약 1,000억 달러)를 공여와 대부 형태로 제공한 것을 말한다. 이것은 무상 공여 91억 9,940만 달러, 대부 11억 3,970만 달러, '조건부' 원조 15억 4,290만 달러로 구성되었다. 이 조건부 원조는 1948년의 서유럽 내 지불 협약을 뒷받침하기 위한 것이었다. 흑자국이 적자국에 외환을 공여하고 대신 미국에서 같은 액수의 보상을 받는 것이다. 이것은 사실상 서유럽 국가 간 무역을 촉진하기 위한 지불이었고 양도할 수 있었다. 마셜 원조의 약 15퍼센트는 기계와 운송 장비에 투자되고 나머지는 원자재와 농산물 구입에 사용되었다. 물론 나라마다 특징이 있었다. 영국이나 서독은 자본재 수입의 비중이 낮고 프랑스는 높았다. 나라마다 마셜플랜 수입의 구성이 달랐다. 이것은 마셜플랜의 경제적 성과를 평가하는 데 중요한 의미를 갖는다.

흔히 서독 '라인 강의 기적'이 마셜플랜 덕분인 양 언급되곤 한다. 하지만 서독 경제의 재건에 투자하는 것이 마셜플랜의 주목적은 아니었다. 당시 독일 경제가 회복되는 데는 이 원조보다 독일 본래의 잠재력이 훨씬 더 결정적 역할을 했다. 독일의 1948년 불변가격 자본 스톡은 전시의 파괴를 제하고도 1936년보다 10퍼센트 높은 수준이었다. 이는 독일 내에서 1930년대 말 이래 있은 투자 덕분이었다.

전후 독일에는 양질의 노동력도 많았다. 마셜 기금 가운데 패전국 독일이 받은 금액이 가장 많았을 것 같지만 실은 영국, 프랑스에 배분된 액수가 독일보다 각각 2배 이상이었다. 영국에 가장 많이 할당되고, 그다음이 프랑스, 이탈리아 등의 순서였다. 원조금이 경제 규모가 아니라 무역에서 발생하는 달러 적자의 규모에 따라 배분되었기 때문이다.

서독에서 시장경제가 회복되는 시발점은 마셜플랜 시행보다는 통화개혁(1948년 6월) 때부터였다. 통화개혁이 이루어진 이후 배급제 대신 화폐임금이 시행되면서 이윤 추구의 유인이 생겼다. 생산성이 높아지고 수출 환경도 좋아졌다. 서독의 수출은 1948~1952년에 5배 증가했다. 증가분 중 90퍼센트가 금속, 기계, 운송 장비

등 공산품이고 수출 상대국은 특히 서유럽 국가들이었다.

이때 서독이 1차 대전 이전에 유럽 무역에서 했던 역할을 되찾았다. 유럽이 미국에서 자본재 수입을 할 필요가 없어지면서 유럽의 달러 부족 사태가 호전되었다. 유럽 통화들의 달러 태환도 가능해졌다(1958년). 서독의 통화개혁이 오히려 마셜플랜 성공의 전제조건이었던 것이다.

그렇다면 마셜플랜은 서독이나 서유럽의 경제 회복에 기여도 하지 못한 채 단지 냉전 시기에 미국이 소련의 팽창을 막고자 추진한 정치, 외교적 도구에 불과했던가? 결코 그렇지 않다. 마셜플랜 원조는 유럽 총투자액의 10퍼센트 정도로 규모는 중요하지 않다. 하지만 1차 대전 이후 전후 문제 처리(베르사유조약)가 연합국의 독일에 대한 복수심에 입각한 서툰 것이었음에 비추어볼 때, 마셜플랜이 추구했던 목표들, 즉 생산 증대, 무역 확대, 금융 안정, 각국 간 경제협력 등은 의미가 컸다. 마셜플랜의 이런 노력은 국제 협력을 이끌어 결국 세계경제 회복에도 도움을 주었다.

아데나워 연립정부: 서방세계를 향한 노력

서방 연합국 점령 지역에서 처음 선거가 실시되었다. 이 선거에서 중도 우파 정당들의 연합인 기독교민주당^{CDU}(이하 기민당)이 승리했다(기민당 30퍼센트, 사민당 29.2퍼센트 득표). 하원 선거(1949년 8월)에서 기민당, 기독교사회당^{CSU}(이하 기사당), 사민당, 자유민주당^{FDP}(이하 자민당)이 70퍼센트를, 그 외 8개 소규모 정당이 나머지를 득표했다. 기민당은 사유재산권과 자유시장경제 원칙을 존중하면서도 가난한 자에 대한 부자의 책무를 강조했다. 소규모 정당인 자민당은 반사회주의, 반교권주의를 표방했다. 사민당의 노선은 반공주의, 광범한 국유화, 사회주의적 계획경제였다. 기본적으로 기민당이나 사민당은 자유주의 성향이 강했고, 사민당은 사회주의 요소가 약했다. 또한 기민당은 기독교적 색채가 미미했다. 따라서 이들 정당 간 노선 차이는 사실상 그다지 크지 않았다.

새로 출범한 아데나워 연립정부는 기민당, 기사당, 자민당, 독일당^{DP}으로 구성되었다. 기민당의 지도자 콘라트 아데나워는 라인란트 출신으로 프로이센 군국주의를 싫어했다. 바이마르공화국 당시 쾰른 시장을 지낸 독실한 가톨릭 신자로서 사회주의자도 정통파 자유주의자도 아닌, 복지국가 원칙에 충실한 인물이었다. 아데나워는 나치와 유대인 학살을 경험하여 서독을 확고한 서유럽 국가 그룹의 일원으로 정착시키고 싶어했다. 이러한 정책 방향은 젊은 층의 호응을 얻었다. 1955년까지 서독은 아직 완전한 주권국가가 아니었다. 하원을 통과한 결의안도 연합국 최고사령관의 서명을 받아야 유효했다. 당시는 공산당의 위협도 심각했다.

아데나워는 수상 재임 중에 서독과 프랑스의 화해를 성사시켜 새로운 유럽이 탄생할 기초를 마련했다. 아데나워는 '유럽 군대 European Army'란 개념을 주창하여(1949년) 유럽 나라들의 군사적 협력 속에서 서독의 입지를 안정시키고자 했다. 또한 연합국과 페터스베르크협약^{Petersberg Agreement}(1949년 11월)을 맺어 군수품 생산 공장 철거작업을 중단하고 루르 지방 공동관리에도 참여했다. 이외에도 유럽석탄철강공동체^{ECSC}(프랑스, 베네룩스 3국, 이탈리아, 서독)를 만들자는 프랑스 외무장관 쉬망^{Robert Schuman}(1886~1963년)의 제안도 받아들이는 등, 더 안전한 유럽을 만들기 위해 서방 유럽 나라들에 기꺼이 협조했다(1950년). 사민당은 이를 프랑스 자본가들의 음모라며 비난했다.

아데나워는 서독이 완전한 주권국가가 되려면 북대서양조약기구NATO 회원이 되어야 한다고 확신하고 이를 적극 추진하고자 했다. 서독의 NATO 가입과 재무장이 서독 정치의 핵심 사안이 되었다. 사민당은 재무장 계획에 반대했다. 서독이 NATO 회원국으로서 재무장을 하면 통일이 사실상 불가능해진다는 것이 그 이유였다. 군대에 입대할 의사가 없는 젊은 층은 사민당의 이 같은 주장을 선호했다. 사민당은 서독이 NATO뿐만 아니라 유럽방위공동체European Defense Community 내에서 활동하는 것도 기본법에 어긋난다고 주장했다. 그러려면 서독이 재무장해야 하고 재무장하려면 헌법(즉 기본법)이 개정되어야 했다. 헌법 개정에는 상, 하원 양쪽에서 모두 3분의 2 이상 지지가 필요했으므로 사민당의 협조가 반드시 필요했다. 아데나워는 대통령을 설득하여 연방 헌법재판소 전문가에게 법해석 요구를 철회하게 했다. 그러고는 일단 하원 과반수 찬성으로 방위조약을 수정했다(1953년 3월). 이후 9월 선거에서 아데나워는 하원 의석 3분의 2를 확보하여 헌법 개정에도 성공했다.

서독 재무장 문제는 국제정치에서도 중요한 이슈였다. 당시의 냉전 상황을 고려하면 사민당의 주장은 비현실적이었다. 이때 스탈린이 독일 통일의 가능성과 통일된 독일이 중립국으로서 독자적 군대를 창설할 수 있다는 식의 말을 했다(1952년 3월). 스탈린의 이 같은 발언은 사민당과 재무장 반대자들의 관심을 끌었다. 그러나 아데나워는 스탈린의 제안을 거절하고 친서방 정책을 고수했다. 아데나워는 독일이 중립국이 될 경우 독일의 소련 의존도가 높아지거나 독일이 공산화될 가능성을 우려했다. 결국 아데나워의 판단이 옳았다. 미국, 영국, 프랑스 역시 독일이 소련의 영향을 받는 중립국이 되는 것을 원치 않았다.

서독의 재무장에 계속 반대하던 프랑스가 마침내 태도를 바꿨다. 서독은 NATO 회원국이 되었다(1955년 5월 9일). 점령 규약occupation statute이 종결되고(1955년 5월 1일) 서독은 완전한 주권국가가 되었다. 일반조약Generalvertrag(1954년 10월 23일)에 따르면 서방 측은 자유민주적 헌법을 가진 서독이 유럽공동체에 통합되고 독일 통일이 실현되는 일에 협동할 의무를 졌다. 이는 독일 통일에 관해 연방 헌법재판소 상위에 점령 권력이 상존했다는 뜻이기도 했다. 따라서 서독의 완전한 주권 회복은 사실상 제한적 회복이었다.

예컨대 자르 지역의 주민 투표를 통해 그 지역을 유럽연합 관할 자치 구역으로 할지를 정하자는 제안이 나왔을 때 아데나워는 이를 받아들였다. 이 제안 수용 때문에 아데나워는 반민족적이라는 비난을 무릅써야 했다. 그러나 그것은 독일에 대한 프랑스의 의혹을 잠재우기 위한 아데나워의 선택이었다. 자르 주민 가운데 압도적 다수가 이에 반대표를 던졌고, 자르는 다시 독일에 속하게 되었다. 프랑스도 이를 받아들였다.

서독은 NATO 가입을 위해 이와 관련한 방위 개정을 거쳐 국민 개병제를 도입했다. 군 복무 기간은 짧고 대체 근무가 가능했다. 여성에게는 병역의무를 부과하지 않았다. 아데나워와 국방부 장관 슈트라우스Franz Josef Strauss(1915~1988년)는 새로 창설한 독일 군대가 최첨단 무기를 갖추되, 원자력 무기는 독일 자체 소유가 아닌 미국 통제권에 두기를 원했다. 이는 핵무장 반대운동을 촉발했다. 전후 서독에서 일어난 이 최초의 대중적 정치 운동에 사민당, 노동조합, 평화주의자, 급진주의자들, 공산주의자들이 가담했다. 그러나 소련의 핵 위협에 대처할 필요성이 커짐에 따라 소수 이상주의자만이 이 운동에 계속 머물렀다. 이들의 정치적 영향력은 별로 크지 않았다.

1950년대 내내 독일 경제는 연 8퍼센트의 높은 성장률을 유지했다. 사민당은 사회주의경제 논리를 포기했다. 노동자 평균임금은 1950~1965년에 250퍼센트 증가했다. 서독은 OEEC(1949년), GATT(1950년), IMF(1952년)에 가입하고, 1952년에 무역수지 균형을 이루었으며 1960년부터 미국에 이어 두 번째 경제 대국으로 성장했다. 독일연방은행이 독일의 정식 중앙은행이 되고(1957년) 마르크화는 미국 달러와 1:1로 교환되기 시작했다(1958년부터). 1949년에 16개 노조가 독일노동조합연맹DGB을 구성했다. 한때 주요 산업의 국유화, 계획경제, 산업민주주의 등을 요구했던 이들의 주장은 1963년부터 온건해지고 이념보다 현실 문제로 옮아갔다.

서독 정부는 예전 독일제국이 진 해외 부채를 수용했다. 이로써 전쟁배상금 문제를 종결짓고(1953년 2월), 국가신용을 회복했다. 또한 서독은 독일이 유대인에 저지른 끔찍한 범죄행위에 대한 독일인의 책임을 기꺼이 인정했다. 독일인과 유대인 간 화해 도모를 위해 나치 정권 희생자들에게 최대한 보상한다는 법안을 통과시켰다. 신나치주의 집단SRP의 정치 세력화 시도는 헌법재판소와 여러 정당이 적극 개입하여 수포로 돌아갔다. 독일공산당의 활동도 위헌 판결을 받고 법으로 금지되었다. 공무원 가운데 나치 당원 출신이 남아 있긴 했으나 이들의 존재가 서독 체제의 발전을 저해한 흔적은 별로 눈에 띄지 않았다. 히틀러의 제3제국과 관련된 법조인 문제는 해결되지 않은 채 남아 있었다. 비교적 최근에 출간된 베른하르트 슐링크^{Bernhard Schlink}(1944년~)의 소설 『책 읽어주는 남자^{Der Vorleser}』는 이와 관련된 문제를 다룬 수작이다.

2차 대전 후 서독 경제체제의 탈바꿈

2차 대전 후 서독 경제는 전후 서유럽 나라들처럼 모든 국가 개입적인 요소를 자유무역 체제에 통합하여 조화시키는 쪽으로 나아갔다. 예컨대 서독 내 영국 점령 지역에서 영국은 기업 운영에 노동자의 의무 참여 제도를 도입했다. 아데나워 수상과 노동조합이 이 제도에 서로 합의한 후 이는 하나의 모형이 되었다(1951년 1월). 또한 기업법은 기업운영위원회를 도입했다(1952년 10월). 기업운영위원회는 개인사, 노동조건, 노동시간에 관한 결정에 참여할 권리, 기업 경영 관련 정보에 접할 권리 등을 가졌다. 1960년대 말부터 소득정책 계획 제도가 도입되었다. 노동자와 사용자의 대표, 정부 및 중앙은행이 임금정책 지침 관련 정보를 서로 공유하는 협력 체제도 시행되었다. 1976년부터 노동자의 참여가 확대되어 2,000명 이상 고용한 650개 기업의 이사회에서 노동자는 사용자와 동일한 대표성을 얻게 되었다.

경제 발전을 위해 국가는 투자, 연구 개발 지원, 세금 면제, 보조금 지급 등의 지원을 확대했다. 투자 지원법을 제정하여(1952년 1월) 이를 근거로 석탄, 철강, 전기, 철도 산업에 10억 마르크를 지원했다. 민간 기업에는 세금 면제 형태로 280억 마르크를 제공했다(1949~1957년). 독일의 주택법은 6년 안에 180만 채의 아파트를 건설하도록 명시했다(1950년 4월). 중산층을 육성하기 위해 공공 신용과 세금 면제를 통해 중소기업을 지원했다. 민간 부문은 거의 400억 마르크 규모의 정부 지원을 받았다(1949~1957년). 공공투자 계획 및 활성화를 위해 안정화법이 도입되고(1967년), 25억 마르크의 특별 투자예산이 편성되어 지출되었으며(경제부 장관 카를 실러^{Karl Schiller}, 1911~1994년), 투자에 대한 과세도 줄였다. 경기 침체 시 국가가 개입하기 위해 소득세의 3퍼센트로 자금을 조성하여 경기변동대처이사회^{Counter-Konjunkturrat}도 만들었다.

이미 전쟁 중에 정부는 GDP의 30~40퍼센트를 통제하는 가장 중요한 경제주체였다. 두 차례 대전과 냉전으로 군비 지출이 천문학적으로 증가했다. 서독이 사용한 국방 연구 개발비는 예산의 10~20퍼센트였고, 정부가 지원하는 연구 개발은 시장경제 총연구 개발의 거의 절반이었다. 총지출액은 국민총생산의 2~4퍼센트였다. 서독의 공공 부문은 대부분 나치 정권 시절부터 비롯되었다. 2차 대전 중 독일 합자회사 자본의 거의 절반이 직, 간접적으로 공기업 자본이었다. 사회민주주의자는 물론 기민당까지도 이를 추진했다. 헤센 주에서 새로운 주 헌법 41조에 따라 169개 민간 회사의 국유화가 가능해졌다. 영국, 프랑스 점령군의 동의를 얻어 만들어진 이 법은 국민투표에서 압도적 지지를 받았다. 산업 지원을 위해 국영 재건은행^{Kreditanstalt für Wiederaufbau}도 만들었다(1948년).

정부는 교통, 도로, 수운, 항공 부문을 소유, 운영했다. 전화, 전신, 우편, 라디오와 TV, 대부분의 유틸리티 부문도 국유화되었다. 정부는 지주회사를 통해 몇몇 기업도 통제했고 1960년대 말까지 650개 기업의 전부 또는 일부를 연방 정부가 소유했다. 가장 큰 정부 소유 기업이 연방 우체국^{Bundespost}과 연방 철도^{Bundesbahn}였다. 이

두 회사의 고용 규모는 거의 9만 명에 달했고, 그 산하의 주, 시 정부가 수십만을 고용했다. 1980년까지 전체 노동력의 12퍼센트(200만 명)가 공기업에서 일했다.

서독에서 기업 국유화가 확대되었다고 해서 서독 경제가 소련 경제처럼 되어갔다는 뜻은 아니다. 서독의 국영기업들은 정부의 강제적인 계획지표에 따라야 하는 소비에트 방식이 아니라 시장 규칙에 따라 움직였다. 서독 정부의 시장 개입 목적은 장기적으로 자원 배분의 효율성을 더 높이기 위한 것이었다. 서독의 프라이부르그학파는 정부 규제 개념을 신자유주의 시장경제학과 연결시켰고, 쾰른학파는 사회적 시장경제Sozialmarktwirtschaft란 용어를 만들었다. 에르하르트는 경쟁과 효율을 추구하는 자유시장 원칙을 사회정책과 결합시켜 모든 사람을 위한 복지를 추구한다는 사회적 시장경제 개념을 채택했다.

2차 대전 후 서독을 포함한 서유럽 나라 대부분이 경제의 시장 기능은 유지하면서도 강력한 소득재분배 정책을 추진하는 복지국가를 본격적으로 지향했다. 최초의 복지국가는 1883년 독일제국에서 비스마르크가 모든 공업 노동자를 대상으로 강제적 건강보험제도를 도입함으로써 시작되었는데, 이는 당시 유럽의 다른 나라들에도 큰 영향을 미쳤다. 대전 이후 GDP 대비 공공 지출 비중이 급증했다. 1970년까지 서독에서 평균 세율은 GDP의 20~25퍼센트였다.

서방세계의 복지국가는 부자에게서 세금을 거둬 가난한 자에게 이를 재분배하는 방식이라기보다는 개인의 돼지저금통을 적절히 관리하는 기능을 했다. 즉 보험, 연금, 교육 제도 운영 방식을 통해 국가가 적극적으로 나서서 개인의 일생 동안의 소득을 적절히 조정한 것이다. 연금은 개인의 소득을 개인 인생의 중년에서 노년으로 재분배하고, 교육은 중년에서 초년으로 소득을 재분배했다. 복지국가를 지향하는 나라들이 시행한 사회복지 지출의 반 이상이 이처럼 개인의 생애 소득을 재분배한 부분에 해당했다. 개인은 공적 기관에 비해 정보가 제한되어 있어 어떠한 보험제도로도 불확실성과 위험에 적절히 대처하기 어렵다. 그러므로 궁극적으로 실패할 가능성이 높은 비보험자의 자녀 양육과 건강 위험에 대한 대비를 국가적 조직이 지원한 것이다. 기본적으로 경제의 시장 기능은 유지하면서도 국가가 시장의 산출에 개입하고 이를 수정하는, 이 같은 복지국가의 재분배 체계는 소득 양극화를 완화하는 데 기여했다.

동독

소련은 포츠담협정을 무시하고 독일 내 소련 점령 지역의 재화, 자원, 기술을 약탈하기 시작했다. 또한 소련은 루르 지방 관할권을 얻기 위해 독일 전체를 공동관리하자는 제의를 하기도 했다. 서방 측 연합군은 이를 받아들이지 않았다. 소련 군정하에서 점령지역 내 4개 정당(독일공산당^{KPD}, 사민당, 기민당, 자유민주당^{FDP}) 설립이 인정되었다. 이때 독일공산당이 다시 등장했다. 소련 점령 지역에서 출범한 독일사회민주당과 독일공산당은 애초에는 소련과 다른 독자적 사회주의를 채택하려 했으나, 소련의 압력으로 사회주의통일당^{SED}으로 합당했다(1946년 4월). 소련 점령 지역은 조만간 소련의 위성국 독일민주공화국^{DDR}으로 탄생하게 될 참이었다. 이는 독자적인 독일 공산주의 노선을 제거하려는 소련의 집념의 성과였다. 소련 점령 지역 내 두 차례 선거(1946년)에서 공산주의를 혐오하는 현상이 나타났을 때 소련은 독일 점령 지역의 공산화를 구상하기 시작했다.

하지만 이 지역 공산화가 전적으로 소련의 의지 때문만은 아닌 면도 있었다. 사실 여부를 떠나 사람들은 나치 정권 시절에 대기업과 은행이 부당한 이득을 취했다고 여겼다. 그래서 대중은 대기업과 은행의 재산 몰수에 대한 관심이 높았다. 예컨대 작센에서 1946년 국민투표 때 나치와 전범자의 재산 몰수에 대해 대거 찬성표가 나왔다(77.6퍼센트). 100헥타르 이상의 토지를 농민과 난민에 분배하자는 제안에도 다수표가 나왔다. 이로 인해 토지 소유자 50만 명 정도가 새로이 탄생했다. 그렇지만 이들 대부분은 곧장 집단농장으로 편입되었다. 유산자는 '나치 행동대원'이나 '미국 스파이'란 누명을 쓰고 재산을 빼앗기거나 강제수용소로 끌려가 목숨을 잃기도 했다. 이 일을 처리하는 데는 또다시 옛 나치 강제수용소와 나치 당원이 활용되었다.

소련은 선거로 국민의 지지도를 알아보려는 것은 어리석은 일이라고 동독 정부에 충고했지만, 여하튼 1946년 가을에 선거가 치러졌다. 이때 사회주의통일당은 간신히 과반수 의석을 확보했다. 사회주의통일당은 완전히 스탈린식으로 조직되었고(1948년) 마르크스레닌주의를 표방했다. 사회주의통일당은 20헥타르 이상의 토지 소유자를 상대로 한 계급투쟁을 선언하고, '소련에서 배우자'는 구호를 외치며 소련과의 관계에 만족했다. 소련 점령 지역 내에서 토지개혁, 기업과 은행의 국유화 등이 추진되었다. 중산층이 교육에서 유리한 위치를 점하지 못하도록 중산층 자녀를 전문직에서 제외하는 일도 진행했다.

1946년 말에 소련 점령 지역에서 5개 주(튀링겐, 작센, 작센안할트, 브란덴부르크, 메클렌부르크)가 새로 편성되었다. 각 주는 사회주의통일당이 작성한 내용을 모범 삼아 헌법을 만들었다. 주들은 국가적 성격을 지닌 것이 아니라 사실상 소련 군정에 종속된 동독 중앙행정조직이 지도하는 주 행정 기구였다. 초대 인민위원회가 의회 기능을 시작했다(1947년 12월). 선출 방식은 비의회주의적이었다. 인민의회는 독일국민평의회를 구성하고 이들은 새 국가에 필요한 헌법 기본 요강을 작성했다. 1946년 9월부터 동독에서 독일 헌법 제정과 관련한 토의가 진행되었다. 이를 거쳐 사회주의통일당이 「독일민주공화국 헌법 요강」을 발표했다. 이 요강은 여러 절차를 거쳐 인민위원회에서 만장일치로 동독 헌법으로 탄생했다.

1949년 선거에서 사회주의통일당의 지지도가 크게 낮아졌다. 그러자 인민의회 의원 선거에서는 직접 투표 방식이 쓰이지 않았다. 인민의회의 명칭은 '독일민주공화국 임시인민회의^{GDR}'로 바뀌었다(1949년 10월). 새 동독 정부는 비밀 정보국을 창설했다. 사법제도도 마르크스레닌주의에 입각한 경찰 조직으로 대체했다. 판사들은 당의 지시대로 판결을 내렸다. 지방색을 없애기 위해 전국은 중앙집권 체제로 재편성되었다. 나치 정권 때의 연방 체제는 사라졌다.

1949년 10월 5개 주가 의회 선거를 치렀다. 1949년 새 인민위원회(과도 인민회의)가 구성되었다. 77.5퍼센트가 사회주의통일당 대표와 그 하부 조직 대표였고, 22.5퍼센트가 기민당, 자민당 대표였다. 이 과도 인민회의는 과도 인민회의법과 과도 정부 조직법을 제정했다. 선거는 이 법에 따라 치러졌다. 인민의회와 지방의회합동회의는 10월에 사회주의통일당 당비서인 피크$^{Wilhelm\ Pieck}$를 동독 대통령으로 선출했다. 정부도 승인했다. 수상은 그로테볼^{Otto} Grotewohl(1894~1964년)이었다. 그로테볼은 사민당 좌파 출신으로, 사민당이 독일공산당과 강제로 통합되어 동독 수상이 되었다. 정부는 사회주의통일당과 그 산하 조직 당원 11명, 기민당 당원 4명, 자민당 당원 3명으로 구성되었다.

공산주의자들이 구성한 국민 대표 기관에 소련 군정이 입법권, 행정권, 사법권을 이양했다. 또한 소련관리위원회^{Sowjetische Kontroll-} Kommission가 구성되어 소련 군정 업무를 계승했다. 소련은 동독에 대사를 보내 동독을 외관상 주권국가로 인정하고 동독 헌법을 승인했다(1949년 10월). 동독 내각은 동독의 주권회복을 선언했다(1954년 3월). 이는 소련선언(1954년 3월)을 승인한 것이었다. 소련은 포츠담선언에 명시된 의무를 확인하고 소련 군대를 동독에 주둔시켰다. 소련은 소련 점령 당국이 제정한 모든 명령, 법령 폐지를 선언하고 포츠담선언에 근거한 4대국의 의무를 다할 것이라고 선언했다. 이후 동독은 동유럽권에서는 완전한 주권국가로 인정받게 되었다(1954년 6월).

이 과정에서 연합국들이 서방 점령 지대의 공동 화폐개혁을 추진할 때(1947년) 소련은 이에 불참했다. 소련은 이 협의가 포츠담협정 위배라며 서부 점령 지역과 서베를린 사이의 모든 도로와 철도망을 차단했다(1948년 6월). 이에 맞서 서방 연합국은 서방의 군대와 소련 점령 지역에 있는 서베를린 주민에게 1년이 넘도록 주요 생필품을 엄청난 규모로 공중으로 날라 제공했다. 소련은 독일민주공화국을 수립하고 나서야 베를린 봉쇄를 해제했다(9월).

동독과 코메콘, 바르샤바조약

동독은 코메콘COMECON(동유럽경제상호원조회의Council for Mutual Economic Assistance)에 가입했다(1955년). 서방의 마셜플랜에 대항하기 위해 만들어진 코메콘은 동유럽권 생산 전문화, 분업화 방안을 추진하고 (1958년), 동유럽 나라들의 경제계획, 상호 조정, 기술협력, 석유 및 전력 공급 체계를 확립하는 역할을 했다(1969년 초까지). 또한 소련은 1962년에 코메콘 각국의 경제계획을 조정할 초국가적 기구를 창설하여 각 나라별 특화를 제도화했다. 코메콘의 계획에 따라 동독은 농업국에서 중공업국가로 육성되도록 정해져 코메콘 지역 내 화학공업 부문의 주요 역할을 맡았다. 동독 대외무역의 80퍼센트 이상이 공산권과의 무역이고 그중 반 이상이 소련과의 무역이었다. 동독 경제의 소련 경제 의존도가 커짐에 따라 동독은 서독과의 경제통합에 대해 관심을 덜 갖게 되었다.

동독은 바르샤바조약기구에도 가입했다(1955년). 바르샤바조약기구는 서독의 재무장과 NATO 가입에 대항하기 위해 소련을 비롯한 동구권 8개국이 만든 군사동맹조약이었다. 동독은 이 조약 가맹국으로서 중요한 국제문제에 관해 상호 협조할 의무를 졌으며, 조약 목적에 위배되는 동맹 관계나 조약을 맺어서는 안 되었다.

브레즈네프독트린(1968년)에 따라 소련과 동독은 사회주의적 국제주의를 국제 규범이자 상호간 국제관습법으로 인정했다. 동독 헌법은 사회주의적 국제주의 원칙에 기속됨을 명시했다(1968년 4월). 동독은 소련 모델에 따른 사회경제 체제에 따라야 하며 사회주의 공동체에 경제, 군사, 이념적으로 공조해야 했다. 동독이 맺은 여러 국제조약은 대체로 독일 통일을 저해하는 내용이었다. 이제 독일 통일은 당시 국제법 규범으로 볼 때 국제적 긴장 완화와 동독이 맺은 이러한 동맹 관계가 해체되어야만 가능할 일이 되었다.

동독의 공산화

1948년부터 동독에서 계획경제, 국유화, 농업 집산화가 추진됨에 따라 시장경제 기반은 붕괴했다. 스탈린식의 중공업화가 과도하게 강조되어 생필품은 크게 부족했다. 고기, 버터, 설탕 등은 1958년까지 배급제로 지급되었다. 생활수준의 향상은 없었다. 하지만 동독에서 집단농장 체제가 완성된 1960년대 초에 이미 엄격한 스탈린주의는 전반적으로 소멸 중이었으며, 집단농장은 점차 독립성을 확보했고, 국가와 협동농장의 관계는 점차 상업화되었다.

1953년에 동베를린 건설업계에서 노동 파업이 발생했다. 파업이 다른 직종과 도시로 확산되자 소련은 신속하게 군대를 동원해 이를 무자비하게 진압했다. 이후 동독 정부는 국민의 지지를 받지 못했다. 동독에서 민주적 개혁을 요구한 당원, 지식인 등은 숙청되거나 징계를 받았다. 스탈린이 죽은 후 소련공산당 20차 전당대회(1956년) 때 소련공산당이 스탈린주의에서 벗어나려는 시도를 했는데 이때 동독 지도부는 당혹스러워했다. 동독 정부가 스탈린과 스탈린주의를 더 이상 언급하지 않으려 하자, 동독 지식인들은 마르크스레닌주의에서 벗어나 '제3의 길'을 요구하며 상황을 바꾸고 싶어했다. 하지만 헝가리 폭동(1956년 10월)이 잔인하게 진압된 이후 새 희망도 사라졌다.

사회주의통일당 서기장 울브리히트Walter Ulbricht(1893~1973년)의 강력한 통제가 다시 시작되었다. 대통령 직책은 없어지고 대통령

권한은 국가평의회에 통합되었다(1960년). 이후 동독 정부는 외관상 집단지도체제였으나 실제로는 발터 울브리히트의 독재 체제였다. 울브리히트는 국가평의회 의장이자 당중앙위원회 최고 의장직까지 겸했다. 동독 정부는 사회주의 체제를 강화하고 경제에 대한 통제를 더욱 강화해야 서독을 따라잡을 수 있다고 강조했다. 1956년에 전체 농산물의 70퍼센트가 개인 농가에서 생산되었는데, 농업 집산화 이후 1961년부터 전체 농업 생산량의 90퍼센트가 국유 농업생산협동조합LPGs에서 생산되었다. 중공업 투자가 지속되었으나 성과는 그다지 크지 못했다. 동독과 서독과의 격차는 더욱 커졌다.

동독 주민이 동독 내 모든 것을 포기하고 서독으로 이주할 수 있는 기회가 있던 시절이 있었다. 이 시절 1949년~1955년의 이주 규모는 50만 명이었다. 1956년 이후 1961년 상반기까지 서독으로 이주하는 인구가 매년 급증했다. 이주 인구 중 절반 이상이 25세 이하 젊은 층이고, 3분의 2가 상업과 전문직 종사자였다. 결국 바르샤바조약기구 회원국이 동베를린에 모여 국경 폐쇄를 결정했다(1961년 8월). 베를린 시 한복판에 베를린장벽이 세워졌다. 이 장벽에는 '파시즘을 막아주는 벽'이란 이름이 붙여졌다.

동독의 젊은 세대는 이주를 체념하고 동독 정부를 인정하기 시작했다. 동독 정부는 스탈린주의를 비난했다. 정부는 마르크스레닌주의에서 벗어나 실용 노선을 추구하고 개인적 욕구에 다소 유연해진 새로운 경제정책을 시도했다(1963년). 경제가 성장하기 시작했다. 동유럽의 다른 공산국가에 비해 생활수준도 월등히 향상되었다. 내친 김에 울브리히트는 서유럽 국가들을 따라잡기 위해 하이테크산업 육성을 결정했다. 그러나 이는 여러 면에서 동독의 현실과 크게 동떨어진 것이라서 성과를 내지 못했다. 동독 스타일의 새로운 경제정책과 사회주의 방식을 소련은 달가워하지 않았다. 또한 소련은 서독 수상 빌리 브란트의 동방 정책을 내세우며 서독과 협상하고자 했다. 울브리히트는 난처해지고 고립되다가 결국 사임했다(1971년 5월).

소련에 순종하는 에리히 호네커가 울브리히트의 뒤를 이었다. 현실적인 호네커가 추구한 것은 이념가나 지식인들이 꿈꾸는 사회주의가 아니라 사실상 복지국가였다. 하지만 여기에는 엄청난 예산이 필요했다. 당은 '경제정책과 사회정책의 일치'를 구호로 내세웠다(1971년 8차 전당대회). 주택문제 해결을 위해 대규모 아파트 단지가 조성되었다. 그러나 대부분 부실했다. 아직 개인 소유로 남아 있던 산업 시설과 작업장의 국유화가 이 무렵 완료되었다. 이때 처음으로 원소유자에게 보상금이 약간 지급되었다. 대학 입시는 1950년대 이래로 변하지 않았다. 여전히 학업성적보다는 노동자 가정 출신과 사회활동 여부를 더 중시했다. 또한 대학 정원의 절반 정도를 노동자, 농민 자녀에게 할당하는 입시 방식이 유지되었다.

정부의 야심찬 사회정책을 실행하기 위해 천문학적 예산을 투입한 동독은 1970년대 중반부터 위기에 봉착했다. 동독의 공산품 가격은 별 변화가 없었는데 원자재 가격은 급상승했다. 수출액이 10년간 130퍼센트 증가한 데 비해 원자재 수입 가격은 300퍼센트나 상승했다. 정부는 기본 생계비는 고정한 채 자동차, 세탁기 등의 사치품 가격을 대폭 올려 물가를 조절하고자 계속 안간힘을 썼다. 결국 당은 서방세계의 앞선 과학기술과 최신 기술 도입의 필요성을 인정했다(1981년 10차 전당대회). 울브리히트처럼 호네커도 첨단 기술 투자를 시도했다. 이 역시 동독 경제 여건에 맞지 않아 실패했다. 1980년대 중반 무렵 동독 정부는 파산 지경이었다. 정부 부채가 3,000억 마르크였다.

현실사회주의하에서도 동독 정부는 과거 공산당과 동독에서 자행한 소련의 행동을 거론하는 일은 계속 회피했다. 대신 여전히 반제국주의, 프롤레타리아의 국제적 단결, 반파시즘 등을 선전 구호로 내세웠다. 사회주의통일당은 자기네야말로 파시즘에 반대하는 공산당의 정통 후계자임을 자처했다. '파시스트는 독일 자본가의 앞잡이다. 그 자본가가 동독에서는 사라졌다. 서독에서는 파시스트의 부가 지속된다.'는 선전도 여전히 반복되었다. 그런 가운데 동독 사회에서도 인종주의와 비관용, 급진적 우익 성향은 널리 퍼져갔다. 대부분의 독일인이 '한 민족, 두 국가'를 현실로 인정하게 되고, 동, 서독 간 우호 관계를 유지하는 동방 정책도 지지했다.

동독의 몰락

소련 해체가 시작될 무렵 고르바초프의 소련, 폴란드, 헝가리 등이 추진하는 개혁 움직임에 동독 정부는 동참하지 않았다. 동독 정부는 여전히 예전처럼 선거 결과를 조작했다. 1989년 6월 베이징 천안문 광장 시위대를 무자비하게 진압한 중국 정부를 동독은 지지했다. 이 무렵 동독이 서방국가들에게 진 정부 부채 규모는 100억 달러에 달했다. 동독은 서독의 차관으로 힘겹게 버텨갔다. 동, 서독 간 기술 격차는 더욱 벌어졌다. 동독 정부의 선전과 달리 동독은 환경오염도 매우 심각했다.

그래도 동독에서는 종교의 자유가 어느 정도 보장되었다. 동독 사람들은 교회를 중심으로 조직화할 수 있었다. 동독의 기독교 교회 대표들이 드레스덴에 모였다. 교회 대표들은 정부에 선거 결과를 조작하지 말 것을 요구하고, 민주적 선거를 보장하는 법안을 마련했다(1989년 4월). 라이프치히 등 여러 도시에서 선거 결과 조작에 항의하는 시위가 벌어졌다. 많은 사람이 체포되었다. 동독인의 분노는 더욱 커졌다. 서독으로 이주하고 싶어하는 동독인 수는 늘어만 갔다. 동독 주민은 서독으로 직접 이주할 수 없었는데, 체코로의 여행 금지가 해제되었을 때(1989년 11월 1일) 동독인들은 체코를 통해 헝가리 쪽으로 이동하기 시작했다.

헝가리 정부는 1989년 초부터 개혁 개방을 추진하며 서유럽 국가와의 협조를 모색하는 중이었다. 이 시점에 헝가리 정부는 오스트리아와 접한 국경선의 철조망을 철거했다. 동독인은 부다페스트의 독일 대사관 뜰에서 기다리다가 적십자사에서 증명서가 나오면 재빨리 서쪽으로 넘어갔다. 헝가리 국경을 넘는 동독인 수가 계속 늘어났다. 수백 명이 동유럽 지역 독일 대사관에 들어가 서독 입국을 요청했다. 결국 헝가리 정부는 동독인이 오스트리아와 접한 국경을 자유롭게 넘어가도 좋다고 발표했다(9월 10일). 동독인이 대거 서독으로 넘어갔다(1989년 9월까지 3만 2,500명). 동독인은 프라하에서 동독을 거쳐가는 특별열차나 비행기를 타고 서독으로 탈출하기도 했다(1989년 10월 1일, 4일에 1만여 명)

라이프치히 시위(1989년 10월)를 필두로 드레스덴, 마그데부르그 등에까지 동독인의 시위가 확산되었다. 동독 사람들은 개혁을 외치며 유엔 감독하에 자유선거를 실시할 것을 요구했다. 동독 정부 수립 40주년 기념행사 때 발생한 시위를 정부가 과격하게 진압했다

(1989년 10월 6일, 7일). 기념식에 참석하여 이를 본 고르바초프는 동독 정부에 유연한 대처를 촉구했다. 사회주의통일당 내부에서도 불만이 확산되었다. 당 이탈자가 늘어났다. 체코슬로바키아, 헝가리를 거쳐 서독으로 넘어가는 동독인 수가 계속 늘어났다. 라이프치히에서 또다시 대규모 시위가 발생했다. 호네커 측은 무력 진압을 시도했다. 소련은 이에 개입하지 않았다.

호네커는 결국 물러났다(1989년 10월 17일). 호네커는 정부 기금 횡령을 포함한 여러 죄목으로 기소되었다. 후임자 에곤 크렌츠^{Egon} ^{Krenz}가 민주화 조치를 발표했다. 그러나 크렌츠가 사회주의통일당 서기장, 국가평의회 의장, 국가안보위원회 의장직을 모두 겸하는 권력 집중에 반발하는 시위가 라이프치히에서 더욱 거세졌다. 동베를린에서 자유선거, 표현, 여행, 집회 등의 자유를 요구하는 대규모 시위가 일어났다(1989년 11월). 동베를린과 서베를린 시위대가 동독 정부의 방해 없이 장벽을 허물기 시작했다. 당 중앙위원회가 일부 지도자를 물러나게 했지만, 다음 날 서베를린 쪽 국경이 열렸다(11월 9일). 동베를린 시민 수천 명이 서베를린으로 들어갔다. 30년 만에 베를린장벽이 무너진 것이다.

이 같은 추세 초기에 사회주의통일당은 절대 양보 불가 방침을 분명히 했다. 그렇지만 사회주의통일당에 대한 새로운 도전은 동독 내에서 이미 시작된 상태였다. 1989년 이전부터 평화 단체, 제3세계 단체, 인권 단체 등이 조직되어 확고한 기반을 다졌다. 1989년 말 무렵, 이들은 새로운 정당 형태로 조직되기 시작했다. 1989년 7월에 동독에서도 독일사회민주당이 만들어졌다. 재야 세력 조직인 '새로운 포럼'도 등장했다(9월). '민주주의를 지금^{Demokratie Jetzt}'이란 정당도 생겼다. 여러 재야 단체가 이 정당 산하에 모여들었다(10월). 재야 좌파도 '연합 좌파United Left'를 결성하여 개혁을 요구했다. 녹색당도 결성되었다(10월).

동독 체제는 이미 어느 일정 부분만 개혁해서 유지될 수 있는 체제가 아니었다. 동독 국민의 사임 요구에 따라 크렌츠도 50일 만에 사회주의통일당의 당 중앙위원과 함께 모두 물러났다(1989년 12월). 사회주의통일당에 비판적이던 드레스덴의 지구당 위원장 한스 모드로Hans Modrow가 수상으로 선출되어 인민의회에서 각료회의 의장으로 선임되었다(1989년 11월 13일). 그러나 당은 통제력을 잃었다. 무장 군인은 시위 군중에 발포하라는 명령을 거부했다. 국가정보국은 해체되었다. 정보 요원들은 자기네 과거 행적을 지우는 데 분주했다. 사회주의통일당의 모드로는 통일 준비 작업에 착수하고 내각에 반정부 인사를 포함시켰다. 사회주의통일당은 당명을 민주사회주의당PDS으로 바꾸고(1990년 2월) 그레고어 기지Gregor Gysi를 당수로 선출했다. 기지는 '제3의 길'을 제안한 하리히 노선을 채택했다. 사회주의통일당, 기타 정당들, 재야 세력들이 한자리에 모여 새로운 헌법을 논의했으나 추세를 되돌리기에는 역부족이었다(1989년 12월~1990년 4월). 로타어 데메지에르Lothar de Maiziere가 이끄는 동독의 기민당이 시장경제 체제와 통일을 요구했다(1990년 12월).

재통일

서독의 콜 수상이 유럽과 독일의 분단 종식을 요구하는 10개 조항을 발표하고(11월 28일), 드레스덴에서 모드로를 만났다. 모드로가 고르바초프를 방문했다(1990년 1월 말). 고르바초프는 독일 통일에 반대하지 않는다는 의사를 밝혔고(1990년 1월) 모드로는 통일 준비 작업에 착수했다. 동독에서 60년 만에 치른 자유선거에서 통일을 주장하는 우파 정당이 승리했다(1990년 3월). 동독 기민당이 주도하는 새 동독 정부는 데메지에르 수상을 중심으로 동독 기사당과 연합하고 화폐통합을 시작으로 서독 정부와 함께 국가 통합 작업에 들어갔다. 진통 끝에 양측 통화는 일정 금액까지는 1:1로, 그 이상은 2:1로 교환하기로 합의했다.

이제 과거에 독일의 분단을 결정한 연합국의 동의를 구하는 일이 필요했다. 2차 대전 후 독일의 운명을 결정한 포츠담회담 당시에 미국, 영국, 소련 등에게 독일을 영구히 분할할 목적은 없었고 독일 분할이 전후 처리 과정에서 발생한 일이었다 하더라도, 독일 통일은 동서독 '민족'끼리만으로 결정할 수 있는 문제가 아니었다. 1945년에 독일은 무조건적 항복을 했으므로 통일, 평화 조약 체결 등은 1955년 체결된 '독일조약'을 근거로 전승국들만이 해결할 수 있었다. 독일이 통일하려면 통일 조약 승인에 앞서 네 전승국의 승인이 있어야 했다. 이에 따라 '2+4 조약'이 추진된 것이다.

콜 수상은 고르바초프를 방문하여 고르바초프의 독일 통일 수용 의사를 확인했다. 고르바초프는 엄청난 경제 위기에 처한 소련에게 독일이 거액의 원조를 해주기를 원했다. 동서독, 소련, 미국, 영국, 프랑스 대표로 구성된 '2+4 회담'이 시작되었다. 서독 하원과 동독의 국민의회는 폴란드와의 국경을 공식적으로 재확인했다. 콜 수상과 외무장관 겐셔는 고르바초프를 방문해 소련의 의사를 확인했다. 즉 소련은 북대서양조약기구 내에서의 독일 통일 추진에 이의가 없다는 것이었다. 2+4 회담은 모스크바에서 통일 독일이 완전한 주권국가임을 선언했다. 연합국은 베를린의 연합군 사령관실을 해체했다(10월 2일).

동독의 데메지에르 정권이 무너지고 독일 통일 합의 조약이 체결됨으로써 독일민주공화국은 역사 속으로 사라졌다(1990년 10월 3일). 동독 지역들(메클렌부르그 히테르, 포메라니아, 브란덴부르그, 작센안할트, 튀링겐, 작센)은 기본법 23조에 따라 독일연방공화국 일부로 편입되었다.

9장

오스트리아:
합스부르크 가문의 재산으로 출발하다

'다른 나라는 전쟁을 하라, 오스트리아는 결혼을 할 테니!'

주로 결혼과 상속으로 한때 샤를마뉴(9세기) 이래 가장 방대한 영토를 확보한 합스부르크제국. 그 '제국'은 잘못된 명칭이다. 효율적인 관료 제도 창출하지 못해 결국 스스로 분리한 중세적 영토였다.

합스부르그제국

'합스부르그제국'이란 합스부르그 가문이 수 세기에 걸쳐 획득한 영토의 집합을 말한다. 이 가문은 오스트리아를 본거지로 하여 방대한 영토에 대해 오랜 세월, 즉 13세기부터 20세기 초까지 지배권을 행사했다. 하지만 통치하는 왕조가 같다는 것 이외에 별다른 정치적 통일성은 없던 영토들이었다. '오스트리아제국'이라 불리우기도 하고(1806~1867년), '오스트리아-헝가리' 이중 왕조 국가(1867~1918년)로 삐거덕거리던 합스부르그제국은 급기야 1차 대전 때 산산조각이 났다.

합스부르그 가문 이전의 오스트리아

합스부르그 가문의 기원은 상부 라인 지방의 한 작은 영지다(10세기). 더 이전에는 바이에른인이 도나우 강 유역부터 알프스 기슭까지의 일대를 지배하던 곳이었다(6세기). 오스트리아 역사의 시작이다. 우리가 앞에서 독일 지역 경제사를 돌아볼 때 등장한 신성로마제국 황제 오토 2세(재위 973~983년)가 이 일대를 바이에른 후작의 변경령으로 정했다(976년). 변경을 확장하는 노력은 지속되었다.

어느덧 이 지역은 오스트리아 공작령으로 승격되었다(1156년) 황제 프리드리히 1세(바르바로사)가 바벤베르그가의 하인리히 2세를 오스트리아 공작으로 봉한 것이다. 바벤베르그는 슈타이어마르크를 상속했다(1192년). 이때 바벤베르그 사람들은 적-백-적색의 문장을 사용했는데 이는 훗날 오스트리아공화국(1918년)의 국기색이 된다.

독일 지역 봉건화의 특징

'1050~1400년부터 1871년까지의 독일사는 엄밀히 말해 지역사 regional history'임을 여기서 다시 상기하자. 독일 지역은 카롤링거제국에 속했던 곳과 그 외의 온갖 세력이 혼합된 곳으로 구성되어 있었다(10세기 초). 서유럽에서 사라져가는 국가 조직(카롤링거제국 붕괴)의 대안으로 봉건화가 한참 진행될 때 독일도 이 영향을 받는다. 봉건화의 정도와 리듬은 서유럽 내에서조차 일정치 않았거니와 독일은 더욱 그랬다.

예를 들어 독일에서는 봉토, 가신 등에 관한 법이 프랑스처럼 촘촘하게 체계적으로 정립되어 있지 않았다. 여러 종류의 체계 가운데 별도의 한 체계로서 진화했다. 이에 포함되는 여러 규칙은 특정 토지나 특정 사람에게만 적용될 수 있었다. 즉 봉건법Lehnrecht은 봉토에 관한 법, 영방법^{Landrecht}은 나라의 일반법이었다(13세기). 이러한 이중적 독일법이 의미하는 바가 무엇인가? 그것은 독일 땅에는 상층부 사람조차 봉건적 관계에 포함될 수 없는 수많은 법적 유대가 존재한다는 뜻이었다.

그뿐만이 아니었다. 독일 땅에는 한 영역 제후령을 이루기에 충분할 만큼 넓은 자유 토지도 많았다. 이를테면 어떤 자유 토지(12세기)는 75년쯤 후 신성로마제국 봉토로 탈바꿈하여 공국이 되다가 장차 영방의 기초가 되기도 했다(브라운슈바이크 영방, 함부르크 영방).

또한 독일은 카롤링거제국에서 물려받은 통치 조직만으로도 통치권을 확립하기에 한동안은 별 부족함이 없었다. 그래서 왕이나 백령, 공국 등의 지배자들이 가신의 봉사에 의존하지 않았다. 자연히 이들은 봉토 제도에 별 관심이 없었고 중앙 권력이 비교적 강력한 편이었다. 즉 독일 지역 봉건화는 서유럽 유형들을 기준으로 보았을 때 불규칙하고 불완전했다.

떠오르는 합스부르그 가문

이러한 배경에서 스위스의 한 작은 공국에서 출발한 합스부르그가는 1080년에 합스부르그 백작 칭호를 획득했다(베르너 1세). 이 작은 영지에 어느 날 예기치 않은 행운이 찾아온다.

앞에서 보았듯이 신성로마제국에서는 황제 겸 독일 왕인 프리드리히 2세(호엔슈타우펜왕조)가 죽은 후 황제권의 광휘도 스러져가는 중이었다. 그의 아들 콘라트가 죽은 후(1254년) 한동안은 황제 없는 대공위시대(1256~1273년)였다. 황제의 지위는 더욱 쇠퇴했다. 이 혼란기에 보헤미아 왕 오토카르 2세^{Ottokar Premyslid}(재위 1253~1278

년)가 바벤베르그 공작령(오스트리아, 슈타이어마르크, 크라인)을 점령하고 동유럽의 오스트리아 영토 대부분을 병합했다. 오토카르 2세는 강력한 황제 후보로 부상했다.

그러자 선제후들은 독일 태생이 아닌 이 유력 후보를 견제하고 싶어했다. 프랑크푸르트에서 선제후들은 힘이 약해 보이는 합스부르그가의 독일인 루돌프(재위 1273~1291년)를 서둘러 황제로 선출해버렸다. 어부지리로 신성로마제국 황제에 선출된 루돌프는 교황(그레고리우스 10세)에게 황제로 최종 인정받기 위해 로마 교황령과 이탈리아에 대한 신성로마제국 황제로서의 모든 권리를 포기했다. 새로운 십자군을 이끌어야 한다는 교황의 요구 조건도 받아들였다. 라인 지방 내 다른 영토를 침범하지 않겠다는 맹세도 했다. 그리고 아헨에서 대관식을 치르고 로마에서 신성로마제국 황제로서 인정받았다(1274년).

한편 루돌프 1세는 제국의회 참석을 거부한 오토카르 2세에게 추방 명령을 내리고 오스트리아에 쳐들어갔다. 오토카르 2세는 루돌프에게 빼앗긴 영토를 되찾고자 이듬해 오스트리아로 향했다. 그러나 제국 연합 세력을 동원한 루돌프의 공격을 받고 마치펠트전투에서 전사했다(1278년). 루돌프 1세는 수도를 오스트리아로 옮겼다. 합스부르그 가문 출신으로서 최초로 오스트리아에서 집정한 황제가 된 것이다.

루돌프 1세는 독일 내에서 황제권을 강화한다거나 중앙집권화를 시도하지는 않았다. 그래서 독일의 지방 제후들은 제각기 영방국가를 형성하는 방향으로 나아갔다. 영방국가란 유력한 영방 제후들이 영방 단위로 영토를 다지고 집권화를 추진하면서 독립적 경향을 강화한 국가를 말한다. 이들은 사실상 국가 공권(최종심적 재판권, 축성권築城權, 화폐 주조권, 관세 징수권 등)에 해당하는 영방고권Landeshoheit을 확립하여 주권 군주나 다름없는 영방 군주가 되었다. 이어 신분제의회 소집권을 장악하여 거의 완전한 독립국가의 모습을 갖추어 갔다. 이와는 별도로 도시들은 도시들대로 자체 방어를 목적으로 도시동맹을 결성했다.

왜 영토 확장이 중요했는가?

루돌프 1세는 신성로마제국 황제가 되기 위해 '합스부르크는 라인 지방 내 다른 영토를 침범하지 않겠다'고 맹세했었다. 그렇지만 초기의 모든 합스부르크 통치자들은 영토 확장과 통합을 위해 노력했다. 합스부르크는 새로 획득한 오스트리아 공작령들 덕분에 독일 정치의 주요 세력으로 등장했다. 그렇기는 하나 오스트리아 공작령들은 여전히 신성로마제국 중심에서 벗어나 있었다. 그러므로 3개 덩어리(라인 강 서쪽 준트가우, 라인 강 동쪽 브라이스가우, 바젤 너머 남쪽 아르가우)로 흩어져 있는 기존의 합스부르크 영토에 오스트리아의 새 요새들을 연결해서 제국의 부와 권력에 직접 접근시키는 문제가 중요해진 것이다. 즉 남부 독일에 단일 지역을 형성해야 했다.

치명적 장애, 스위스 때문에 동쪽으로, 동쪽으로

하지만 그 길목에 산악지대 스위스가 도사리고 있었다. 오스트리아의 군사력은 이들을 제압하기 위해 많은 노력을 쏟았으나 끝내 스위스 세력을 정복할 수 없었다. 15세기 초까지 합스부르크왕가는 준트가우, 브라이스가우 영토를 통합하는 데 실패했다. 흩어진 섬처럼 남아 있는 라인 지방 영토들은 인스부르그에서 통치했고 이후 왕조는 동쪽으로 향했다.

합스부르그는 은광으로 유명한 티롤을 획득했다(1363년). 케른텐, 트리에스테도 지배했다(1335~1382년). 대공 칭호를 받았다. 이 무렵 신분의회도 등장했다. 스위스에서의 패배 이후 신성로마제국 황제 직위는 상실했다(14세기 초). 그런데 보헤미아에서 룩셈부르그가의 권력이 붕괴함으로써(1440년) 황제 직위가 다시 합스부르그의 알브레히트 2세(재위 1438~1439년)에게로 넘어왔다. 룩셈부르그 가문 출신의 황제인 지기스문트가 죽은 후 알브레히트 2세가 황제로 선출되었다. 황제는 지기스문트의 딸과 결혼하여 보헤미아, 헝가리 두 나라 왕위까지 계승했다. 그리고는 동방 정책에 전력투구하다가, 헝가리에 침입한 터키와의 싸움에서 전사했다. 알브레히트 2세의 아들이 헝가리, 보헤미아 왕위를 계승했다.

본래 신성로마제국 황제직은 선거로 선출되었다. 그런데 알브레히트가 죽은 후부터는 합스부르그가가 거의 세습, 독점했다(1806년까지). 프리드리히 3세가 황제로 선출된 이후(1452년), 황제는 스스로를 이슬람 공격을 차단하고 이슬람 세력 확장을 저지하는 유럽의 보호자로 여겼다. 어찌 보면 합스부르그 가문이 그 역할을 300년간 했다고도 볼 수 있다.

오스트리아는 결혼을, 다른 나라들은 전쟁을!

유럽에서 이루어진 왕가끼리의 많은 결혼 가운데 합스부르그가의 막시밀리안 1세(재위 1493~1519년)와 부르고뉴가의 상속녀 마리와의 결혼(1477년)처럼 눈에 띄는 사례도 드물 것이다. 본래 부르고뉴

땅은 두 부분, 즉 부르고뉴의 프랑스 공작령(수도 디종)과 부르고뉴의 네덜란드(즉 플랑드르 지방, 수도는 브뤼셀)로 이루어져 있었다. 이 부유한 부르고뉴 영토와 오스트리아 합스부르크, 즉 이미 신성로마제국 내에서 가장 강력해진 왕조의 영토가 결혼으로 한 덩어리가 된 것이다. 합스부르크는 유럽의 강대국으로 부상했다. 막시밀리안 1세는 부르고뉴와 네덜란드 귀족들에게 자극받아 행정 근대화를 추구했다. 인스부르크에 재무성을 창설하고 오스트리아 내 최초의 정부 자문 회의를 설치하는가 하면 대외 정책을 모색하기도 했다.

그런데 이 결혼은 프랑스의 분노를 샀다. 프랑스는 부르고뉴의 프랑스 공작령을 프랑스 영토로 여겼었다. 오랜 세월 부르고뉴의 네덜란드까지도 갈망하던 프랑스였다. 프랑스의 루이 11세(1423~1483년)는 부르고뉴의 프랑스 공작령이 프랑스 땅임을 선언하고서(1482년) 막시밀리안에게 이를 인정하라며 난리를 쳤다. 하지만 합스부르크는 부르고뉴에 대한 권리를 절대로 포기하려 하지 않았다. 프랑스는 합스부르크와 무력 충돌까지 했으나 그 땅을 빼앗지는 못했다.

한편 신성로마제국 내 독일의 수많은 영방들도 오스트리아 합스부르크의 부상에 분개하며 프랑스 편에 섰다. 막시밀리안과 마리의 결혼 이후 오랜 세월 프랑스와 오스트리아는 계속 다퉜다. 훗날 프랑스는 심지어 이교도 터키 세력과 제휴하면서까지 합스부르크를 괴롭혔다. 언제나 그 싸움터는 독일 땅이었고 그럴 때마다 독일은 황폐해지곤 했다.

또 결혼을, 또 상속을, 또 영토 확장을!

마리와 막시밀리안의 상속자인 부르고뉴의 필리프가 후아나(아라곤의 페르디난트와 카스티야의 이사벨라의 딸)와 결혼했다(1504년). 이 필리프와 후아나가 낳은 아들 카를(1500~1558년)이 상속받은 영토는 또 얼마나 광대했겠는가! 예기치 않은 죽음, 우연한 사건 등의 연속으로 카를(재위 1519~1556년)은 어머니에게서 스페인을, 신대륙에 있는 어머니의 소유지를, 이탈리아, 시칠리아, 사르데냐 등지의 스페인령 등등을 물려받았다. 아버지에게서는 오스트리아에 있는 합스부르크 땅, 남부 독일, 저지대 나라, 동중부 프랑스의 프랑슈콩테 등까지 물려받았다.

루터가 95개 조항을 발표하여 종교개혁이 시작된 지 2년이 되었을 때, 선제후들은 이 나이 어린 카를을 신성로마제국 황제로 선출했다. 합스부르크 왕 카를은 19살에 신성로마황제 카를 5세가 되었다(1519년). 이때 푸거가가 재정 원조를 했다. 카를 5세에게 어떤 이탈리아인 측근이 이렇게 말했다고 한다. "신께서 폐하를 온 세계의 왕이 되도록 정하셨사옵니다." 카를 5세는 이 말을 믿었다. 유럽 전체를 정치적, 종교적으로 통일시켜 이를 유지하는 일이 자기 의무라고 확신하기에 이르렀다. 아직 그는 중세 시대에 머물러 있는 인물이었다.

영토 수집가 카를 5세, 개혁을 권유받다. 그러나…

카를 5세의 합스부르크는 샤를마뉴(9세기) 이래 가장 방대한 영토와 권리를 확보한 나라가 되었다(1520년대). 카를 5세는 통치하는 도중에도 정복을 통해 계속 영토를 추가했다(1522년에 밀라노 정복,

1528년에 제노바공화국과 동맹, 1530년에 피렌체공화국을 무찌르고 이탈리아에서의 합스부르그 우위 확정 등). 하지만 사실 이 시기의 합스부르그를 '제국'이라 부르는 것은 잘못된 명명이다. 카를 5세는 상속권을 통해 자기 상속 영토를 수집했을 뿐 그 영토들에서는 각기 별도의 체제와 법령이 유지되었다.

앞을 내다볼 줄 아는 독일인들이 카를 5세에게 관료제를 창출하여 재정, 군대, 법 체계 등을 개혁하고 각 지역에 황제 대리인을 파견하여 다스리도록 권유했다. 어린 황제 카를 5세는 제국의 주인이 여럿이어서는 안 되고 하나여야 한다고 주장했다. 조부 막시밀리안이 추구했던 부르고뉴 스타일의 정책도 지속했다. 즉 독일인이 낸 세금과 독일인 군대를 제국의 다른 지역, 즉 부르고뉴와 스페인 등에 사용했다. 합스부르그제국의 이해관계가 독일 내 개혁의 필요보다 우선하는 정책을 쓴 것이다. 종교개혁으로 들끓는 독일에서 말이다.

제국이 분할되다

카를 5세는 지중해, 중부 유럽 양쪽에서 오스만제국과도 충돌했다. 빈이 이교도에게 포위당하기도 하고(1526년), 위협받기도 했다(1532년). 하지만 카를 5세는 북아프리카 해안에 거점을 세우기 위해 튀니스^{Tunis}를 정복하는가 하면(1535년) 알제리^{Algiers}까지 원정하기도 했다(1541년). 뮐베르그^{Mühlberg}전투(1547년)에서 헤센, 작센의 프로테스탄트 지배자들도 분쇄했다. 카를 5세의 권력이 최고조에 달했다. 그러나 빠르게 무너지기 시작했다.

카를 5세는 독일 내에서 진행되는 종교, 정치 발전의 방향을 되돌리려 애썼다. 그런 카를 5세에게 결국 독일의 군주들이 프랑스의 앙리 2세와 제휴하여 반기를 들었다(1552년). 카를 5세는 상속 재산과 자기가 수집한 땅 덩어리들(합스부르그제국)이 너무 커서 한 사람이 통치할 수 없다는 사실을 그들에게 인정하고 분리시켜야만 했다. 동생(페르디난트 1세)에게는 신성로마제국 황제 지위(1556~1564년)와 오스트리아 영토를, 아들(펠리페 2세)에게는 스페인을 넘겨주었다. 자신은 황제 자리에서 물러났다(1556년). 제국이 분할된 것이다.

오스트리아-합스부르그: 정치력은 왜 중요한가?

정치력은 왜 중요한지를 새삼 돌아보게 하는 오스트리아-합스부르그. 국가기구에 흡수되지 못하고 이질적으로 머문 집단인 귀족 세력은 근대적 개혁에 큰 장애였다. 제국은 군사적으로도 대외 동맹이나 외국인에게 의존하면서 실패를 거듭했다. 그러다가 결국 지도에서 사라졌다.

페르디난트 1세의 결혼, 권력 승계, 영토 다지기
페르디난트 1세는 합스부르그왕조가 중부 유럽에 뿌리내릴 국가의 기초를 닦았다(이후 합스부르그는 오스트리아-합스부르그를 말함). 황제가 되기 이전에 페르디난트는 루이 2세(야겔로 가문, 헝가리와 보헤미아의 왕)가 모하치전투에서 전사하여(1526년) 헝가리와 보헤미아의 왕 자리까지 차지했다. 보헤미아(체코)와 마자르(헝가리) 귀족들이 후계자로서 페르디난트(야겔로 가문과 인척간)를 후원한 것이다.

보헤미아왕국의 변방(모라비아, 슐레지엔)은 페르디난트를 자기네 세습 통치자로 받아들였다. 그러나 보헤미아와 헝가리의 신분의회는 그를 선출 군주로서만 인정했다. 또한 유독 자폴리아Jan Zapolya(트란실바니아의 헝가리 귀족)는 터키의 지원을 받아 페르디난트 왕에 저항했다. 왕은 자폴리아, 터키 등과 오랜 세월 3파전을 치러 헝가리 서부만 차지했다(1547년). 이후에도 합스부르그는 도나우 평원에서 터키와 또 전쟁을 치렀다(1551~1562년).

  페르디난트 1세의 왕권 강화 시도에 특히 보헤미아, 헝가리 신분의회는 고분고분하지 않았다. 독일의 군주들도 빈에 새로운 여러 정부 기관과 제국헌법이 도입될 때 이 법의 강제성을 제거하여 그 의미를 축소시켰다. 합스부르그는 상설 전쟁위원회를 만들어 (1556년) 국경 지대에서 터키, 크로아티아 귀족의 준동을 막고자 했다. 합스부르그는 또다시 헝가리 전역에서 터키와 전쟁을 치렀고 (1593~1606년) 터키 때문에 동부전선에서 더이상 팽창하지 못했다. 합스부르그에게 헝가리 지역은 16세기 내내 엄청난 방위비를 잡아먹는 하마였다.

페르디난트 2세와 합스부르그의 보헤미아 통합

'합스부르그 영토 분리 불가'가 최초로 선언되지만(1602년) 17세기 초까지 제국 내 각 영토(오스트리아, 보헤미아, 헝가리 등)는 서로 다른 법적 기반에, 전쟁위원회 말고는 공통된 제도도 없었다. 영토 내 여러 귀족 신분의회는 종교개혁 때 대부분 신교로 향했다. 곧 빈에서 황제 지위를 계승할 페르디난트 2세는(1619년) 그 이전에 보헤미아 왕이 되었는데 이때 보헤미아 신교도를 탄압했다(1617년). 여기에서 촉발된 30년전쟁 이야기는 체코(보헤미아) 역사에서 살펴보자. 페르디난트 2세와 같은 합스부르크 가문인 스페인 군대와 자금이 페르디난트의 왕위 계승을 적극 지원했다. 이때 보헤미아 귀족(체코인)이 쫓겨났고, 보헤미아 귀족에게서 몰수한 토지는 신흥 귀족, 외국인 등에게 분배되었다. 이 역시 체코 역사에서 언급될 것이다.

이제 모든 지역의 관료가 왕의 대리인으로 전환되고 최고 사법권은 왕가가 보유했다. 종교는 가톨릭이 유일했다. 독일어는 체코어와 동등한 공식 언어가 되었다. 30년전쟁이 끝난 후, 귀족은 실질적으로 면세권을 확보했다. 조세 부담은 전적으로 농노에 전가되었다. 이런 일은 중부 유럽의 공통된 현상이었다. 의회에서 왕과 귀족 간 협의 과정이 원활해졌다. 조세 부담을 압박하기도 쉬워졌다.

상비군 제도 도입, 팽창, 그러나 급격히 쇠퇴하다

상비군(5만명)이 도입되었다(1650년). 가톨릭으로 통일된 이 제국은 터키에 포위된 빈을 구출했다(1683년). 오스만 세력을 헝가리와 트란실바니아에서 몰아내고 동부로 팽창했다. 스페인 왕위 계승 전쟁(1701~1713년)에서 벨기에, 롬바르디아를 획득하면서 합스부르크 세력은 절정에 달한 듯했다. 하지만 이후 군사적 패배를 거듭하며 대외적 위상이 급격히 후퇴한다. 왜 그랬을까?

국가 조직상의 문제점: 행정과 군대의 결함

반동종교개혁 시대에 예수회 신부가 빈 궁정에서 막강한 영향력을 행사하기 시작한 이래, 성직자가 합스부르크 행정 전반에 침투했다. 정치를 성직자에 의존하다보니 교권주의, 행정 혼란이 난무했

중부 유럽 경제사

다. 이 때문에 합스부르크에서는 봉사 귀족 집단이 별로 발달하지 못했다.

또한 합스부르크는 결혼이라는 방법으로 헝가리, 보헤미아 등의 영토를 쉽게 확보했지만, 달리 보면 이는 모하치전투 때 야겔로가가 터키에 패배한 결과였다. 30년전쟁 때 합스부르크는 보헤미아를 굴복시키긴 했으나 이는 바이에른의 군사 협조(가톨릭 동맹) 덕분에 가능했다. 합스부르크의 터키 격파, 헝가리와 트란실바니아 재정복, 빈 구출(1683년) 등 때는 폴란드인, 독일인 군대가 합스부르크를 도왔다. 즉 합스부르크의 군사적 승리는 매번 대외 연합군에 의존해 얻어진 일이었다.

합스부르크 제국군 내부 문제도 있었다. 이 시대에는 다른 절대왕정들의 군대도 모두 용병이긴 했다. 하지만 군 지휘관만큼은 자국 지배계급(귀족)에서 충원했다. 그런데 합스부르크에 봉사한 주요 군 지휘관들은 19세기까지도 거의 외국인이었다.

너무 이질적인 지배계급

합스부르크제국 내에는 통일된 귀족 계급도 없었다. 무슨 뜻인가? 합스부르크 영토 가운데 보헤미아는 부유하여 제국의 조세에 크게 기여했다. 합스부르크의 유력자라면 거의 모두 보헤미아 등지에 농노가 경작하는 거대 영지를 소유했다. 오스트리아 산악지대는 대귀족에게 인기가 별로 없어 농민의 소규모 토지가 존속했고 대농장이 형성되기 어려웠다. 즉 오스트리아 출신 귀족 집단은 제국 전체의 토지 소유 계급을 흡수할 무게중심이 아니었다. 빈에 기반을 둔 합스부르크왕조가 보헤미아에서 구체코 귀족을 몰아내긴 했으나 그

곳에 이주시킬 오스트리아 출신 귀족이 부족했다. 몰수된 토지를
차지한 세력은 외국인인 신보헤미아 귀족이었다. 이들은 계급적 유
대감이나 제국에 대한 충성심이 없었다. 합스부르그는 중부 유럽에
서 가장 공업화된 슐레지엔을 프로이센에게 빼앗기는데(1740년 오
스트리아 왕위 계승 전쟁), 이때 점령군 쪽으로 가버리는 신보헤미아
귀족도 있었다.

헝가리 지역을 합스부르그에 통합시키기는 또 얼마나 어려웠던
가. 사실상 불가능했다(헝가리 부분 참조). 제국 내 귀족들의 이러한
이질성은 합스부르그 지배계급의 정치적 연대를 약화, 붕괴시켰다.
이는 군 장교 집단의 이질성으로 이어졌다. 7년전쟁 때도 합스부르
그는 프로이센에게 졌다. 개혁이 필요했다!

마리아 테레지아, 요제프 2세의 개혁

게르만법은 예로부터 여자 상속을 배제했으나 우여곡절 끝에 마리
아 테레지아(재위 1740~1780년)가 아버지(카를 6세)를 계승했다(국
사조칙^{Pragmatic Sanction}). 마리아 테레지아는 개혁을 추진했다(교권 제한,
관료제 강화, 보헤미아와 오스트리아 양측 모두의 귀족과 성직자에게 조세
부과, 10만 상비군, 보헤미아와 오스트리아 간 관세장벽 폐지, 역외 보호관
세 확립, 농민 노동 부역의 법적 제한, 전쟁위원회 재편 등).

요제프 2세는 더 나아갔다. 성직자가 공직을 맡던 오랜 오스트리
아 전통과 결별했다. 중앙집권적 행정 개혁, 신교도, 유대교도에게
까지 종교 관용과 시민권 허용, 징병제 실시와 함께 군대를 30만으
로 늘리는 등의 개혁도 추진했다. 자유경쟁을 높이기 위해 도시 길
드, 동업조합 제도를 없앴다. 그런데 이 때문에 도시인(벨기에 지역)

의 적대감을 샀다. 농노제를 폐지하고(1781년), 모든 농민의 노동 부역을 현금 납부로 대체하게 했다(1789년). 그러나 오스트리아 농촌은 화폐가 흔치 않았으므로 지주, 농민 모두 이 개혁에 저항했다. 농업 생산을 분배하는 기준도 공식적으로 정해졌다(국가 조세 12.2퍼센트, 지대와 십일조 17.8퍼센트, 농민 70퍼센트). 새 분배 기준은 토지 귀족에 직접 타격을 가했다(개혁 이전 직접생산자 몫은 30퍼센트). 요제프 2세는 헝가리도 제국 틀 내에 강제로 통합했다.

대외적으로 요제프 2세는 벨기에를 바이에른과 맞바꾸고자 했으나 프로이센의 저지로 실패했다. 발칸 지역은 오스만 세력이 가로막았다. 국내에서 왕정은 귀족들과 파열음을 냈다. 헝가리 지역에 대한 개혁은 자유주의가 유럽을 휩쓸던 때라 헝가리 민족 반란을 염려하여 포기되었다. 뒤이은 레오폴트 2세는 결국 요제프 2세의 개혁을 거의 철회했다.

왜 개혁이 실패했는가

프로이센과 달리 합스부르크제국에서는 토지 귀족이 국가기구에 편입되어 있지 않았다. 그래서 결과적으로 이들에게 불리한 개혁을 제국이 시도할 수 있었다. 그런데 바로 이 점이 제국을 내적으로 취약하게 한 원인이었다. 문화적, 사회적으로 토지 귀족과 분리되어 있던 도시 출신 관료를 통해 제국이 귀족의 집단적 이해관계를 직접 침범하자 귀족들이 제각기 사나운 자기네 본성을 드러내기 시작한 것이다. 이 시대에 제국은 반혁명의 보루였으나 제국 자체는 무기력했고 표류했다.

〈지도 3〉 중부 유럽(1815년)

━━ 제국 경계선

발트 해

단치히 ●

프로이센

베를린 ●　　포젠 ●　　바르샤바 ●

슐레지엔

(폴란드)

● 프라하
(보헤미아)

러시아제국

(바이에른)

오스트리아제국

● 빈
(오스트리아)

부다페스트 ●

(형가리)　　　　(트란실바니아)

오스만제국

이스탄불 ●

지중해

자료: Berend(2003), p. xvii

공업화와 1848년

합스부르크제국 내에서 동부(헝가리)보다 경제적으로 월등히 진보했던 서부(보헤미아, 오스트리아)는 이미 18세기 후반쯤 근대적 경제성장의 징후가 뚜렷했다. 합스부르크는 지형상 산악지대가 많아 국내외 운송과 통신이 어려웠고, 석탄 같은 천연자원 매장량이 적긴 했다. 하지만 오스트리아와 보헤미아 지역에서 직물, 철, 유리, 제지 등의 공업이 발달하고 면직물공업도 출현했다(1763년). 초보적 형태의 공장이 존재한 가운데 생산은 주로 선대제 방식으로 이루어졌다. 기계화는 면직공업에서 시작되어(18세기 말) 모직물(19세기), 아마 공업으로 확산되었다. 하지만 합스부르크제국은 여전히 압도적으로 농업경제였다.

요제프 2세 개혁 이래로, 농민은 점차 대가를 치르지 않고서도 영주 토지를 떠날 수 있고 농산물을 시장에 내다 팔 수 있게 되었다. 1848년혁명 때 의회는 농노제를 폐지했다. 이 과정에서 영주에게 제공되는 보상금 절반은 농민이, 나머지 절반은 국가가 지불했다. 영주 역시 고용 노동의 생산성이 부역 노동보다 높다는 것을 점차 깨달았기 때문에 이 타협이 수용될 수 있었다. 헝가리 지역은 이와 달랐다(헝가리 참조).

1848년 대중 시위와 정부 간의 엎치락뒤치락

나폴레옹 전쟁 이후 도처에서 민족의식이 생성되던 이 시기에, '여러 민족의 감옥'인 합스부르크제국에서도 각 사회집단의 정치적 요구가 민족주의적 요구로 포장되어 폭발한다(1848년). 문서화된 헌법, 대의제 정부, 시민의 자유 확대 등을 요구하는 자유주의자, 도시 중산층, 근로자, 학생, 농민 등의 연대 시위가 거세졌다. 이들 앞에서 페르디난트 1세(재위 1835~1848년)와 그 주변(정부, 귀족, 군대 등)이 쉽게 무너졌다. 왕은 개혁과 자유주의 헌법을 약속했다. 반혁명의 보루였던 제국의 재상 메테르니히는 런던으로 피했다. 하지만 저항 세력의 연대 역시 쉽게 깨졌다. 제국 내 각 민족 간 갈등을 이용해 보수 반동 세력이 전열을 가다듬었다. 헝가리의 저항을 진압하는 데는 엄청난 규모의 러시아 군대까지 동원되었다.

허약한 왕정복고: 바흐 체제

혁명의회의 업적으로 자본제적 농업이 뿌리를 내리기 시작했다. 1848년 이후 합스부르크제국도 개혁을 시작하여 완전한 행정 집권화(제국 전체에 단일 관료제, 법, 조세, 관세 지역 등)를 추진했다(알렉산더 바흐^{A. Bach} 체제). 헝가리에는 제국에 대한 복종을 강요하기 위해 군대가 파견되었다. 그러나 제국은 여전히 대외적으로 취약하여 솔페리노전투(1859년)에서 롬바르디아를 잃었다(이탈리아 독립). 국내에서 제국은 대중에게 정치적으로 많이 양보하여 제국의회 설립을 허용했다. 게르만족 우위를 유지하기 위해 선거권은 제한되었으며, 의회에게 실권(징병과 조세 징수 통제권, 면책권 등)은 없었다. 마자르 귀족이 이를 거부하자 헝가리 지역에 대한 군사통치가 재개되었다.

오스트리아-헝가리 이중 왕조 제국 출범

역사적으로 합스부르크 영토 가운데 보헤미아에 기반을 둔 귀족이 가장 부유했으나 19세기를 지나면서 헝가리 영지의 중요성이 커지고 헝가리 귀족의 경제력도 확대된다. 오스트리아-헝가리 간 관세 국경이 철폐되지만(1850년), 그 이전부터 오스트리아-헝가리 간 공산품-농산물 무역 패턴은 이미 잘 구축되어 있었다. 합스부르크제국이 자도바전투에서 또다시 프로이센에게 패배하자(1866년) 제국은 큰 타격을 받았고, 바흐 체제는 철회되었다. 이후 헝가리는 제국 내에서 우월한 지위를 확보하기 시작했다. 제국 해체를 막기 위해 헝가리가 공식적인 동반자로서 제국에 수용되었다. 오스트리아-헝가리 이중 왕조 제국이 탄생한 것이다(1867년).

이후의 공업화

운송은 제국의 경제 발전에 중요했다. 산악 지형이 많아 육로는 비쌌고 수상 교통은 전혀 존재하지 않았다. 선진 공업국들과 달리 오스트리아-헝가리제국에는 운하가 거의 없었다. 최초의 철도는 대부분 오스트리아-보헤미아 지역에 만들어졌다. 1867년 이후 헝가리에도 철도가 부설되어 지리적 노동 분업이 강화되었다. 헝가리 철도로 수송된 상품의 절반 이상이 곡물과 밀가루였다. 이로 인해 헝가리도 공업화가 시작된다. 1차 대전 발발 직전 보헤미아 지역은 제국 공업 생산의 절반 이상을 차지했다. 빈과 그 근교에서는 약간의 정밀도를 요하는 공업이 발달했다. 철강산업은 1860년대 후반부터 제국의 보조금 지원을 받아 성장하기 시작했다. 제국의 공업 부문은 분열 상태의 독일 영방들과 비슷하거나 약간 앞섰었다. 통일된 독일제국이 등장한(1871년) 이후로는 독일에 계속 뒤졌다. 1867년경부터 오스트리아-헝가리제국 내 동부(헝가리) 지역이 급성장했다. 20세기 초 오스트리아-헝가리제국 내 서부는 서유럽과 거의 비슷했고, 동부는 서부보다는 못하지만 다른 동유럽 국가들보다는 나았다.

지도상에서 사라진 제국, 그 이후

오스트리아-헝가리제국은 1차 대전의 진원지였다. 전쟁 도중 이민족의 이반이 일어나는 등 국가적 결함이 여실히 드러났다. 제국이 연합국과 단독 휴전 조약을 체결함과 동시에 혁명이 일어났다. 1919년 9월 생제르맹조약으로 오스트리아-헝가리 이중 제국은 해체되고 헝가리, 체코슬로바키아는 독립했다. 영토의 일부는 폴란드, 유고슬라비아, 루마니아 등의 신생국으로 넘어갔다.

제국은 사라졌지만 이곳에서 또 한 번의 여진이 세계를 뒤흔든다. 1차 대전 후 빈의 은행들은 원래 자기네 공업 기반, 특히 체코슬로바키아(보헤미아)와 완전히 단절되었다. 경영에 필요한 건전한 기반이 전혀 없는데도 오스트리아의 최대 은행 크레디트안슈탈트는 마치 합스부르크제국이 여전히 존재하고 있기라도 한 듯 방만한 경영을 일삼았다(1920년대). 은행들이 수익성 없는 사업에 집착하고 있었기 때문에 파산과 손실은 어쩔 수 없었다. 1929년 오스트리아에서 두 번째로 큰 은행 보덴크레디트안슈탈트가 파산하면서 중부 유럽의 은행 시스템이 붕괴한다. 이에 관한 경제사는 앞에서 자세히 다루었다.

이후 오스트리아 정치는 가톨릭 세력을 배경으로 한 기독교사회당과 혁신적인 사회민주당이 대립하는 가운데, 독일에서 나치가 등장한 이후(1933년) 대독일주의를 꿈꾸는 민족주의 세력이 활발해졌다. 1932년 5월에 기독교사회당의 돌푸스E. Dolfuss(1892~1934년)가 프랑스, 이탈리아와 제휴하여 혁신파를 물리치고 나치 활동을 억압하기 위해 1933년에 쿠데타를 일으켜 의회 기능을 정지시키고 독재정치 체제를 수립했다. 하지만 돌푸스는 나치 당원에게 암살당했다(1934년). 슈슈니크^{Kurt von Schuschnigg}(1897~1977년)가 돌푸스 정책을 계승하려 했으나 독일의 압력으로 물러났다. 1938년 오스트리아 나치 지도자 자이스잉크바르트^{Arthur Seyss-Inquart}(1892~1946년)가 내각을 조직하고 독일군이 오스트리아에 진주하도록 히틀러에게 요청했다. 독일과 오스트리아의 완전 합방이 선언되고 오스트리아는 독일의 한 주^州로서 독일 제3제국에 소속되었다.

1945년에 소련군이 빈을 점령했고, 2차 대전 종전과 함께 오스트리아는 미국, 영국, 프랑스, 소련 등 4국 연합군이 분할 점령하여 연합국 4국의 관리이사회가 다스렸다. 1945년에 사민당 출신 레너^{Karl Renner}를 대통령으로 뽑고 모든 정당이 연합하여 제2공화국이 출범했다. 영토는 1938년 독일 합병 이전의 상태로 회복되었다. 헌법도 1920년 제1공화국 헌법으로 복귀하였다. 오스트리아는 소련의 동구권 위성국가화에 반대하고 미국의 마셜플랜을 포함한 서유럽 경제에 의존하며 친서방 경향을 취했다.

1955년에 오스트리아는 소련과 다음과 같이 협상했다. '오스트리아가 독일처럼 분할 독립할 경우, 서부 오스트리아가 NATO 영역이 될 것이고, 독일과 이탈리아에 소재한 NATO군이 서부 오스트리아를 통하여 유럽을 관통할 수 있으며, 그것은 소련에게 불리하다. 하지만 오스트리아가 중립국이 되면 NATO군의 유럽 남북 관통을 막을 수 있다. 즉 오스트리아의 중립 체제가 소련의 이익에 부합된다.'고 소련을 설득했다. 5월 15일 오스트리아는 중립 체제를 조건으로 주권 회복을 위한 국가 조약에 4대 연합국과 함께 서명했다. 7월 27일에 조약이 발효되었다. 점령군은 철수하고 17년 만에 오스트리아는 독립 주권을 회복했다. 신생 오스트리아는 군비제한

을 받았으며 독일과 정치, 경제적으로 결합하는 일은 영원히 금지
되었다. 배상의무는 없었다. 1955년 10월 26일 오스트리아의 영구
중립을 규정한 제2공화국 헌법이 선포되었으며, 12월에는 유엔에
가입하였다.

중부 유럽 경제사

10장

헝가리:
전투적이며 좀처럼 굴하지 않는 민족의 나라

아시아 유목민 마자르족은 이질적 문명들이 맞닿은 경계 지역에 정착해 그 영향을 다양하게 받았다. 강대국 틈바구니에서 수많은 전쟁, 이민족 침략과 정복에 시달렸으나 그 어느 문명이나 강대국도 문화적 응집력이 매우 강력한 마자르족의 전통과 독자성을 존중하지 않고서는 실질적으로 헝가리를 지배하거나 상대할 수 없었다.

19세기 말에 헝가리는 극과 극을 달리는 다양한 무역 지대를 편력했다. 1차 대전 이전 도나우 강 자유무역 지대 시절에 공업화를 시작한 헝가리는 이탈리아가 주도한 삼국협정 블록, 나치 무역 지대를 거쳐 2차 대전 이후 코메콘에 속했다가 이제 EU 회원국이 되었다.

유럽 지평선에 벼락 치듯 등장한 아시아 유목민 마자르족

중세 유럽인은 고대 로마 기록에 "헝가리인"에 관한 언급이 없어 놀라워했다고 한다. 어떻게 그 무서운 마자르족(헝가리인)을 몰랐단 말인가! 그야 고대 로마인은 마자르족을 본 적이 없기 때문이었을 것이다. 유럽에 '헝가리인'이란 말이 처음 등장한 것은 833년이다. 아시아 유목민으로 추정되는 마자르족이 유럽 지평선에 어느 날 갑자기 벼락 치듯 등장했을 때 사람들은 흉노족^{Huns}이 돌아온 줄로만 알았다. 그래서 그들을 헝가리인^{Hungarians}이라 불렀다.

　마자르족은 도나우 강 건너 강 중류 평원에 이르렀다(890년). 4세기 이래 이민족의 약탈로 거의 버려진 땅에 그래도 아직 잔류 주민이 있었고 슬라브인도 들어오긴 했으나, 애초에 인구가 매우 희박한 평원이었다. 예전에 이곳에 살던 아바르족을 샤를마뉴가 격파한 후(8, 9세기) 국가적 조직이라 부를 만한 것은 소멸했다. 헝가리인

침입 이전 서북부에 모라비아공국(슬라브족이 세운 최초 국가)이 있었지만 헝가리인의 공격을 받고 파괴되었다(906년). 지명도 헝가리 평원으로 바뀌었다.

정착, 기독교 도입, 서유럽 왕국 모방한 국가로의 탈바꿈

이제 마자르족은 유목 생활을 멈추고 정착하여 주변을 약탈하며 살았다. 불가리아제국이 쇠퇴하면서 서유럽 쪽으로 길이 열리자 방비가 허술한 서유럽 이곳저곳도 급습했다. 마자르족은 요새화된 도시는 좀처럼 공격하지 않았고 공격해도 대개 실패했다. 그들은 조직된 군대라기보다는 우두머리의 채찍질에 내몰려 잽싸게 지역을 훑고 지나가는 가공할 야만인 전사였다. 약탈하면서 특히 사람을 사로잡아 도나우 강 유역에서 그리스 상인 손에 넘기곤 했다.

마자르족이 레히 강 기슭에서 오토 대제(신성로마제국)에게 격파당한 후 마자르족의 서유럽 약탈은 급감했다. 요새화된 도시, 성채가 증가하면서 헝가리식 약탈이 어려워졌고, 헝가리인이 농경 생활을 시작하면서 약탈을 위한 대대적 이주가 어려워진 것도 이유였다. 정치 변화도 생겼다. 헝가리인 소집단 수장들 위로 대영주 아르파드Arpad가 선출되고, 아르파드조朝는 싸움을 거치지 않고 마자르족 전체에 대한 지배권을 확립하는 데 성공했다. 후손 바이크가 스스로 국왕임을 선언했다(이스트반 1세, 1001년). 헝가리는 기독교를 도입하고 교회의 위계 제도로 영토를 조직했다. 서유럽 왕국을 모방하고 그 영향을 받는 국가로 탈바꿈하는 작업이 시작된 것이다.

슬라브 문화, 서유럽 문화를 흡수하다

오래전부터 정착 생활을 한 슬라브인과 서유럽 농촌의 요소도 헝가리인의 생활에 흡수되었다. 슬라브 사회는 지배계급(전사 귀족) 내에서 서유럽식 규범에 점차 적응하는 모습을 보이긴 했지만, 서유럽과 같은 조건적 토지 보유제(상급자에게 충성을 바치고 토지를 보유하는 일)나 법적 전통, 계약 이념(보호를 받는 조건으로 하는 복종) 등은 잘 확립되지 않았다. 자유도시가 발달하기도 어려웠고 귀족에게 면세권이 없었다. 이것이 의미하는 바는 동유럽 일대 지배계급의 응집력이 서유럽보다 훨씬 미약했고, 귀족이 너무 광대한 땅에 흩어져 있어 왕조가 이들의 충성을 확보하기 어려웠으며, 그 결과 훗날 귀족의 반동이 오래 지속되면서 근대적 국가조직을 창출하기 어려웠다는 것이다.

여하튼 헝가리는 이스트반 1세 사후 왕위 계승 문제로 약 2세기간 내란을 겪었다. 몽골에 시달리기도 했다(1241~1242년). 루터의 종교개혁 소식이 이들에게 전해지면서 헝가리 땅에도 루터주의가 확산되고 헝가리 궁정도 이에 공감했으나 가톨릭 교단과 헝가리 의회는 이를 엄격히 금하는 법령을 만들었다(1523년).

오스만제국의 침입, 셋으로 조각난 헝가리

오스만제국이 헝가리에 침입했다. 이들과 싸우느라 헝가리는 모하치 평원 전투에서 왕(루이 2세)을 잃는 등 크게 패했다(1526년). 헝가리 전통 왕조는 상실되고 강력한 헝가리 신분제의회 파벌들이 각기 따로 왕을 선출했다. 오스만터키(이슬람)가 수도 부다^{Buda}를 포함한 대평원을, 유럽의 합스부르크왕조(가톨릭)가 헝가리 북서부를, 오스만의 지원을 받는 자폴리아가 동부 헝가리와 트란실바니아를 장악하여 헝가리는 셋으로 갈라졌다(1547년).

오스만터키는 합스부르크 수도 빈을 거의 점거하고(1529년) 이후 약 150년간 발칸 일대 여러 종족과 헝가리 거의 전 지역, 남부 러시아 일부까지 지배했다. 도나우 평원과 헝가리 전역에서 수차례 전쟁(1551~1562년, 1593~1605년)이 벌어지면서 빈이 헝가리 귀족을 공격하면 헝가리 귀족들은 터키와의 동맹에 의존하여 공격을 막곤 했다. 그러는 동안 마자르족의 농업은 파멸하고 농민은 농노로 전락했다. 단일 통화, 균일 조세를 헝가리에 부과하려는 합스부르크의 계획은 헝가리 신분의회의 저항으로 좌절되었다.

합스부르크의 헝가리 정복, 그러나!

오스만터키는 지역 종교에는 별 관심이 없었다. 그래서 헝가리인은 터키의 지배를 받는 동안 루터파를 수용하여 신교로 머물 수 있었다. 즉 가톨릭 세력이 헝가리를 상실한 것이다(1585년 헝가리 인구의 85퍼센트가 프로테스탄트, 10퍼센트 그리스정교, 5퍼센트 가톨릭). 합스부르크의 숙적인 터키가 빈을 포위했을 때, 연합군(합스부르크, 작센, 바이에른, 폴란드)이 빈을 구출하고 터키는 철수했다. 합스부르크는 헝가리 거의 전체와 트란실바니아(현재 루마니아 일부)를 정복했다(1683년). 헝가리가 합스부르크의 지배를 받는 동안, 헝가리 영토 내 법과 신분제의회는 헝가리 귀족이 자체 운영했다. 터키 군대는 헝가리에서도 완전히 축출되었다(1687년). 터키 세력이 후퇴할 때 합스부르크는 도나우 분지 일부를 새로 획득하여 헝가리 귀족에게 분배하고 이들의 정치적 충성을 확보했다.

그러나 누구든 헝가리에게 이데올로기적 복종을 강요하는 것은 사실상 불가능했다. 마자르 대주교가 헝가리 귀족을 가톨릭으로 개종시킴으로써 헝가리는 가톨릭으로 회복되었고(1699년), 헝가리 귀족은 합스부르그의 지배를 승인했다. 하지만 가톨릭 학교들은 마자르 전통과 이들의 집단적 특권을 존중해야 했다. 마자르 분리주의는 합스부르그왕조에 수차례 반란을 일으켰다. 이 가운데 라코지 F. Rákóczy가 프랑스, 바이에른과 동맹하여 주도한 반란(1703년)이 있었는데 이 역시 합스부르그에게 진압되었으나(1711년) 이때 헝가리는 중요한 타협을 얻어냈다. 즉 헝가리는 합스부르그의 세습 지배, 헝가리 농노에 대한 합스부르그의 과세, 합스부르그 군대의 헝가리 주둔 등을 수용하고, 헝가리 사무국을 빈에 설치하였다. 대신 헝가리 귀족의 전통적 특권은 회복되었다.

합스부르그의 헝가리 강제 통합 시도와 헝가리 민족 감정 고조

합스부르그의 광대한 오스트리아제국 황제(요제프 2세. 재위 1780~1790년)가 헝가리를 제국에 강제로 통합시키려는 시도를 했다(지주 면세권 폐지, 왕의 법정 강요, 군 관료제 확대, 농노제 폐지). 이 시도는 헝가리 신분의회의 저항으로 무산되었다(1789년). 요제프 2세가 죽은 후, 헝가리 귀족의 반동이 폭발했다. 레오폴트 2세(재위 1790~1792년)는 1789년의 법을 철회하고 마자르 귀족의 정치권력을 회복시켰다. 헝가리 신분의회는 요제프 2세의 개혁을 법적으로 무효화했다. 귀족 토지에 대한 과세도 종식시켰다. 헝가리는 합스부르그에 완전히 통합된 적이 없었고, 귀족은 물론 농민조차, 동유럽 대부분의 종족이 그랬듯이, 예로부터 민족 감정이 강했다.

애초에 여러 민족으로 구성된 합스부르그의 오스트리아제국은 농민 상황도 복잡했다. 농민이 농노제에서 해방되었다고 해도 여전히 사실상 영주의 세습 사법권에 예속되어 부역을 제공했다. 제국 내 헝가리도 예외가 아니었다. 제국 내 독일인, 슬라브인 농민은 조세와 부과금을 지불하고 나면 생산물의 약 30퍼센트 정도를 차지할 수 있었다(1840년대). 유럽 지역의 공업화로 신흥 도시인구가 늘고, 자유주의 물결과 함께 각 소수민의 자유, 즉 민족자결주의 이념이 확산되었다. 오스트리아제국은 위협을 느끼기 시작했다. 민족자결주의 이념은 '여러 민족의 감옥'인 제국의 문을 열어젖히는 열쇠가 될 것이기 때문이었다.

헝가리혁명, 그러나 헝가리도 민족자결의 덫에 걸리다

오스트리아제국에서 혁명의 발원지는 헝가리였다. 헝가리 민족주의자의 요구(민족자치, 완전한 시민권, 보통선거)를 빈의 학생과 노동자가 지원했다. 농민반란도 일어났다(1848년). 페르디난트 1세(재위 1835~1848년)가 이에 굴복하여 자유주의적 헌법을 약속했다. 특히 농민반란은 농촌의 기본적 요구를 들어주지 않고는 진정될 수 없었다. 영주의 사법권, 농촌의 봉건적 요소가 폐지되었다. 코슈트 L. Kossuth(1802~1894년)가 이끌던 마자르 신분의회는 귀족에게 한층 유리한 방법으로 부역을 종식시켰다. 헝가리에서 이에 드는 부담은 전적으로 농민이 졌다. 소귀족은 땅을 팔아 치우고, 빈농은 도시로 몰려갔으며, 대귀족은 보상금으로 대영지를 늘려 합리적 경영과 생산 개선을 이루기에는 좋았다. 하지만 토지 재산은 한층 더 집중되었다.

혁명 세력들의 연대는 시들해졌으나 유독 헝가리 혁명가들은 독립국가 건설을 시도했다. 그렇지만 헝가리 지역 인구의 반을 차지하는 크로아티아인, 세르비아인, 루마니아인은 이를 받아들일 수없었다. 헝가리가 오스트리아제국에 대해 내세우는 민족자결 논리는 이제 헝가리 내 소수 인종들이 헝가리에 대해 내세우는 민족자결 논리의 근거가 되어 헝가리를 위협했다. 소수 인종 그룹들은 새헝가리 정부와 무장 대치했다. 제국 내 각 민족적 열망과 소수 인종들의 공포를 합스부르크왕조가 요리조리 이용하기 시작했다.

헝가리 저항을 분쇄하고 반혁명이 승리

합스부르크의 보수 세력이 황제 페르디난트 1세 주위로 집결했다. 황제 동생의 부인 소피아가 "페르디난트는 후손도 없고 '학생의 난동' 앞에 굴복했으므로 황제직에서 물러나야 한다"고 주장하자 이를 적극 지지하는 세력(합스부르크 정부 고위층, 군대, 교회)이 혁명 반전을 도모했다. 이들은 헝가리 내에서 차별받는 소수 인종을 부추겨 헝가리 혁명정부에 대항하게 했다. 무장한 오스트리아 정규군을 빈에 투입하여 도시를 탈환하고 혁명 지도자를 처형했다. 소피아의 아들 요제프F. Joseph(재위 1848~1916년)가 오스트리아 황제가 되었다(1848년 12월). 예전 황제의 약속은 모두 무효화되었다. 복고 왕정은 제국 전체를 포괄하는 단일 관료제와 법, 조세, 관세 지역을 부과했다. 복종을 강요하기 위해 헝가리에 군대도 대거 파견했다. 그러나 왕정의 힘은 제국 내적, 외적으로 매우 허약했다.

마자르족은 이를 거부하고 헝가리독립공화국을 선언했다(1849년 4월). 코슈트가 행정 수반으로 추대되었다. 이러한 헝가리를 합스부르그 혼자서는 감당할 수 없어 러시아 군대(13만)의 지원을 받아야 했다. 헝가리 사태가 폴란드에 미칠 영향을 염려하여 러시아가 합스부르크에게 지원을 제안한 것이다. 치열한 전투 끝에 헝가리공화국의 저항은 분쇄되고(1849년 8월) 반혁명의 승리로 사건은 종결되었다. 헝가리는 오스트리아가 파견한 군대에 복종할 것을 강요받으며 정복된 영토로서 다스려졌다(1850년대).

마자르 분리주의가 사실상 헝가리 독립을 확보

오스트리아는 프랑스와의 전쟁에서 패배하여 큰 타격을 입고 정치적으로 후퇴하여 제국의회 설립을 허용했다(1861년). 이 의회는 독일인 우위를 유지하기 위해 선거권을 제한했다. 의회의 권한도 제한적이었다. 장관, 징병, 조세 징수에 관한 통제권도 없었다. 마자르 귀족이 이 수용을 거부하자 헝가리에 완전한 군사적 통치가 다시 도입되었다.

오스트리아는 프로이센과의 전쟁에서 패하고(1866년) 제국 해체를 막기 위해 헝가리를 공식적 동반 관계로 받아들여야 했다. 헝가리가 제국 내에서 가장 전투적이고 자체 권력을 지탱할 수 있는 유일한 세력이었기 때문이다. 헝가리를 움직이는 마자르 지주계급은 자체 정부, 예산, 의회, 관료를 갖추고 헝가리 내에서 완전한 권력을 부여받아 사실상 헝가리 독립을 확보했다. 오스트리아, 헝가리 등지에 각기 거주하는 소수 인종들은 각 왕국이 독자적으로 지배하기로 했다. 단지 공동의 군대, 대외 정책, 갱신이 가능한 관세동맹만 제국이 관할했다. 소위 오스트리아-헝가리 이중 왕조 나라가 탄생한 것이다.

오히려 국가를 약화시킨 헝가리 내셔널리즘

마자르 귀족은 3세기가 넘도록 합스부르그왕조의 중앙집권화 노력에 가장 큰 장애이자 최고 강적이었다. 마자르 귀족은 제국 내에서 가장 완강한 분리주의자에, 문화적 응집력이 크고, 자기네 피지배민에게는 매우 억압적인 지주였다. 이들의 힘과 경제적 기반은 18세기에 오스만제국이 점령했던 헝가리 일대 광대한 지역의 농업 발전을 바탕으로 한 것이었다.

마자르 귀족은 헝가리에서 1848년의 헌법을 회복하고(1867년), 이 헌법으로 마자르 농민과 소수 인종을 지배했다(1914년). 최상 부유층 성인 남성의 4분의 1만이 투표권을 보유했고, 의회는 마자르 엘리트가 전유했다. 헝가리 학교와 정부에서 마자르 언어 사용을 추진하는 법이 강행 처리되었을 때, 이는 특히 크로아티아인과 루마니아인에게 반감을 불러일으켰다. 마자르 극단주의자는 헝가리와 오스트리아의 완전 분리를 외쳤다. 헝가리에 속한 과격한 소수 인종 지도자들은 헝가리에서 독립할 꿈을 꿨다. 일반적으로 내셔널리즘은 국가를 강력하게 묶는 접착제였건만 오스트리아-헝가리에서 내셔널리즘은 갈수록 제국을 해체하려는 기능을 했다.

당시 복잡하게 얽힌 국제 관계에서 오스트리아-헝가리는 보스니아와 헤르체고비나를 점령하여 통치할 권한을 확보한 적이 있었다(1878년 베를린회의). 보스니아와 헤르체고비나는 주민 다수가 슬라브족인 세르비아인이며, 그 밖에 크로아티아인과 무슬림 등이 혼재한 지역이었다. 세르비아왕국이 자기네와 같은 슬라브족의 나라이자 강대국인 러시아의 지원을 기대하면서 오스트리아-헝가리와 오스만제국 모두에게 적대감을 공표했다(1903년). 이러한 세르비아의 팽창을 막기 위해 오스트리아는 보스니아와 헤르체고비나를 공식적으로 합병했다. 세르비아는 이에 격분했으나 러시아의 지원 없이는 아무것도 할 수 없었다. 그러던 어느 날 보스니아의 수도 사라예보에서 총성이 울렸다.

대전으로 산산조각 난 오스트리아-헝가리

그 총성은 세르비아 민족주의자 청년이 오스트리아의 제위 계승자 페르디난트 대공 부처를 암살하고자 방아쇠를 당긴 소리였다. 이와 함께 1차 대전이 시작되었다. 1차 대전에 얽힌 복잡한 사정은 이미 7장에서 다 얘기했다. 하지만 다민족국가 오스만제국이 결국 내셔널리즘 때문에 유럽 지역에서 밀려난 것을 옆에서 지켜보던 오스트리아가 자기네 역시 내셔널리즘으로 인해 붕괴될 것을 우려하여 자포자기 심정에서 상당히 의도적으로 전쟁 발발을 자초한 면이 있다는 지적은 여기에서 다시 해도 좋으리라. 헝가리는 1차 대전에 별로 열광하지 않았다. 오히려 오스트리아가 세르비아와 공연한 갈등을 야기했다고 비난하면서 세르비아와 평화협정을 추구하기도 했다(1914년). 클라우스 마리아 브렌다우어가 주연한 『레들 대령』은 당시 일부 헝가리 엘리트의 생각과 분위기를 잘 묘사한 영화다.

어쨌든 전쟁이 시작된 처음 2년간은 교전 당사국 모두 자국 정부를 지지하며 뭉쳤다. 서로 적대하는 민족주의자로 우글대는 오스트리아-헝가리에서조차 그랬다. 예상외로 전쟁이 길어지자 이들은 다시 삐걱거렸다(1916년 봄). 오스트리아-헝가리는 결국 연합국에 항복했다(1918년 11월). 전후 베르사유조약에 따라 독일의 동맹국 오스트리아-헝가리는 오스트리아, 체코, 헝가리로 분할되고 제국

중부 유럽 경제사

은 사라졌다. 체제 보존을 위해 의도적으로 일으킨 전쟁이 그 의도 실현에 성공한 일은 실제 역사에서 별로 없는 것 같다. 오히려 그런 전쟁이 그 체제를 제거해버린 역사적 사례는 오스트리아-헝가리제 국 말고도 얼마든지 찾을 수 있다.

도나우 자유무역 지대 시절(1차 대전 이전)

1차 대전 이전 오스트리아-헝가리제국은 경제적 의미상으로는 도 나우 강 유역에 형성된 대규모 자유무역 지대였다. 제국 내 지리적 다양성과 불균형은 프로이센이 이끄는 관세동맹 지역보다 더 심했 다. 헝가리는 오스트리아 쪽에 비해 크게 낙후했으나 오스트리아와 의 관세 국경 철폐(1850년)와 함께 교역이 늘기 시작했다. 헝가리는 자치 정부를 수립한 후(1867년) 공업 생산이 성장하면서 서부 지역 보다 뒤졌어도 다른 동유럽 지역보다는 앞서기 시작했다. 오스트리 아-헝가리에는 선진 공업국들과 달리 운하가 별로 없어 헝가리에 철도가 많이 부설되었다. 철도 수송 상품의 절반 이상이 곡물과 밀 가루였다.

19세기 후반에 부다페스트는 미국 미니애폴리스에 이어 세계 2 위의 제분업 중심지로 성장했다. 헝가리 제분소는 처음으로 금속 실린더를 사용해 입자가 고운 제빵용 밀가루를 만들었다. 제분기를 제작 수출하고 전기기기도 생산했다. 부다페스트는 스위스 기술자 의 설계로 유럽 최초로 지하철을 건설했고(1896년) 뉴욕 시가 이를 배워갈 정도로 모범적이었다. 전차도 가설하여(1889년) 거리에 따 른 철도 요금 체계로 운영했으며 250킬로미터 반경에서 출퇴근이 가능했다. 부다페스트의 이러한 발전은 곡물 무역 덕분이었다.

그런가 하면 헝가리를 떠나는 이민도 급증했다. 헝가리에 '노예법'(반항 노동자에게 대지주가 체형도 가할 수 있게 한 법, 1898년)이 도입되자 이 법이 이민을 더욱 부채질하여 고향을 등지고 미국으로 이주한 헝가리 농민 규모가 약 150만 명에 달했다(1890~1910년).

인플레이션, 대공황, 국유화

전쟁 후 헝가리 경제는 새 국면을 맞았다. 유럽 나라들 국경이 재설정됨에 따라 독립 경제단위가 38개로 늘었다(전쟁 전 26개). 통용되는 통화도 27개나 되었다(전쟁 전 14개). 영토 변화로 민족주의 운동이 다시 대거 일었다. 제국 붕괴로 태어난 소규모 신생국들은 서로 배타적이었고, 강대국의 지배를 두려워하며 주권국가를 자처했다. 신생국은 규모가 작아 경제 회복이 더뎠고 운송 체계 붕괴가 이를 가중시켰다. 정국이 불안했다. 헝가리는 국토를 3분의 2나 잃어 국토 회복주의가 정치의 원동력이 되었다. 좌파 혁명이 실패하고 공산주의와 국가주의가 혼재하는 가운데 우익 권위주의 독재정권이 득세했다. 보호무역 추세에서 헝가리도 고관세*를 도입하는 한편 국가자본으로 기업을 세워 농산물 수출의 80~85퍼센트를 국가가 독점했다. 헝가리는 독일, 오스트리아, 폴란드처럼 재정 파탄과 통화 증발에 따른 초인플레이션을 겪었고(1923년), 오스트리아의 최대 은행 크레디트안슈탈트 파산의 직격탄을 맞아 극심한 금융 위기와 공황에 빠져들었다(1931년).

---

* 관세율을 20, 30, 50퍼센트로 순차적으로 올렸다.

잠시 이탈리아가 주도한 블록에 머무르다

작은 유럽 나라들은 강대국의 지배를 두려워했지만 자급자족이 불가능했으므로 지역 간 협력이 필요했다. 파시스트 정권 이탈리아(무솔리니)가 오스트리아(돌푸스), 헝가리(굄뵈스)와 국가 주도적인 지역 경제협력을 시도했다. 삼국은 관세 인하를 포함한 긴밀한 경제 관계를 맺고(1931년), 경제 블록을 만들었다(1934년 로마협정). 헝가리 사람들은 이를 오스트리아-헝가리제국의 기능을 대체하는 것으로 받아들였다.

세 나라는 보조금 지급을 통해 이탈리아, 오스트리아에 대한 헝가리의 곡물, 가축 수출을 보장했다. 이탈리아 정부는 헝가리에 보조금을 지급했다(1934~1935년에 7,600만 리라). 오스트리아 정부는 매년 헝가리 가축(송아지, 돼지, 가금류) 구매에 동의했다. 헝가리는 이탈리아, 오스트리아 공산품 수입을 보장했다. 이에 따라 이탈리아에 대한 헝가리 수출이 80퍼센트 정도 증가했다(1935년).

헝가리의 나치 블록 시절: 경제계획과 시장경제 소멸

나치 독일이 이탈리아 무역 블록을 무산시키고자 했다. 헝가리는 이탈리아 등과 무역협정을 맺은 것과 거의 같은 시점에 새 무역협정을 통해 나치 무역 지대에 속하여 독일 경제에 긴밀히 연계되었다(1934년). 이제 헝가리를 포함한 주변국들은 독일에 농산물, 원자재를 공급하고 수출을 할당받았다. 독일은 동결 자금을 이용해 이 지역에 세계 시장가격보다 더 높은 가격을 지불했다. 독일이 오스트리아를 아예 합병해버리자(1938년) 이탈리아의 무역 블록 노력은 물거품이 되었다.

대공황을 거치면서 헝가리에도 국유화가 확산되고 국유 은행이 금융업을 주도하는 역할을 했다. 국방비도 증가했다(증가율 50퍼센트). 1941년 이후 유럽 대륙의 거의 모든 경제가 나치 전시 경제체제 지배하에 놓였다. 나치 독일의 동맹국인 헝가리는 무기, 탱크 등을 독일의 직접 주문과 합작 프로그램에 따라 생산했다. 특히 항공기 합작 생산 계획(30억 펭고 규모)은 헝가리 정부가 부분적으로 통제하다가 헝가리 주재 독일 대리점의 직접 통제를 받았다.

자유로운 상품 시장은 폐쇄되었다. 2차 대전 동안 헝가리는 엄격한 명령 체제하에서 독일에 농산물 공급을 늘렸으며 국내에서 식료품 배급제를 실시했다. 헝가리에 시장경제는 더 이상 존재하지 않았다. 돌이켜 생각하면 헝가리는 훗날 스탈린식 비시장적 중앙 계획경제를 도입할 기초를 이 시절에 닦은 셈이었다.

이제는 소비에트 블록 내에서

2차 대전이 끝나갈 무렵 나치 블록에서는 지역 공산당 세력이 나라를 해방시키거나, 각 지역에서 나치 세력이 철수하거나, 나치 협력 정권들이 붕괴하고 있었다(1944~1945년). 패전국 헝가리는 영토의 일부를 상실했을 뿐 아니라 배상금도 내야 했다. 그 대부분이 소련에 지급되었다. 해방된 지역의 역사적 연속성은 강하게 부인되었다. 나치 독일에 맞선 공산주의자들의 명성이 유럽 전역에서 자자했다. 나치 무역 지대에 속했던 거의 모든 경제가 스탈린식 비시장적 중앙 계획경제를 모델로 재건을 추진했다(1946~1948년). 헝가리도 그렇게 했다. 헝가리는 종업원 100명 이상인 모든 기업을 국유화했다(1948년). 이어 종업원 10명 이상인 중소기업 재산을 국가가 몰수하는 등(1949년), 비농업 부문 국유화를 나라 전체에 실현했다(1952년). 국유 기업은 공식적으로는 독립적, 합법적인 경제단위였다. 하지만 독립적으로 경영할 자유는 없었고 시장 법칙에도 따르지 않았다.

획일적인 소련식 농업 집산화는 농민의 강한 저항에 직면하여 나라별로 실패하기도 했다. 집산화가 중단되고(1953년 이후), 탈집산화(스탈린 사후)가 일어나기도 했으나 모스크바의 집산화 재개 명령(1958년 말)으로 농업 집산화가 마무리되었다. 그렇지만 집산화는 독립성이 많이 확보된 집단농장 체제로 작동했다(1960년대). 헝가리는 강제 공출제를 폐지하고(1956년 이후) 국가가 협동농장에서 생산물을 구매했다. 합법적으로 상업화된 자영 농지(총경지의 약 10~12퍼센트)는 시장 지향적으로 운영되면서 헝가리 농업 생산의 3분의 1을 생산했다. 가축은 집산화되지 않았고 그 절반 정도는 농민 개인소유였다.

헝가리의 중앙 계획은 위계적 소비에트 관료 체계의 지도를 받았다. 헝가리 국민이 저항하면 소련은 군사행동을 했다. 헝가리 총리 너지Imre Nagy가 자유선거를 포함한 개혁, 바르샤바조약 탈퇴 등을 선언하고, 국제연합이 오스트리아의 중립을 인정한 것과 같은 근거에서 헝가리의 영세중립 보장을 요구하는 일이 일어났다(1956년). 이때 소련은 군사력을 동원하여 2차 대전 파괴 수준의 공격을 헝가리에 퍼부었다. 헝가리 노동자와 학생은 압도적 우세를 보인 소련군에 맞서 열흘이나 싸웠다. 헝가리에 새 괴뢰정부가 수립된 뒤에도 일부 헝가리인(15만 명)은 오스트리아로 도주하여 산악지대에서 게릴라 활동을 계속했다. 정말로 불굴의 헝가리 민족이었다. 일찍이 18세기 말 독일 철학자 헤르더는 헝가리는 헝가리어와 함께 곧 지도상에서 사라질 것이라고 예견했다가 헝가리인의 모국어를 지키려는 엄청난 노력에 찬사를 보낸 적이 있다고 한다.

노동, 주택, 소비재

노동시장은 폐쇄되고 의무등록제에 따라 '노동력 활성화' 사무소 등을 통해 중앙정부가 노동력을 배치했다. 다른 계획경제 나라들처럼 헝가리에서도 노동은 의무이고 이직이 허용되지 않았다. 노동조합은 본래 기능을 상실한 채 당 의사 전달 기구로 전락했다. 주택은 시 위원회가 신청을 받아 정치 성향과 등급을 고려해 분류, 배정했다. 식품과 의류도 배급되었다. 국가는 인민의 집세, 교통비, 식품, 아동복, 영화표, 연극표 등에 보조금을 지불했다. 헝가리에서 가격, 화폐가 폐지되지는 않았다. 하지만 그것은 중앙정부가 정한 양적 표시였을 뿐 수요, 공급에 따라 결정된 시장가격이 아니었다.

대외무역과 코메콘

대외무역은 엄격히 제한되었으나 코메콘에서 구할 수 없는 상품, 원자재, 투자재 등은 자유시장경제에서 구입되었다. 헝가리가 자유시장경제와 거래한 무역 규모는 헝가리 대외무역의 3분의 1 정도였다. 고정된 국내 가격과 시장가격 간 불균형이 발생하면 정부가 그 차이를 보상했다. 수출 기업이 무역상사에 물건을 납품하면 대금은 국내 가격으로 지불되고 해외에는 경쟁가격으로 판매되었다. 상품이 국내 가격보다 낮게 판매될 경우 국가가 가격 평형 기금으로 보전해주었다. 상품 판매로 이윤이 발생하면 이윤은 국가 기금에 편입되었다. 수입에도 같은 규칙이 적용되었다.

코메콘에서는 과거 나치 무역 지대의 방식과 유사한 물물교환과 청산거래 체계가 통용되었다. 회원국끼리의 상품 교환으로 대금이 지불되고 모든 대외무역 가격을 고정된 국내 가격에 적용했다. 회원국은 소련에서 에너지, 원자재 등을 안정적으로 공급받았다. 역내 농업국들은 이 틀 안에서 급속한 공업화를 달성했다. 1950년 이후 20년간 헝가리에서 농업 노동력의 비중은 반감했다(53→24퍼센트).

스탈린이 죽고 코메콘에도 변화의 바람이 불었다(1956년 베를린 경제상호원조회의). 폴란드와 헝가리의 합작사(Haldex, 1959년), 헝가리와 불가리아의 합작사(Agromesh, Intransmash, 1965년) 설립 등, 새로운 형태의 경제협력이 그 대표적 예다. 헝가리는 228종의 기계를 생산하면서 코메콘 시장을 겨냥한 48종의 생산 독점권을 부여받는가 하면 농기계, 화물차, 트럭, 특장차 생산을 중단하고, 그 대신 코메콘의 버스 시장을 독점했다(Ikarus사).

헝가리는 동유럽에서 가장 개혁 지향적인 국가였다. 1956년 사건 이후 모스크바의 간섭이 있긴 했지만 시장경제를 도입하려는 노력과 개혁은 계속 진행되었다. 브레즈네프는 카다르의 충성심을 신뢰하며 헝가리 국내 개혁을 용인했다. 카다르 정권은 시장 지향적 개혁 정책을 추진하고 소련식 계획경제를 폐지했다. 부문별로 고정 가격제와 자유시장 가격제를 적용하는 혼합 가격 제도를 도입하다가(1968년), 국내 가격과 세계 시장가격을 연동시켰다(1970~1980년대). 1980년대 말에는 거의 모든 가격을 시장가격으로 전환했다. 1960년대 초~1980년대 말에 헝가리는 통제된 대안적 시장경제 체제로 탈바꿈했다. GATT와 IMF에도 가입했다(1974

년과 1982년). 1980년대 초부터 사유화도 진행되어 자영업체도 증가했다(건설 80퍼센트, 서비스 생산 60퍼센트, 농산물 생산 35퍼센트, 공산품 생산 15퍼센트).

EU 회원국으로

1970년대부터 국제금융 시장에는 값싼 오일 달러가 풍부하여 자금을 빌리기 쉬웠다. 동유럽 나라들은 무역적자 보전을 위해 이 자금을 적극 빌리다가 채무국 덫에 걸렸다. 헝가리의 채무액은 200억 달러로 헝가리 수출액의 약 2배였는데, 그래도 폴란드처럼 지급불능에 빠져 채무를 재조정해야 할 정도는 아니었다. 하지만 200억 달러를 신규 차입하면 40~50억 달러만 투자에 사용할 수 있었다. 경제 위기가 정치 위기를 몰고 와서 사회주의 체제는 평화적으로 붕괴했다.

1990년대 초 높은 인플레이션으로 대중의 생활수준이 악화하고 빈곤층이 급증했다. 시간이 지나면서 개선이 진전되고 헝가리의 노동생산성은 1992년 이래 연간 약 10퍼센트의 높은 증가세를 보이고 있으며 통합 유럽 역내에 들게 되었다(2004년).

11장

체코:
강대국 그늘에서 천 년을 버티다

슬라브족인 체코인은 모라비아, 보헤미아 일대에 정착하여(6세기), 왕국을 세우고 신성로마제국의 일부가 되었다(10세기). 그후 룩셈부르그, 합스부르그왕조의 지배를 받다가 30년전쟁 도중 오스트리아에 완전히 소속되었다.

30년전쟁 때 지도층이 완전히 분쇄되고 합스부르그제국의 속령이 된 체코. 제국 내에서 경제적으로 번영했으나 이 때문에 오스트리아의 압제에서 더욱 벗어나기 어려웠다. 히틀러 침략과 소련 위성국 시절을 겪고 이제 EU 회원국으로서 성장하는 체코를 보자.

느슨하고 단명했던 초기 슬라브 사회

슬라브족의 초기 역사도 마자르족처럼 어둠에 휩싸여 있다. 슬라브족의 전설이나 혈통 관련 자료(기록)가 없어서 슬라브인끼리 슬라브족으로서의 집단의식이 있었는지 여부도 알 수가 없다. 초기 슬라브인은 터키-타타르족, 핀족, 게르만족, 몽골족과 뒤섞였다. 그 당시에 슬라브족으로서의 일체감이 있었을까? 이것도 알 수 없다.

　하여간 슬라브족은 3~4세기에 비옥한 중부 유럽 일대에 정착했다.* 본래 이 땅은 이민족의 숱한 침입과 약탈 끝에 황폐해져 적막이 깃든 곳이었다. 슬라브족이 온 후에도 기본적으로 인구밀도가 낮았다. 유목민 훈족이 유럽을 휩쓸며 게르만족을 이 일대 서부까

---

* 비스툴라Vistular, 드네스트르Dniester, 부크Bug, 드네프르Dnieper 강 유역에서 슬라브족이 만든 도자기류가 발굴되었다.

지 몰아내자(5세기 초) 슬라브족은 비잔티움제국의 도나우 강 변경까지 밀려났다(500년). 유럽에 들이닥친 두 번째 유목민(아바르족)이 비잔티움제국에 침입했고, 이때 슬라브족은 남동부(발칸, 펠로폰네소스), 북부(발트 해), 서부(엘베 강)로 흩어졌다.

6세기에 슬라브족 사회는 수천 개의 소규모 독립 단위로 움직였다. 왕이 있는 곳도 있긴 했지만 대개는 사회적 계서나 세습 귀족 없이 자유인과 노예로만 구성되었다. 즉 사회를 이끄는 중심 세력 없이, 위기를 맞으면 뿔뿔이 흩어지는 단명한 집합체였다. 누가 외부인을 붙잡아 와도 슬라브족은 이들을 자기네 사회의 완전한 일원으로 받아들였기 때문에 중, 동부 유럽 지역의 슬라브화가 비교적 짧은 기간에 이루어질 수 있었다.

'힐포트' 출현, 농업 발전, 노예무역

슬라브인은 농경 생활을 하며 가축을 키우고 요새화되어 있지 않은 촌락에서 살았다. 7세기부터는 힐포트hillfort(소규모 은신처)가 주된 거주 형태가 되었다. 이들은 점차 서로 통합되어 정치조직으로 발전했다. 훗날 슬라브 지역에서 발굴된 힐포트만도 수천 개다.

슬라브 농업은 쟁기와 윤작을 도입하여 생산성이 향상되었다(500년 무렵). 이에 따라 제조업(특히 은세공)이 가능해지고 더 부유한 인근 지역과 교역하면서 새로운 부가 창출되기 시작했다. 무슬림 칼리프들과의 노예무역이 슬라브족이 쌓은 중요한 부의 원천이었다(8세기, 중부 유럽에서 아랍 은화가 많이 발굴됨). 서부 슬라브족들과 루스족은 각 지역에 흩어져 사는 동부 슬라브인을 '포획하여' 무슬림에게 직접 '팔거나' 중간상에 '넘겼다'. 스칸디나비아인, 기타 상인은 중간상에게서 조달한 '물품(포획한 슬라브인)'을 배로 '실어 날라' 무슬림에게 노예로 '팔았다'. 프라하 중개소가 이 거래로 유명했다. 이외에도 노예들은 남부 발트 연안 무역소(엘빙Elbing, 비스키아우텐Wiskiauten, 그로빈Grobin)에서 볼가 강, 카스피 해 등을 거쳐 무슬림의 메소포타미아까지 '운송, 거래되었다'.

기독교 도입하여 국가로 진화

노예무역은 새로운 정치 구조 생성에 중요한 역할을 했다. 노예 포획을 위해 조직화된 힘이 필요했던 것이다. 조직은 힐포트들의 지원을 받아 영역을 넓히고 이를 통제하기 시작했다. 그 최초가 모라비아다(833년, 현 체코공화국 중부에 해당). 모라비아공국은 순전히 슬라브족이 정식으로 기독교를 수용하여 세운 최초의 국가였다. 슬라브 지배자들은 기독교화한 후, 옛 슬라브 신gods, 개별 슬라브 공동체들이 지닌 고유의 의식cult, 옛 정치 질서 등을 제거했다. 여기에 강력한 교회가 침투했고, 6세기 이래 소규모의 개별 슬라브 공동체들이 새로운 중부 유럽 슬라브 국가들로 진화했다(9~10세기).

모라비아는 906년에 헝가리에게 격파되었다. 모라비아의 쇠락이 시작될 즈음, 체코 사람들이 프레미슬리드Premyslid 휘하에 결집하고, 8개의 힐포트를 연결하여 보헤미아, 모라비아, 루테니아, 슐레지엔을 포함하는 지역에 프라하를 중심으로 하는 보헤미아왕국을 세웠다(895년). 왕국은 지역 방어 기능을 했던 힐포트들을 행정 중심지로 정비해가며 영역을 확대했다. 모든 슬라브 국가가 이런 패턴으로 형성된 것은 아니지만, 폴란드 미에슈코Mieszko왕조의 출범도 보헤미아와 유사하다(슬라브 국가는 아니지만 헝가리도 이들과 유사하다).

키릴 알파벳, 비잔티움교회와 로마교회

종교적 무인 지대였던 슬라브 사회에서 로마교회, 비잔티움교회가 서로 선교 경쟁을 벌였다. 예컨대 비잔티움 황제가 모라비아에 전도사(키릴로스Kyrillos와 메토디우스Methodius 형제)를 파견했을 때(863년) 특히 키릴로스(826~869년)는 그리스문자를 이용하여 슬라브 알파벳을 고안했다. 복음서를 슬라브어로 번역하고 슬라브 기도서를 만들어 슬라브인을 개종시켰다. 기독교 도입과 함께 슬라브 사회는 비로소 기록을 남기기 시작한다(헝가리도 그랬다).

독일의 오토 1세도 국경을 정비하면서 슬라브 지역을 정복하고 기독교화하고자 노력했다. 이 과정에서 슬라브인의 저항, 반란, 독일인 주교에 대한 인종적 거부감이 계속 표출되었다. 슬라브인의 폭동은 진압되고, 독일 기사들과 함께 로마교회가 동유럽의 나머지 지역에 침투했다. 보헤미아도 기독교(로마교회)를 도입하고 프라하는 주교구bishopric가 되었다(973년). 교회는 프라하를 거점으로 폴란드, 헝가리, 트란실바니아까지 뻗어갔다.

보헤미아왕국, 귀족 출현과 그 성격

보헤미아의 프레미슬리드가家 군주들은 독일의 팽창에 대처하기 위해 신성로마제국 황제를 추앙했다. 보헤미아는 황제에게서 왕조 세습을 승인받고(1158년), 독립도 인정받았다(1204년). 오토카르 2세는 오스트리아 대공을 거쳐(1251) 보헤미아 왕이 된 다음 동유럽 지역의 오스트리아 영토 대부분을 병합하고 제국 황제를 노리는 후보자로 부상했다(1268년). 그러나 제국 연합 세력을 동원한 합스부르그의 루돌프 1세와 싸우다 마치펠트전투에서 전사했다(1278년).

바츨라프 3세 사망 후(1307년) 룩셈부르그왕조가 보헤미아를 지배했다. 룩셈부르그왕가 출신인 보헤미아의 왕 카를 1세는 신성로마제국 황제 카를 4세로 선출된 후(1346년) 프라하를 제국 수도로 정했다. 보헤미아는 황금시대를 맞이했다. 중부 유럽 최초로 프라하 대학도 세웠다.

보헤미아에도 독일의 예를 따라 체코 귀족이 출현했다(12세기 중반~14세기 초). 그러나 엘베 강 동쪽 지역에서는 서유럽과 달리 일반적으로 귀족 집단 내에서 하급자가 상급자에게 봉사 의무를 이행하는 조건부로 토지를 부여받는 제도(서유럽 봉건제)가 확립되지 못했다. 슬라브인들은 봉사에 대한 대가로서의 (토지) 양도와 거저 주는 것과의 차이를 분간하지 못했다. 즉 피라미드 형태의 봉건제가 성립되지 않은 것이다. 그것은 인구에 비해 토지가 너무 넓어 상급자에게 계서적hierarchical으로 통합되기 어려운 탓도 있었다. 변경 지방에서는 무장한 모험가들이 무정부적 경향을 보이는 일도 많았다.

전반적으로 동유럽 지역은 군주와 기사 계급 간에 중간 단계의 영주권이 없고, 공권력도 제한되거나 분할되어 있지 않았다. 농민에 대한 영주의 권력이 단일 장원의 권력에 영역적, 인신적, 경제적으로 집중되었다. 농민은 순수 노예에 근접한 수준의 인신적 예속 상태에 있었다. 동유럽 모든 지역에서 지방 행정직은 세습제가 아닌 임명제였다. 지배자는 공식적으로 모든 농민에 대한 과세권을 보유했다. 그 결과 귀족끼리의 결속력이 미약했다.

독일의 동부 팽창

보헤미아를 포함한 동부 슐레지엔, 메클렌부르그, 폴란드, 헝가리, 트란실바니아 등에 독일인의 이주가 크게 늘었다(수만 명 규모, 12~13세기). 독일인은 슬라브 지역 식민화 작업을 위해 이주민을 모집했다. 이때 독일인 이외에도 특히 제방 축조, 배수 사업 경험이 풍부한 네덜란드인, 플랑드르인이 환영받았다. 산림, 황무지 개간 작업에는 베스트팔렌, 작센 출신 농민이 압도적으로 많이 투입되었다. 농민은 영주에게 지대를 납부해야 했으나 이주 농민은 예전보다 더 많은 토지를 보유할 수 있었고 일반 농민보다 더 많은 토지 구획을 할당받았다. 때로는 완전히 정착하여 새로 건설한 촌락의 장이 되기도 했다. 그러다가 권리를 다시 매각하고 계속 이동하기도 했다. 성직자, 독일기사단도 따라갔다. 농촌으로 이주한 사람들은 서유럽의 농촌 조직 형태(장원)를 전파하고 진보된 농업기술을 보급했다.

슬라브 지역 도시화는 독일화

정착지에서 독일인 듀크(지역 군사 지도자), 듀크의 종복, 독일기사단 등은 성castle을 쌓았다. 성직자는 성안에 교회, 수도원, 수녀원을 지었다. 이들을 상대로 장사하려는 수공업자, 상인 등이 성안으로 들어왔다. 즉 이 지역 도시화는 독일화Germanization였다. 이들이 정착한 도시에는 독일법이 적용되었다. 독일인이 거주하는 도시의 관리는 농촌 노동력 감소를 우려하여 시골에서 온 지역 농민은 성안에 들이지 않았다. 동유럽 도시에 유입되는 이주민은 출신 성분, 이름, 언어, 법 등 모든 면에서 독일인이었다. 예를 들어 14세기 보헤미아의 도시인 프라하에서 인구의 63~80퍼센트 정도가 독일인이었다. 도시 의회 의원도 거의 모두 독일인이었다. 동유럽의 도시들은 마치 슬라브족, 발트족, 마자르족 등의 바다에 떠 있는 독일인 섬 같 았다.

동유럽의 곡물이 서유럽으로 향하는 곡물 무역이 시작되고(13세 기 중엽), 독일의 팽창 등으로 인해 동유럽은 서유럽 문명에 더욱 긴 밀히 연계되었다. 신성로마제국 황제들은 동유럽의 여러 지역에 대 한 통치권을 주장했다. 이민족끼리 맞닿은 지역에서는 이중적 법 기준이 적용되었다. 경기 침체기(14세기)에는 인종적 긴장이 증폭 되곤 했다.

13세기 말부터 유럽 전역에 위기가 찾아왔다. 위기란 인구 정체, 기후변화, 흉작, 대기근, 흑사병 창궐 등을 말한다. 동유럽은 자유 로운 상업도시 같은 위기 충격 완화 장치가 별로 없어 서유럽보다 타격이 훨씬 컸다(14세기). 자치권이 확보된 자유도시도 없고, 별로 잘 발달하지 못했지만 명목상의 도시 생활도 거의 사라졌다. 영주 에 제재를 가할 상급자도 사실상 없었다. 농민이 영주의 자의적 지 배를 벗어나고자 미개척지로 도망칠 수도 있었겠지만, 도시 발달 이 미미한 동유럽 전 지역에서 사실 그런 일은 그 자체로서 엄청나 게 위험한 일이었다. 보헤미아의 농민 역시 대부분 농노로 전락해 갔다.

후스 운동: 체코인의 독일인에 대한 불만

1300년 무렵, 유럽인은 교황을 중심으로 하나의 기독교 사회로 통 합되어 이제 유럽인으로서의 일체감과 함께 스스로를 '기독교 인 종'에 속한다는 소속감을 느낄 정도가 되었다. 사회가 다양하게 발 전함에 따라 유럽인의 정치적 견해는 역시 다양한 기독교 언어(교회 의식, 교리, 성직자 비판 등)로 표현되었다. 이런 일이 15세기의 보헤미아에서는 독일인이 체코인을 지배하는 것에 대한 불만, 부패한 로마교회에 대한 체코인의 증오가 뒤섞이는 형태로 나타났다. 체코의 엘리트 후스Jan Hus는 독일인이 많이 정착한 남부 보헤미아에서 태어나 독일인과 체코인의 차이를 의식하며 성장한 인물로, 기존 교회 질서에 도전장을 냈다. 후스는 이단이라는 이유로 화형을 당했다(1415년). 그러자 후스의 추종자들Hussites이 신성로마제국 황제에 저항했고 체코 농민군은 황제의 기사단을 수차례 격파했다(1420년대). 이 후스 운동은 보헤미아의 귀족(가톨릭)과 타협하고 진정되었다(1434~1436년).

이후 체코인은 대부분 후스의 입장을 따랐다(양형영성체론utraquism, 1500년경). 독일인은 로마가톨릭 교리를 따랐다. 루터가 후스의 견해를 인정하자 보헤미아의 독일인(루터의 고향 작센과 가까운 보헤미아 지역에 많이 분포) 사이에 루터주의가 급속히 확산되었다(1520~1530년대).

왕과 귀족 간 경쟁: 가톨릭과 프로테스탄트의 대결

한편 이슬람인 오스만제국이 헝가리를 침공하고 룩셈부르그가가 모하치전투에서 오스만에 패하면서(1526년) 보헤미아도 위험에 직면했다. 이 때문에 보헤미아왕국 변방의 모라비아와 슐레지엔은 오스트리아 합스부르그의 페르디난트를 세습 통치자로 인정했다. 그러나 헝가리와 보헤미아의 신분의회(스넴)는 이를 거부하고 페르디난트를 선출 군주로만 인정했다(16세기 중엽). 페르디난트 1세는 가톨릭이었지만 보헤미아 왕이 되기 위해 후스 교회를 승인해야 했다. 이 일은 보헤미아에서 루터주의가 확산되는 것을 도왔다.

보헤미아의 귀족들은 루터주의가 합스부르그왕조에 저항하는 것으로 받아들였으므로 보헤미아에서는 프로테스탄티즘(루터파)이 성장했다. 그러나 반동종교개혁과 함께 보헤미아에서 가톨릭 정신이 부활했다. 귀족과 지배자 간의 이러한 대립이 스페인, 프랑스, 신성로마제국 등과 여러 복잡한 사정과 함께 얽혔다. 합스부르그제국은 두 개의 진영(프로테스탄트 동맹(1608년)과 가톨릭 연맹(1609년))이 대치하는 정국이 되었다.

이러한 종교적 대치 국면의 이면에는 대략 다음과 같은 정치적 내용이 담겨 있었다. 합스부르그가의 국제적 힘이 증대하면서 페르디난트는 왕권 강화, 혹은 국가 체계 정비를 시도했다. 예를 들어 전체 영토를 포괄하는 최고회의를 만들어 단일 통화와 균일한 조세를 부과하고자 했다. 페르디난트의 시도에 지방 신분의회 대부분은 순종적이었다. 그러나 보헤미아 신분의회는 그 계획을 좌절시켰다.

프라하 투척 사건

그때까지 오스트리아 왕조의 통치는 각 영토마다 서로 다른 법적 기반을 가진 지역의 통치였다. 전쟁위원회 말고는 각 영토를 묶는 공통된 제도가 없었다. 16세기 후반 합스부르그 영토 내의 여러 귀족 신분의회들 내에는 반대파가 할거했다. 슈타이어마르크(오스트리아 공작령)의 페르디난트가 보헤미아의 새 가톨릭 왕 페르디난트 2세로 부임하여 일부 프로테스탄트 교회들을 폐쇄해버렸다(1617년). 그러자 프로테스탄트들이 신임 왕의 관리 두 명을 프라하 성에서 21미터 높이의 창밖으로 내던지는 사건이 발생했다(1618년 5월 23일).

30년전쟁의 진원지, 보헤미아

보헤미아는 후스 운동의 본고장으로, 신교도가 다수이며 오스트리아 지배에 대한 민족 감정이 강했다. 이제 곧 신성로마제국 황제가 될 페르디난트가 보헤미아 왕으로 부임하여(1617년) 보헤미아 신교도를 탄압했다. 보헤미아 신분제의회(스넴. 신교도 보헤미아 귀족을 기반으로 하며 군주를 선출할 헌정적 권리를 주장했다)는 이에 반발했고, 페르디난트 대신 팔츠의 선제후 프리드리히를 보헤미아 왕으로 추대했다.

'프라하 투척 사건'도 이러한 맥락에서 벌어진 일이었다. 창밖으로 내던져진 페르디난트의 관리들은 죽지 않고 살았다. 이를 두고 가톨릭 측은 천사가 붙잡아주었기 때문이라 주장했다. 신교도 측은 그들이 푹신한 두엄 더미에 떨어져 살았다고 주장했다. 이 일은 30년전쟁(1618~1648년)의 발단이 되었다.

30년전쟁의 초기 국면은 페르디난트의 가톨릭 연맹과 프리드리히의 프로테스탄트 동맹 간에 보헤미아에서 전개되었다. 보헤미아인은 종교적 자유를 위해, 합스부르크왕조의 지배에서 벗어나기 위해 싸웠다. 그러나 가톨릭 연맹 측이 이겼다(백산전투the Battle of the White Mountain, 1620년). 승리한 페르디난트(1619년에 신성로마제국 황제로 선출됨, 재위 1619~1637년)는 보헤미아인(체코인)을 강제로 개종시켰다. 보헤미아는 10년 만에 완전히 가톨릭 지역이 되었다.

백산전투에 패하고 합스부르크제국에 속하다

백산전투는 체코의 역사에서 중요한 전환점이었다. 체코인 귀족 대다수가 영지를 몰수당하고 정치적으로 추방되었다. 보헤미아 인구는 3분의 1이나 감소했다. 합스부르크왕가는 보헤미아 영지를 절반 이상이나 몰수하여(1620년) 신흥 귀족, 반종교개혁 측 외국인, 용병 자객 등에게 분배했다. 종교적 이유로 왕조에 충성한 8, 9개 체코 가문만 살아남아 새 질서(합스부르크 절대왕정 체제)에 가담했다. 1650년 이후 보헤미아 귀족은 대다수가 외국 출신이었다(이탈리아, 독일, 오스트리아, 슬로베니아, 아일랜드 등). 새로이 영지를 하사받은 외국 귀족은 체코어를 쓰는 농민과 아무런 연관이 없었다. 귀족끼리도 서로 계급적 유대감이 없었고 왕조에 대한 충성심도 거의 없었다. 구체코 귀족은 완전히 분쇄되었다. 신분제의회 권력도 크게 감소했다. 그래도 보헤미아 자체의 법과 정치 생활은 존속했다. 1550년 이래 번영했던 보헤미아의 도시들은 30년전쟁으로 파괴되고 도시의 자치권도 폐지되었다. 도시는 합스부르크왕가의 후원을 받아 다시 가톨릭으로 돌아가서 수동적 존재로 머물렀다. 왕정은 귀족이 도시보다 정치적 우위인 상황을 보장했다.

보헤미아 지역에서 토지 재산의 집중도가 높아졌다. 영주, 성직자가 전체 토지의 4분의 3을 차지했다. 하급 귀족은 거의 사라졌다. 농노의 노동 부역 부담은 늘었다. 30년전쟁 이전에 보헤미아에서는 영주도 농노와 함께 조세를 부담했었다. 그런데 1648년 이후에 귀족들은 실질적으로 면세권을 획득했다. 모든 조세 부담이 농노에게 전가되었다. 농민의 경제적, 법적 지위는 약화되었다. 영주에 저항하는 농민 봉기가 일어나면(1680년) 오스트리아 군대가 파견되었다.

신분제의회에서 왕-귀족 간 협의 과정은 원활해졌다. 왕은 의회에 조세 총액만 요구했다. 의회는 조세 동의 기구로 전락하여 왕가의 필요를 충족시킬 세금 액수를 정했다. 보헤미아는 토지가 비옥하여 역사적으로 이곳에 기반을 둔 귀족이 합스부르그 영토에서 가장 부유했다. 합스부르그왕가에 가장 많은 수익을 가져다주는 곳이기도 했다.

보헤미아의 특이한 공업화

1차 대전까지 보헤미아의 근대적 제도 개혁이나 공업화는 오스트리아 지배하에서 제국 내 지리적 분업과 시장 통합의 맥락에서 이루어졌다. 그러므로 이 문제는 오스트리아 경제사에서 함께 보기로 하자. 흥미로운 것은 보헤미아가 제국 내에서 가장 선진 지역이었는데도 보헤미아 최초의 기업가, 엔지니어, 숙련 노동자들은 서유럽 출신(영국, 독일, 프랑스, 스위스인 등)이었다는 점이다. 체코인은 없었다. 이런 현상은 중, 동부 유럽 전반에 해당된다.

　제국 내에서 최초로 보헤미아에 마력으로 유도되는 철도가 들어섰다(1820년대). 증기를 이용한 철도도 보헤미아와 독일어권에 편중되었다. 보헤미아는 철, 비철금속 가공업이 일찍 발달했다. 석탄 매장량이 많아 근대적인 야금업도 도입되었다(1830년대). 비트코비체(보헤미아 제철 중심지)에 코크스로爐가 처음 설치되고(1836년), 기계공업, 정제 및 조립 공업 등 중화학공업도 등장했다. 1차 대전 발발 직전에 보헤미아는 오스트리아 공업 생산의 절반 이상을 차지했다.

오스트리아 지향적인 온건한 체코 민족주의

유럽에서 이민 증가와 함께 민족주의가 확산되던 시절(1830년 이후), 슬라브 민족주의도 성장했다. 일반적으로 중부 유럽에서 슬라

　　　　　　　　　　　　중부 유럽 경제사

브 민족주의는 러시아 황제에 기대를 거는 경향이 있었는데, 보헤미아와 프라하에 기반을 둔 체코 민족주의는 오스트리아 지향적이었으며 낭만주의 시인, 학자, 지식인과 신흥 중산층이 결합되어 비교적 온건했다. 이들은 합스부르그제국의 지원을 받는가 하면, 합스부르그 각료 가운데 체코인도 더러 있었다.

유럽에서 혁명이 확산되던 시절(1848년), 체코 민족주의의 요구 사항은 나라 독립이 아니었다. 제국 내에서 체코왕국이 독립적 지위를 갖고, 왕과 국민 간 자유 협약, 학교와 행정에서 체코어에 대한 동등한 지위 보장, 보헤미아, 모라비아, 슐레지엔을 통합시킨 지역의 자치 등이었다. 체코의 평화적 시위는 실패했다. 보헤미아는 오스트리아 장군 빈디슈그라츠^{A. Windischgrätz}가 이끄는 군사독재 치하에 들어갔다. 이에 대한 저항이나 바리케이드를 친 가두시위는 없었다.

체코 민족주의는 보헤미아의 지정학적 상황을 인식했다. 물론 체코인은 오스트리아의 압제를 제거하기를 원했지만 강력한 독일제국의 팽창주의도 함께 우려했다. 통합된 하나의 독일이라는 대독일주의^{Grossdeutsch} 구상에는 장차 보헤미아를 독일제국에 편입한다는 내용도 있었다(1848년). 그래서 체코 민족주의는 독일의 프랑크푸르트 예비 의회에 초청받았을 때 이를 거절했다. 체코 민족주의는 '거대한 다민족 제국에서 체코가 국가로 독립하면 시장은 좁아질 것이다. 그보다는 현재 체코에 개방되어 있는 큰 시장 쪽이 낫다.'고 생각했다. 체코의 유명한 민족지도자인 팔라츠키가 '만일 오스트리아가 존재하지 않는다면 이를 만들어내야 한다'고 발언했을 때, 이 말에는 체코가 없었다면 후진적이었을 오스트리아제국에서 경제적으로 가장 앞선 체코의 경제적 득실에 대한 건전한 판단이 담겨 있었다.

체코의 경제적 성공과 민족적 좌절

체코는 공업화에 성공하고 지식 수준도 높았다. 중부 유럽 가운데 서유럽에 가장 근접한 지역이었다. 아이러니하게도 이 때문에 체코의 민족적 요구는 번번이 좌절되었다. 체코는 헝가리와 동등한 법적, 정치적 지위를 요구했으나 받아들여지지 않았다. 체코인은 요구 사항을 수정하여 재차 선언했다('보헤미아 선언', 1868년). 오스트리아-헝가리 이중 왕조 개념을 진전시켜 제국을 셋으로('trialist') 재조직하고, 헝가리와 완전히 동등한 수준까지는 아니더라도 체코인에게 문화적 자치를 허용하라는 것이었다. 이 구상을 호엔바르트 K. Hohenwart 제국 내각은 수용하려 했다. 그러나 요제프 황제는 이 오스트로-헝가리-슬라브 구상을 거절하고 내각을 해산시켰다. 번영하던 체코 지역이 이 때문에 폭력을 쓰려 하지는 않았다. 보헤미아와 모라비아의 제국 내각 대표들이 수동적인 저항을 하긴 했으나 제국을 뒤흔들 정도는 아니었다.

더욱더 깊어가는 갈등의 골

제국의 제도를 개혁하여 보헤미아에 경제 부문 행정의 자치를 허용하려는 시도가 있었다(구체코당 the Old Czech, 1871년). 그러나 수상 안드라시 Gyula Andrássy(헝가리 출신)는 오스트리아-헝가리 이중 왕조 제국 내에서 연방주의를 향한 어떤 움직임에도 반대했으며, 그의 거부로 그 시도는 무산되었다. 체코인은 전술을 바꿔 문화, 교육 프로그램을 강화했다(신체코당the Young Czech). 프라하에 체코 대학이 설립되고 (1882년) 애국 단체, 스포츠 단체 등이 조직되어 점차 급진적 대중 운동이 확산되었다.

언어는 정말 난제였다. '체코 소송 사례에서는 체코어를 쓰기로 한다'는 등 이런저런 양보와 방안이 나오기도 했다. 그러나 언어 관련 논쟁은 끝이 없었고 결론도 나지 않았다. 프라하에서 독일어는 소수 언어였고 일상생활에서 거의 소멸해갔다. 대학은 체코어과와 독일어과를 분과했는데 독일어 수강생이 없어 독일어 교수는 실직할 지경이었다. 독일식 거리 이름도 사라져갔다. 극장에서는 바그너보다 베르디 공연이 더 잦았다. 독일 극장 앞에서 폭력이 자행되기도 하여 독일계 배우는 생명에 위협을 느낄 정도였다. 체코계 은행은 독일인 상점을 체코인에게 양도하는 일을 지원했다. 체코인은 독일인과의 결혼을 막으려 했고, 고아를 주민이 부족한 지역으로 이송하여 체코계 학교 학생을 보충했다.

민족주의에 열광한 사람들

그 당시 체코를 포함한 중, 동부 유럽에서 유행한 민족주의에 누가 가장 열광했을까. 독일인이나 유대인과 경쟁하여 재산을 모을 엄두도 내지 못하고, 세상이 변하여 군인으로 입신할 기회도 없고, 법률, 행정 같은 지적 직업을 모색할 수도 없어 불만인 사람들이었다. 이들은 더 많은 일자리를 바라는 자기네 소망을 민족주의와 뒤섞었다. 이를테면 러시아 전역을 누비는 폴란드 사업가는 폴란드 민족주의에 별로 참여하지 않았다. 흔히 나치가 반유대주의의 온상인 줄 알지만, 사실 반유대주의는 그 이전에 이미 중, 동부 유럽 농민들 사이에서 훨씬 더 폭발적인 호소력을 지녔다. 이들에게 유대인은 자본가, 교육받은 전문직의 상징이었다. 또한 중, 동부 유럽 촌락민의 생계와 이들 생계가 의존하는 외부경제를 연결하는 고리이기도 했다. 슬라브인, 마자르인 등이 많이 거주하는 중, 동부 유럽 농촌사회는 갈수록 자기네가 이해할 수 없는 근대화된 세계의 지진에 휘둘렸다. 이들의 유대인 혐오도 더욱더 격렬해져갔다.

체코 민족주의가 거세질수록 보헤미아의 독일인에게서도 게르만 민족주의가 진전되었다. 제국 내 슬라브 국가(체코) 설립에 반대하는 독일인(오스트리아의 독일인)은 범독일당pan-German party을 만들고 독일제국과의 유대를 원했다. 이를 위해 이들은 헝가리도 오스트리아에서 떨어져나가기를 원했다. 이래저래 프라하는 체코 민족주의, 유대인 배척, 평화주의, 범슬라브주의, 개인주의(즉 서구 문명의 가치) 배척, 개혁 가톨릭주의, 종말론 등 온갖 이념이 난무하는 무대였다. 민족주의는 더욱더 극렬해지다가 최후를 맞았다. 1차 대전이 끝나고 보헤미아가 속했던 제국은 산산조각이 났다(생제르맹조약, 1919년).

체코슬로바키아

제국의 파편 속에서 보헤미아는 체코슬로바키아로 환생했다. 오스트리아-헝가리제국 시절 보헤미아에는 제국 내 자유무역 지대가 조성되어 있어 경제적으로는 좋았었다. 이제 인위적으로 수립된 신생국 간에 새로운 적대, 강대국 지배에 대한 공포 기류가 동시에 작동했다. 체코슬로바키아에서 도나우 유역 국가들로 향하는 수출도 급감했다(52→31퍼센트). 경제 회복은 더뎠다.

경제가 잘 돌아가지 않자 국가 통제가 시작되었다. 대토지 소유가 지배적이던 체코슬로바키아는 이를 철폐하고 토지개혁을 실시했다. 수출입 통제(1923년까지), 고관세 도입(1926년), 곡물 무역 독점기업 설립(1934년), 국방비 지출 증대(1933~1938년에 130퍼센트 증가) 등이 이어졌다. 그러다가 나치 점령으로 나치 전시경제에 다시 종속되었다(1939년). 2차 대전 말 체코슬로바키아는 소련군 덕에 나치와 지역 파시스트의 지배에서 벗어났다. 이곳 소수민(독일인, 유대인 등)은 학살되거나 추방되었다.

2차 대전 후의 체코슬로바키아

체코슬로바키아는 연합국과 전쟁을 치른 적이 없었다. 독립은 당연했다. 소련과 공산주의자가 파시즘과 투쟁한 덕분에 이들의 인기가 유럽 전역에서 고조되던 시절이었으므로 새 의회에서 공산주의자가 다수를 차지했다(1946년 5월). 공산당 지도자 고트발트^{K. Gottwald}가 수상이 되었다. 그러나 의회는 전쟁 전과 임시정부 때의 대통령 베네시^{E. Beneš}를 만장일치로 다시 대통령으로 선출했다. 베네스는 여러 정당(기독교당, 농민당, 사회민주당, 공산당)을 아우르는 연립정부를 이끌며 소련-서방 간 가교 역할을 희망했는데, 공산당이 권력을 장악했다(1948년 2월).

소련식 강력한 중앙계획 경제체제가 시작되었다(1949년). 이 계획경제의 성장이 정체하면서 체제 작동 불량 신호가 나타나자(1961~1963년) 개혁 운동이 시작되었다. 둡체크^{A. Dubček}가 이끄는 체코공산당은 스탈린주의를 제거했다(1968년 1월). 정부 통제가격 대신 자유시장 의존도를 높였다. 언론 검열 해제, 개인의 자유 확대 같은 장기적 개혁 프로그램을 수립했다. 대중의 지지도 높았다. 크렘린이 체코 지도자에게 정통 공산주의로의 복귀를 종용하다가 결국 소련군이 체코에 침공하여 계엄령을 선포했다(1968년 8월). 체코슬로바키아는 군사적 저항을 시도하지 않았다. 체포된 지도자는 소비에트의 요구에 굴복했으며 개혁 프로그램은 포기되었다.

벨벳혁명: 체코공화국

우리가 러시아, 폴란드, 헝가리에서 보았던 것처럼 여러 우여곡절 끝에 체코슬로바키아에서도 공산주의는 사멸했다(1989년 11월). 공산당 간부들은 단 10일 내에 거의 우호적 분위기에서 떠났다. 학생, 지식인, 반체제 작가에서 혁명가로 전환한 하벨[V. Havel] 등이 주도한 소위 벨벳혁명이었다. 하벨이 대통령으로 선출되었다. 하벨은 독자적 국가 설립을 원하는 슬로바키아 민족주의의 청을 받아들였다. 체코와 슬로바키아는 평화적으로 분리되었다(1993년). 체코공화국은 동유럽에서 최초로 OECD에 가입했는가 하면(1995년) NATO 회원국(1997년), EU 회원국(2010년)으로서 성장하고 있다.

12장

폴란드:
우여곡절의 나라

강대국에 둘러싸여 약소국의 지정학적 숙명을 짊어진 나라로 인식되곤 하는 폴란드. 이 폴란드가 한때는 동유럽의 최강대국이던 시절도 있었다. 어쩌다 폴란드는 그처럼 고달픈 길을 걷게 되었을까?

폴란드의 시작

『피아니스트』란 영화가 있다. 주인공 슈필만('Spielmann'은 독일말로 '연주가'란 뜻)은 2차 대전 때 독일군 박해를 피해 용케도 아직 피아노가 온전한 어느 빈집에서 혼자 숨어 지내다가 우연히 마주친 독일군 장교 앞에서 쇼팽의 아름다운 선율을 연주한다. 이 인연으로 장교가 퇴각하며 벗어준 독일군 외투를 입고 있다가 소련군을 맞는다. 이제 슈필만은 폴란드 해방군을 자처하며 입성한 소련군에게 그 외투 때문에 독일군으로 오인되어 총격을 받기도 하나 여하튼 위기를 모면하고 다시 예전의 피아니스트로서의 삶을 이어간다. 영화의 진정한 주제가 무엇이든 간에, 그 장면은 폴란드 역사를 상징하는 것 같다.

폴란드 민족과 국토의 명칭이 생긴 것은 10세기다. 피아스트 공 미에슈코 1세는 폴란드 땅이 독일기사단의 영향력에서 벗어나도록

하기 위해 로마 교황청과 제휴하고 기독교로 개종했다. 흑사병이 유럽을 휩쓸 때 폴란드는 동유럽 나라 가운데 이 위기를 가장 덜 겪었다. 피아스트왕조가 재건되고(14세기) 카시미르 3세 때 정치, 문화가 발달하다가 그의 사망(1370년)과 함께 왕조도 소멸했다. 왕위는 헝가리 왕 루이에게 돌아갔다. 부재 군주 루이는 딸 야드비가에게 폴란드 왕위 계승권을 확보해주고자 했다. 그 대가로 폴란드 귀족들에게 면세, 행정 자치권 등의 특권을 보장해주었다.

폴란드-리투아니아 연합

야드비가는 리투아니아 대공 야겔로와 결혼하여 야겔로가 폴란드 왕이 되었다. 발트 지방의 이교도 부족사회 리투아니아는(14세기 말) 러시아가 몽골의 지배를 받던 시절, 프로이센 등의 압력을 물리치며 우크라이나 방향으로 급속 팽창했다. 야겔로는 리투아니아에 기독교를 도입하고 통치를 사촌에게 맡긴 다음 폴란드에서 외국인 왕으로 등극했다. 폴란드 귀족들로서는 폴란드에 선거왕제를 확립할 사건이었다.

폴란드-리투아니아 연합 체제는 승승장구하여 서프로이센 등을 합병하고 동프로이센을 폴란드 봉토로 만들었다. 독일기사단은 폴란드 왕의 신하로서 봉토를 보유하며 전시에는 폴란드 왕에게 충성을 바쳤다. 폴란드는 발트 해로 나가는 통로를 획득했다. 단치히는 폴란드 왕의 통치하에 특권을 가진 독일인의 자치시였다. 이 도시는 이 일대에서 도시 특권이 박탈되는 사태를 면하고 폴란드의 곡물 수출과 서유럽 공업품 수입을 도맡는 유일한 항구였다. 폴란드의 왕 카시미르 4세(재위 1447~1492년)는 대륙에서 가장 넓은 영토

중부 유럽 경제사

〈지도 4〉 중부 유럽(1500년)

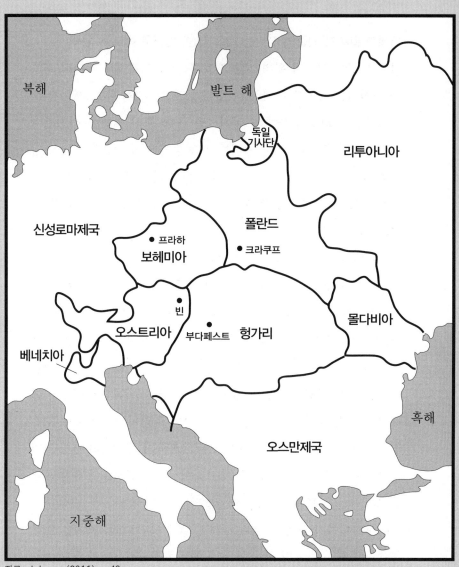

북해

발트 해

독일
기사단

리투아니아

신성로마제국

폴란드

● 프라하

보헤미아

● 크라쿠프

● 빈

오스트리아

부다페스트

헝가리

몰다비아

베네치아

흑해

오스만제국

지중해

자료: Johnson(2011), p.49

를 다스렸다.

15세기 말까지 귀족의 지위는 계속 향상, 농민은 농노로 전락

야겔로 왕은 아들의 왕위 계승 확보를 위해 귀족에게 자의적 체포가 면제되는 특권을 부여한 바 있다(1424년). 카시미르 4세는 전쟁 비용을 마련하고자 귀족의 정기적인 특별 회의 개최를 허용했다(1454년). 이후 군대, 조세 등에는 귀족 동의가 필요했다. 귀족은 귀족의 토지 경작 노동력(농노, 즉 블로카)에 대한 생사여탈권을 획득하여(1574년) 처형까지 할 수 있었다. 즉 농민의 농노화가 더욱 진행되었다.

일찍이 폴란드 귀족은 명확한 위계질서를 갖춘 주종 제도가 없던 시절에 출현했다. 중세에 봉건제가 서유럽에서 동유럽으로 도입, 확산될 때 폴란드 귀족은 이를 폴란드 특유의 방식으로 받아들였다. 즉 개별 가족이 아니라 전체 씨족 단위로 문장 표지를 받아들였다. 그래서 귀족 계급(슐라흐타)의 수가 많아졌다. 폴란드 귀족 계급 내에는 위계 서열의 등급이 없어 형식상 법적으로는 평등했다. 그러나 경제적 격차는 유례없이 컸다. 일반 농민이 평균적으로 보유한 규모의 토지를 가진 귀족부터, 촌락 한두 개 정도의 소영지 크기 혹은 폴란드 동부 리투아니아, 우크라이나의 대영지같이 유럽 최대 규모의 토지를 보유하는 귀족에 이르기까지 다양했다.

리투아니아가 팽창한 결과(14세기) 동부의 고위층 귀족은 다른 종족들로 구성된 농민 위에 눌러앉아 이들을 지배하는 소규모 카스트의 특성을 띠게 되었다. 리투아니아 귀족은 폴란드 귀족과 동화되었고, 동일한 화폐와 의회를 가진 폴란드공화국으로 통합되었다

(1569년 루블린 동맹). 하지만 주민끼리의 통합은 일어나지 않았다. 대영지에 종교, 언어가 다양한 주민이 혼재했다. 귀족 계급 내부에서 경제적 격차가 매우 큰 상태에서 극단적 긴장이 상존할 수 있는 요인까지 추가된 것이다.

폴란드의 좋았던 시절과 귀족들의 왕권 축소 노력

16세기에 폴란드 주변(브란덴부르그, 동프로이센, 러시아)은 무기력했지만, 폴란드는 수출품인 곡물의 가격 상승에 힘입어 동유럽에서 가장 크고 부유한 나라가 되었다. 폴란드의 코페르니쿠스가 결국 유럽 과학혁명의 기폭제가 될 유명한 '코페르니쿠스 가설'을 세우고도 세간의 공격을 염려해 노심초사하다 발표하지 않고 죽은 것도 이때였다. 황금기를 맞은 폴란드 귀족은 강력한 국가의 필요성을 못 느꼈다. 실제로 그 당시 폴란드는 군사적 위협에 직면하지도 않았다. 그래서 다른 유럽 나라가 강력한 왕정 체제를 창출하는 시기에 왕권을 축소하기에 여념이 없었다.

폴란드 귀족은 비잔티움, 카롤링거 왕국 등의 제국적 유산이 없었다. 왕정 체제로 통합해본 역사도 없었다. 폴란드 귀족은 중앙권력을 약화시키기 위해 의도적으로 외국인 통치자를 선호했다. 야겔로왕조의 거대한 세습 영지는 리투아니아 땅에 있었다. 이후에도 폴란드 왕들은 폴란드 내에 경제적 기반이 없었다. 왕은 대규모 사병을 거느린 귀족과 맞서야 했다. 야겔로왕조가 단절되었을 때, 폴란드 왕위를 놓고 국제적으로 경매가 벌어졌다. 4만 명이나 되는 귀족이 바르샤바 평원에서 '민주적' 회의를 벌인 끝에 폴란드와 아무런 연계도 없는 앙주의 앙리를 왕으로 선출했다.

폴란드 왕은 등위할 때마다 반드시 '왕위는 세습되지 않고, 왕은 왕의 관료를 해고할 수 없고, 왕 휘하의 소규모 군대조차 왕의 뜻대로 확충할 수 없고, 주요 결정을 할 때에는 의회('세임', 1492년에 도입. 2년마다 소집)의 동의를 구해야 한다'는 헌장에 서명해야 했다. 앙리도 그렇게 했다. 왕이 이러한 규정을 어길 경우 귀족의 반란은 합법화되었다. 외국인 군주가 꼭 나쁜 것만은 아니었다. 폴란드가 동유럽에서 압도적 우위를 점한 것은 외국에 강력한 기반을 둔 바토리(마자르 장군 출신), 바사(스웨덴인)가 폴란드를 통치할 때였다. 이들은 러시아를 점령하거나 일부를 합병하면서 폴란드'공화국'의 전성기를 구가했다.

바다를 통제할 기회를 놓친 폴란드

16세기 초까지도 폴란드는 프로이센 영토에 대한 종주권을 유지했다. 그런데 바토리 왕이 러시아와의 전쟁에 필요한 현금을 확보하기 위해, 폴란드가 동프로이센에 대해 갖는 후견인 지위를 브란덴부르크 선제후에게 현금을 받고 팔아치웠다. 폴란드가 동프로이센과 브란덴부르크의 통일을 허용한 셈이었다. 이 사건이 의미하는 바는 폴란드가 발트 해 연안을 통제할 기회를 놓쳤다는 것이다. 즉 폴란드는 해상 세력이 되지 못했다. 함대가 없는 폴란드는 북방의 수륙 양면 공격에 매우 취약했다. 러시아는 발트 해에 도달하자마자 동프로이센 귀족을 축출하고 조선소, 항구 시설에 투자했건만, 폴란드 왕들은 단치히에 대한 상업정책을 포기하고(1570년), 연이어 해군을 위한 항만 건설을 포기했다(1640년).

폴란드 귀족들은 곡물 무역에 안주하여 남동부 우크라이나 변경

지대로 향했다. 특별한 경제 혁신이 필요하지 않은 대농장 경영에 몰두하느라(17세기 초) 종교 갈등(가톨릭과 그리스정교)에 휘말리고, 코사크 주민과 복잡하게 얽히면서 정치적 위험성을 높였다. 전통적 농업경제의 한계가 감지되기 시작했다. 유럽의 불황과 함께 곡물 가격이 하락하고 정치적 응집력도 약해져 귀족은 왕에게 반란을 일으켰다. 스웨덴의 팽창에 대한 폴란드의 대응, 코사크족 봉기, 농민반란 진압 과정 등에서 폴란드 방어력의 취약성이 여실히 드러났다. 훈련된 보병, 포병의 전투 기술이 대세인 시기에 폴란드가 구사하는 기사 전술은 시대착오적이었다.

절대왕정 형성에 실패한 폴란드의 불운

그런데도 폴란드 귀족은 자살에 가까운 모험을 저질렀다. 의회의 만장일치 규정에 집착해 단 1표의 부표로도 의회를 해산하고 국가를 마비시킬 수 있는 규정을 만든 것이다(17세기 중엽). 유능한 군인 왕 소비에스키 때(17세기 말) 폴란드의 대외적 지위는 상당히 회복되었으나 국내에서는 자유 거부권이 난무했다. 왕의 모든 개혁 노력(군 근대화, 세습 군주정 도입, 산업과 항구 건설 등)에 귀족들은 격렬히 거부하며 사사건건 발목을 잡았다. 귀족 체계를 통치하려면 귀족 체계와는 이질적인 외부의 질서가 귀족 위에 군림할 수 있어야 한다. 당시에는 절대왕정이 그런 기능을 했고 이웃 나라들은 부지런히 절대왕정 창출 작업을 했다. 이에 성공하여 강대국으로 부상한 러시아, 프로이센, 합스부르크제국 등이 폴란드 '공화국'을 3차례(1772년, 1793년, 1795년)에 걸쳐 분할해버렸다. 나라가 아예 지도상에서 사라진 것이다. 여기서 그 우여곡절을 자세히 설명하기는 어렵지만 여하튼 18세기 폴란드의 운명은 당시 유럽에서 절대왕정을 형성하지 못한 나라의 귀결을 보여주는 대표적 사례로 꼽힌다.

공업화, 독립, 대공황

세 나라의 지배를 받던 폴란드는 1918년에 독립한다. 폴란드 지역의 공업화는 1890년대에 러시아 시장에 수출할 기회에 반응하여 시작되었다. 성장률은 1인당 생산기준으로 러시아보다 2배 높았다.

1차 대전 이후 제국에 속했던 각 지역이 경제적 요인을 고려하지 않고 민족자결주의에 따라 분할되면서 국제 분업 질서가 파괴되었다. 새로 독립한 폴란드도 볼셰비키혁명 후 러시아 시장이 사라져 무역이 급감했다. 슐레지엔 문제로 독일과 관세전쟁(1925~1934년)을 겪었다. 전후 엄청난 인플레이션으로 생산이 위축되어 1929년에도 1913년 수준을 회복하지 못했다. 1930년대 대공황 시기에는 금본위제를 늦게까지 유지하느라 은행 위기를 맞았다. 정부가 은행들을 인수해 대규모 은행공황은 피할 수 있었으나 금본위제를 고수하느라 오랜 기간 침체에서 벗어나지 못했다. 금에 고정된 통화가치를 유지하기 위해 긴축정책을 써야 했기 때문이다. 금본위제를 포기한 후 정부는 경제를 시장에 맡기지 않고 국유화를 추진하면서 바르샤바, 크라쿠프, 르부프를 잇는 산업 지대를 조성했다.(4개년 계획, 1936년)

공산화와 체제 붕괴, 그 이후

2차 대전 때 폴란드는 또다시 독일에 점령당했다. 2개의 폴란드 임시정부가 런던과, 소련 지배하의 폴란드에 만들어졌다가 통합되었

　　　　　　　　　　　　　　중부 유럽 경제사

다. 1947년부터 공산주의자가 정부를 완전히 장악하여 계획경제 체제를 구축했다. 폴란드는 '해방군' 소련의 압력을 받았고, 독일에 저항했던 폴란드 세력이 사회주의 색채를 띤 점, 독일인과 친독파 소유 재산의 몰수 사건 등을 겪느라 국유화, 공산화 작업이 별로 어렵지 않았다. 폴란드에서 노동은 의무였고 이직은 금지되었다. 노동조합은 본래의 기능을 상실하고, 당의 명령 전달 기구가 되었으며 시장가격은 소멸했다. 공업화 추진으로 1950년대의 성장은 빨랐다.

스탈린 사망 후 폴란드도 탈바꿈하기 시작했다. 유고식 개혁 정책을 추종하여 농업 집산화에서 자작제로 복귀했다. 1960년경 노동자의 58퍼센트만이 사회주의경제 부문에 종사했고 국내 생산의 60퍼센트만 국유 경제 부문에서 생산되었다. 강제 납품제, 착취 가격제가 존속했다. 농민은 농기계를 직접 구입할 수도 없었다. 농업이 일종의 준準생계형으로 전락하면서 집단농장 때보다 사정이 더 참담해졌다. 급격한 중공업화로 노동계급의 힘이 커져서 노동운동이 진전되었다(1956년). 하지만 1960년대 고무우카 시대의 개혁 정책은 그다지 성공적이지 못했다.

1970년대 초 기에레크 정부의 5년간 투자가 133퍼센트 증가했다. 1975년까지 폴란드의 GNP는 29퍼센트 증가했다. 그런데 과열 경제 내에서 진부한 전통산업을 확대했다. 폴란드는 에너지 수출국에서 수입국으로 전락했고, 자유시장경제와 교역을 확대하면서 코메콘 국가들과의 교역 규모는 줄었다. 1970년대 후반 이들 무역의 절반 이상이 자유시장경제와 이루어졌다. 이 상황에서 적응력이 부족하여 교역 조건이 급락했다. 기술력을 토대로 한 수출산업 육성이 어려워 위기에 빠졌다. 1981년, 1982년에 폴란드 경제의 성장률은 각각 -10퍼센트, -4.8퍼센트였다.

코메콘 회원국들은 전통적으로 고성장 정책을 추구하다 무역적자 악화에 직면했다. 이때 넘쳐나는 오일 머니를 차입하면서 외채의 덫에 빠졌다. 1990년까지 폴란드의 채무는 420억 달러로 불어나 폴란드 총수출 소득의 5배가 되었다. 폴란드 화폐소득의 40~75퍼센트가 채무 원리금 상환에 충당되었다. 저금리 차입이 불가능했고 이자율이 급상승했다(14~16퍼센트). 과거 채무의 상환을 위해 새로운 차입이 필요했지만 지급불능 상태가 되어 채무 재조정을 신청해야 했다.

소련의 통제 완화 이후 폴란드 개혁 정책이 활기를 띠긴 했으나 폴란드에서 1980년대 말까지 비시장적 스탈린식 중앙 계획경제의 기본 성격은 유지되었다. 폴란드 정부는 주기적으로 물가를 올림으로써 기본 생계비에 대한 보조금을 삭감하려 했고, 이런 시도를 둘러싸고 정부와 노조가 대결했다. 연대자유노조^Solidarność가 1980년대 말에 반反자본주의적이 아니라 반反사회주의적으로 승리하며 결국 체제는 붕괴했다.

폴란드의 새 정부는 시장 메커니즘과 사유재산제로 신속하게 이동했다. 가격통제를 폐지하고 통화제도도 개혁했다. 1989년 이후 코메콘 시장이라는 방어벽이 없어졌다. 폴란드를 비롯한 동유럽 국가들은 세계시장으로 내몰리면서 선진 공업국과 경쟁해야 했다. 동유럽 전체 GDP는 25~30퍼센트 감소, 생산량은 30~40퍼센트 감소, 실업률은 0퍼센트에서 13~20퍼센트까지 상승했다. 폴란드는 하이퍼인플레이션(1990년)으로 물가 상승률이 600퍼센트에 달하고

1인당 GDP는 급락했다. 1990년대 초 동유럽은 서유럽 경제와의 격차가 확대되었으나 1990년대 중반에 기술, 구조 근대화, 자본과 노하우 수입으로 상당 수준 개선되었다. 충격요법으로 물가 안정을 달성한 폴란드는 1992년 이후 노동생산성이 빠른 속도로 증가하고 있다.

13장

러시아:
공룡 같은 차르

소련의 스탈린 체제, 그 이전 러시아 역사 속에 스탈린주의가 용인될 만한 근거가 오랜 세월 자라온 것은 아닐까. 러시아 역사를 들여다보면 배경이 전쟁과 영토 팽창인 무대에 차르, 귀족, 농노, 세 배우가 너무 오래 머물러 있는, 단조로운 무성 기록영화를 보는 것 같다.

제정러시아

지속되는 농노제

동유럽의 사회구조는 중세 이래로 서유럽보다 불안정했다. 새로운 농업기술이나 사회조직 등도 서유럽보다 늦게 도입되었다. 서유럽은 상업도시와 도시 부르주아가 일찍 성장했으나 동유럽은 그러지 못했다. 14세기에 흑사병 등으로 유럽 전역에서 인구가 급감하자 애초에 인구도 희박하고 노동력이 부족했던 동유럽에서는 지배자들이 농민을 더 억압했다. 도시의 자치권도 허용하지 않았다. 상업도시가 취약했다는 것은 무제한적 소유권 개념이 발달한 로마법이나 시민권이 번성할 여지가 없었다는 뜻이기도 하다.

15, 16세기에 폴란드, 보헤미아, 헝가리, 독일(엘베 강 동쪽) 등지에서는 왕정이 허약하거나 붕괴하여 왕은 농민 문제에 관한 토지

귀족의 요구에 대항할 수 없었다. 즉 서유럽에서는 이미 사라진 농노제가 동유럽에서는 귀족의 봉건적 반동과 함께 새로 도입되거나 강화되었다. 채무 농민을 토지에 묶어두고 부역 증대, 농민 이동 금지 등이 진행된 것이다.

서유럽에서는 국민국가의 초기 형태인 절대왕정이 상품화폐경제의 성장과 함께 발달했다. 동유럽 절대왕정은 서유럽의 압박에 대처하는 과정에서 형성되어 군사적 성격이 강했다. 군대 조직도 갈수록 확대되고 전문적이었다. 서유럽과 동유럽 절대왕정의 발생상의 차이는 결과도 다르게 만들었다. 서유럽에서 절대왕정은 빠르면 18세기부터 입헌주의로 접어든다. 동유럽의 권위주의적 절대국가에서는 귀족이 여전히 강력했고, 합의를 거치지 않은 징세, 대외 전쟁만이 아니라 국내 치안 유지까지 맡는 상비군, 왕의 자의적 외교 수행 등 '전근대적' 특징이 20세기까지 존속했다.

러시아 역사는 크게 보아 이러한 동유럽 유형으로 분류된다. 중세 때 러시아는 서유럽과 유사한 진로를 걷기도 했다. 즉 동부 슬라브족이 그리스정교로 개종했고, 키예프공국은 그리스정교를 국교로 택했다. 단일 왕조의 왕 아래 정치적(즉 종교적)으로 통일된 영토가 존재하게 된 것이다(11세기). 이 영역 내에 토지 재산에 기반을 둔 보야르 귀족과 촌락공동체로 구성된 농민층이 있었다. 야로슬라프 대제(재위 1019~1054년)가 죽은 후 이 지역은 여러 정치 단위로 분할되기 시작했다.

이색적인 몽골족 지배

이후 키예프공국은 칭기즈칸의 몽골에 정복당했다. 몽골족은 이 지역 왕들을 그대로 유지시킨 채 이들의 봉사를 이용하면서 공물을 거두거나 슬라브인을 노예로 삼았다. 세금 납부와 봉사를 가장 잘한 왕에게는 대왕이란 칭호를 붙여주었다. 1252년경부터 모스크바 왕들은 곳곳의 저항을 분쇄해가며 몽골 지배자 칸^{khan}에게 열심히 조공을 바쳤다. 그 보상으로 모스크바 왕이 세습 대왕의 지위에 올랐다. 이후 모스크바 왕들은 그들과 경쟁하는 다른 왕들을 제압하고 결국 몽골인 최고 지배자 자리를 대신하게 되었다.

차르 시대의 시작

몽골에게 지배당한 경험으로 이 일대 정치가 완전히 개조된다. 이반 3세(재위 1462~1505년)는 노브고로드를 정복하여 토지를 몰수하고 몰수한 토지의 반 이상은 자신이 차지했다. 나머지는 차르 군대에 봉사한다는 조건으로 신흥 봉사 귀족에게 분배했다. 모스크바왕국 전역에서 농민의 이동이 제한되었다.

이반 4세(재위 1533~1584년)는 차르 칭호를 공식화했다. 친위대를 창설하여 몰수했던 토지를 이들에게 제공하고 상비군을 만들었다. 몽골 잔당을 제거하고(1552~1556년) 보야르 귀족의 세습 사유 재산과 신흥 귀족의 봉사 조건부 보유 토지 간 구분을 없앴다. 수도원을 제외한 모든 토지 보유자에게 국가에 대한 군사적 봉사의 의무를 부과했다(1556년). 대귀족회의는 약화되고 소토지 귀족을 대변하는 의회 젬스키소보르가 소집되었다. 봉사 귀족은 차르에 대항할 권리가 없었다. 대신 농민에 대한 과세권을 공식적으로 보유했다.

리보니아전쟁(1558~1583년)으로 황폐해진 러시아에서는 객관적 기준이 없는 통치가 자행되었다. 친위대는 보야르 귀족 가운데 일부를 골라 괴롭히고 약탈했다. 귀족은 농민에게 점점 더 많이 요구했고 이를 견디다 못한 농민 도주가 빈번해졌다. 그러자 러시아 내 모든 농민에 대한 이주 금지 법령이 공포되었다(1581년, 1592년).

이반 4세는 러시아 내 도시의 상인, 장인 등까지도 차르의 소유물로 간주했다. 상인과 장인을 도시와 그 직업에 고정시켰다. 도시인의 일과 재산에 대한 보장은 없었다. 누구든 차르 요구에 따라야 했다. 잘되는 사업은 차르가 몰수해 독점했다. 즉 도시도 중산층도 성장할 수 없었다.

이반 4세와 그를 이을 아들까지 죽은 후 차르의 인척간 암투, 스웨덴, 폴란드의 모스크바 점거, 농민과 연대한 코사크 반란 등이 일어났다. "진정한 차르", 이주의 자유, 세금 경감, 농노에 대한 속박 완화 등이 이들의 요구 사항이었다. 반란은 진압되었다. 위기를 느낀 귀족은 귀족 간 분쟁을 멈추고 이반 4세의 조카손자인 미하일 로마노프를 세습 차르로 선출했다. 차르 독재가 부활하고 농노제가 강화되었다. 이후 젬스키소보르는 소멸하고 귀족의 군사적 봉사 의무는 상당히 완화되었다. 코사크 반란(스텐카 라진의 난)이 또 일어났다(1671~1672년). 이 난 역시 진압되지만 그 여파로 농노제가 더욱 강화되었다. 1689년 무렵까지 귀족에게 최고의 급선무는 차르 체제를 유지하여 농민을 통제하는 것이었다.

표트르 대제의 절대왕정

표트르 대제(재위 1682~1725년) 때 러시아는 절대왕정 단계에 돌입한다. 표트르 역시 예전 차르의 전통을 이어받아 군사력 증강과 영토 팽창에 관심이 높았다. 그는 권력을 장악한 후 구식 군대를 해체하고 신식 상비군을 만들었다. 러시아는 오랜 북방전쟁(1700~1721년)에서 마침내 스웨덴에 승리하여 서유럽을 향한 통로를 확보했다. 표트르 대제는 학교 건설, 의무교육, 관료제 정비, 인구조사 등을 실시하고 교회를 국가에 예속시켰으며, 노예와 농노를 통합시켜 주인에게 인신적으로 예속된 농노로, 자유민은 국가의 농노로 만들었다. 끝없는 전쟁 비용 마련, 군대 유지 등을 위해 농노에게 엄청난 부역과 중과세가 지속되었다.

　근대화를 추구했던 표트르는 서구 문명에 관심이 많았다. 변장한 채 직접 유럽 순방길에 오르는가 하면 서방세계의 많은 기술자, 전문가를 러시아에 초빙하기도 했다. 러시아의 서구 문화 접촉과 함께 러시아 역사에서는 오랜 세월 서구파와 슬라브파가 대립할 시초가 마련되었다. 차르 개인의 이익이 아닌 국가이익, '공통의 선' 같은 새 개념도 이 시기에 처음 등장한다. 이 공통의 선이 무엇인가는 차르 단독으로 정했다. 표트르는 자신의 정치 이념을 건축에 반영한 근대적 도시(상트페테르부르그)도 건설했다. 그에게 근대성이란 넓고, 곧고, 돌로 포장된 거리, 모양이 통일된 형태로 늘어선 집, 큰 공원, 하수 시설, 석조 다리, 가로등 등을 뜻했다.

러시아의 여걸, 예카테리나 여제

표트르 대제는 자신의 정책을 가장 잘 계승할 사람을 후계자로 정하기 위해 왕 세습제를 폐지했다. 그 결과 한동안 권력 찬탈이 벌어지다가 표트르 대제의 막내딸 엘리자베타가 왕위를 계승했다. 그녀는 후계자를 조카 표트르로 정하고 프로이센과 작센 사이의 작은 공국 출신 예카테리나를 부인으로 맞게 했다. 이 표트르 3세는 7년

전쟁 말에 프로이센에 대한 공격을 중지하면서 암살당했다. 예카테리나가 왕위를 이었다(재위 1762~1796년). 예카테리나는 당시 서유럽에서 유행하던 계몽주의적 절대왕정이 최선의 정부 형태라 여기고 서유럽 문화 수용, 신교육, 교회 영지 환속, 통화안정, 제철업 육성, 무역 장려 등에 힘썼다.

일이 순조롭지만은 않았다. 코사크 병사 출신인 푸가초프가 반란을 일으킨 것이다(1773~1775년). 푸가초프는 스텐카 라진처럼 스스로 '진정한 차르'임을 선언하고 농노제, 세금, 군 복무 폐지를 '발표했다'. 하지만 귀족이 이끄는 예카테리나의 정규군을 당할 수 없어 결국 진압되었다. 이 반란으로 예카테리나는 개혁에 대한 환상을 버리고 귀족에게 완전한 농노 통제권을 부여했다. 우크라이나에 농노제를 확대하고, 귀족에게 납세와 봉사를 영구히 면제하는 특권을 부여했다(1785년).

대외적으로 예카테리나는 몽골, 타타르족, 캅카스 정복을 시작했다. 프로이센, 오스트리아 등과 함께 폴란드를 3차례에 걸쳐 완전히 분할해버렸다(1772~1795년). 강력한 절대왕정을 창출한 러시아는 영토를 크게 넓히면서 동유럽의 강대국으로 부상했다.

19세기에 러시아제국은 국제적으로 반혁명counter-revolution의 수호자였다. 다민족으로 구성된 제국이라서 민족자결 이념은 체제 전복적인 것으로 간주되었다. 폴란드 민족 봉기(1830년)도 헝가리 봉기(1849년)도 진압했다. 1848년까지도 유일하게 민중 봉기의 영향을 받지 않은 전제국가 러시아는 귀족 내 등급 체계를 고스란히 관료제 직급에 일치시키고서 이 가운데 일정 등급 이상의 고위직은 세습되는 체계를 1917년까지 유지했다.

중부 유럽 경제사

근대화를 위한 개혁

크림전쟁(1854~1856년)에서의 패배를 계기로 러시아제국 내에서도 근대화의 필요성이 부각되었다. 재판 절차의 자유화, 젬스트보(농촌 귀족의 자치 기구)와 도시 자치회, 개병제 등이 도입되었다. 국가가 군대를 재조직하려면 농민을 귀족이 아닌 국가가 직접 통제할 필요가 있었다. 이에 따라 알렉산드르 2세가 농노해방령(1861년)을 선포하여 모든 농노는 인신적으로 해방되었다. 이때 토지에 묶인 농노는 농노 지위에서 벗어날 수 있는 비용이 너무 높게 책정되었다. 즉 농노가 해방되면서 경작하던 땅 절반을 받지만, 그러기 위해서는 그 땅에 대해 높은 가격을 지불해야 했다. 그래서 농민 대부분은 결국 땅에서 벗어날 수 없었다.

토지개혁을 할 때 농민에게 토지가 분배되었으나 토지 규모가 너무 작아 농업이 영세화되었다. 또한 토지 소유 방식은 집단적이었다. 생산된 물량 가운데 국가에 지불해야 할 몫도 촌락 가구 전체가 단체로 책임졌다. 그렇게 하면 촌락이 사회의 한 단위로 정착되고, 토지를 갖지 못한 농민층 생성이 방지되리라고 정부는 생각했던 것이다. 하지만 실제로는 농민을 토지에 계박하고 도시에서 일하던 농노까지 촌락으로 끌어들이는 사태가 벌어졌다. 노동 절약적인 기술혁신이나 농업 생산성 향상이 이루어지기도 어려웠다. 농민 경제는 불안해지고 후진성을 면치 못하게 되었다.

알렉산드르 2세가 암살되자(1881년) 알렉산드르 3세는 극도로 반동적인 정책을 취했다. 1905년까지 정치적 근대화는 거의 이루어지지 못했다. 영토 팽창 사업은 여전히 지속되어 러시아는 블라디보스토크, 중앙아시아를 흡수하고 폴란드, 핀란드 지역을 러시아화하는 작업도 강화했다.

공업화

1860년대 이후 정부가 민간 철도회사를 지원하면서 러시아에도 철도 건설 붐이 일었다. 이 덕에 더 많은 곡물 수출이 가능해지고 근대화를 위한 현금이 확보되었다. 모스크바, 페테르부르그 주변에 공업지대가 형성되고 근대적 공장 노동자 층도 서서히 생겼다.

공업발전으로 군사력이 강화되면서 러시아는 또다시 남동부로 영토 팽창을 추진했다. 이러한 팽창정책이 러시아 내셔널리스트와 우파를 자극했고 이들은 정부의 강력한 지지자가 되었다. 또한 마르크스주의가 확산되면서 혁명운동으로 발전하기 시작했다(1890년 이후).

러시아의 공업화는 1890년쯤 정점을 이루며 직물업, 주로 군사력과 관련된 중공업, 운송 부문에서 성과를 거두었다. 러시아에는 예로부터 공업화가 가능하지도 바람직하지도 않고 농업만으로도 살 수 있다는 주장이 분분하기도 했으나, 재무장관 비테^{Witte}(재임 1892~1903년)는 공업화 수준이 낮으면 결국 국가가 위협받는다고 생각했다. 그는 서유럽을 따라잡기 위해 서유럽의 기술, 자본을 대거 유치했다. 시베리아 횡단철도 건설, 우크라이나 동부의 철, 석탄 공업 육성, 유치산업을 위한 높은 보호관세 도입도 추진했다. 1900년 무렵 러시아의 철 생산은 미국, 독일, 영국 다음으로 많았다. 러시아의 석유공업은 미국에 근접했고, 세계 석유의 절반 정도를 생산, 정제했다. 특정 부문의 공업화 면에서 서방세계를 따라잡기 시작한 것이다.

1905년혁명

1905년혁명 이후 의회^{Duma}, 헌법이 도입되었으나, 의회는 해체되고 선거권도 지주에게 노동자 500명에 해당하는 선거권을 부여했으므로 헌법은 무의미했다. 장관은 의회에 책임지지 않았고 법은 국가가 자의적으로 공포했다.

스톨리핀^{Stolypin} 총리가 추진한 농업 개혁은 의미심장하다. 그동안 촌락공동체는 공동체의 결정에 따라 토지를 주기적으로 재분배해왔었다. 스톨리핀은 이러한 촌락에 속한 토지 소유권을 제거하고 토지를 농민의 세습 보유지로 전환시켰다. 기업가적인 농민을 지원하여 부농^{Kulak}이 형성되게 했다. 그리하여 농민 생활과 소비가 다소 호전되고 러시아 역사에서 최초로 농민의 재산 처분권과 이주권이 생겼다.

국가는 국가의 농업 지배는 포기하면서 공업에 대한 국가 입지는 강화했다. 국가가 직접 공업 투자를 하고 광산, 제철소 등을 소유했다. 군비 투자 비중이 국가 예산에서 2위였고 토목공사 발주의 3분의 1이 국가 발주였다.

적어도 1914년까지는 러시아도 부분적으로나마 독일과 유사하게 시장경제가 발달해갔다. 러시아는 아직은 농업에 기초하되 공업화가 진전되는 경제를 다스리는 보수적 입헌군주제 나라였다. 물론 이것은 러시아 역사를 바라보는 시각에 따라 달리 주장되기도 한다. 즉 명목상으로만 입헌군주제였지 실제로는 차르 체제의 조직 원리에 따라 지배계급의 질적 변화 없이 존속하는 독재체제였다는 것이다.

러시아혁명 이후: 유토피아?

19세기 말 부상하던 러시아의 경제 흐름이 혁명으로 단절되지 않았다면 러시아도 서방세계와 같은 길을 걸을 수 있었을까? 그런데 1차 대전이 없었어도 그 혁명이 성공할 수 있었을까? 소유, 계약, 법치국가 경험의 역사가 일천하고, 소련 붕괴 후 범죄, 정치부패가 극심하여 향후 러시아는 풍부한 자원 보유국인데도 국가적 잠재력이 불투명하다.

러시아의 공산화

1차 대전이 한창이던 1917년 3월 페트로그라드에서 공장 노동자의 파업과 폭동이 일어났다. 하지만 군대는 이를 진압하려 하지 않았다. 황제 니콜라이 2세는 페트로그라드에 자유주의적 임시정부가 수립되었다는 소식을 전선에서 들었다. 결국 로마노프왕조는 종말을 고했다.

스위스에 망명 중이던 반전론자 레닌이 밀봉密封 열차를 타고 페트로그라드에 들어왔다. 러시아를 연합국 전선에서 이탈시키고 싶었던 독일이 마련해준 열차였다. 레닌은 볼셰비키를 지휘하면서 임시정부에 대한 쿠데타 시도, 실패, 재망명 등의 우여곡절 끝에 트로츠키와 함께 결국 정부를 접수하는 데 성공했다(1917년 11월). 독일의 지원을 받은 볼셰비키 정부는 독일에 우크라이나, 발트 해연안 지대, 핀란드를 양도한다는 조건으로 독일과 단독 휴전하고 (1918년), 1차 대전 도중 연합국 대열에서 이탈했다. 영토 양도는 러시아 인구의 상당 부분과 철, 석탄 생산의 대부분을 상실한다는 뜻이었다.

볼셰비키는 이름을 러시아공산당으로 바꾸고 토지 몰수, 국유화를 추진했다. 이때 반反볼셰비키군과 4년에 걸쳐 내전을 치르면서 귀족들을 철저하게 추방하거나 몰살했다. 이로써 러시아는 그나마의 인적, 물적 자산을 완전히 상실했다. 대외적으로는 소비에트 정부의 단독 휴전에 분노한 연합국의 간섭에 몹시 시달렸다. 산업 총생산, 석탄, 전기, 농업 생산이 급감했다.

전기가 근대화의 상징이던 당시 선진 산업국의 유행에 따라, 레닌도 국가전화위원회GoElRo(최초 계획 수립 기관)를 만들어 전기화를 추진했다(1920년). 소련이 망할 때까지 존속하게 될 국가계획위원회Gosplan도 설치되었다(1921년). 참담하게도 하이퍼인플레이션, 통화제도 붕괴가 이어졌고 식량 독재, 강제 배급제가 도입되었다. 이 전시공산주의는 러시아 경제를 한층 더 손상시켰다. 공산당은 '계급의 적'만 파괴한 것이 아니라 경제까지 다 파괴해버린 것이다.

레닌의 신경제정책과 그 한계

레닌은 신경제정책NEP으로 전환하여 민간경제활동을 다소 허용했다. 정치적 측면에서 신경제정책은 혁명정부가 소련 인구의 압도적 다수인 농민과 일시적으로 타협한 사건이다. 당시 정부를 전복할 가능성이 있는 유일한 세력으로 남은 게 농민이었다. 경제적으로는 사실상 시장제도를 다시 받아들인다는 뜻이었다. 전시공산주의에서 국가자본주의로 후퇴한 것이다. 국가의 최우선 과제는 대대적인 공업화였다. '화폐가 없는 경제'라는 이상理想은 무기한 보류되었다. 국립은행Gosbank이 다시 문을 열고 20퍼센트의 금준비로 새 안정통화^{chervonets}도 발행되었다. 민간 경영의 비중이 높아지면서 산업 생산과 농업 생산이 전쟁 전 수준에 이르렀다(1926년). 새로 늘어난 사회적 혜택을 감안하면 도시 노동자의 생활도 과거보다 나아졌다.

그렇다고 해서 여기에 큰 의미를 둘 수는 없다. 그 시기 소련은 1913년 때처럼 여전히 압도적으로 농촌 사회였다. 이용할 수 있는 다른 투자나 노동의 원천이 전혀 없었다. 당시 러시아에는 1917년 혁명을 프롤레타리아혁명이라 이름 붙이기도 민망할 만큼 이렇다 할 공업 프롤레타리아가 없었다.

이후 신경제정책은 지속될 수 없었다. 열심히 돈을 더 벌어 살 만한 소비재가 생산되지 않는 경제에서 노동자들이 굳이 더 많은 임금을 벌기 위해 생산성을 높일 필요가 없었던 것이다. 또한 농민이 곡식을 내놓으려 하지 않았기 때문에 도시는 식량을 얻을 수 없었다. 차르 시대에 지주가 농노를 쥐어짜내어 가능했던 곡물 수출마저 사라졌다.

통화팽창과 가격통제를 동시에 추구한 것이 가장 큰 문제였다. 그 결과는 제조업품 품귀 현상과 농민의 곡물 방출 기피였다. 그러한 경제 원리를 이해하지 못하고 신경제정책이 운영된 것이다. 신경제정책에 대한 반대파의 맹렬한 공격이 시작될 즈음 레닌은 병사하고(1924년) 암투 끝에 스탈린이 권력을 장악했다.

스탈린: 처절한 농업 집산화

신경제정책이 종식되고(1929년) 계획경제가 본격적으로 시작되었다. 농업 집산화(1929년부터 추진)야말로 계획의 주요 내용이다. 신경제정책이 붕괴한 것은 결국 나라에서 필요한 곡물을 농민에게서 얻을 수 없었기 때문이었다. 이에 더해 스탈린은 공업화에 전력투구하기 위해 필요한 총투자 액수를 농민의 존재가 잠식한다고 판단했다. 스탈린의 새로운 방식에 따라 모든 농민은 토지와 가축을 포기하고 강제로 집단농장에 소속되어 국가가 바라는 산출을 내야 했다. 토지는 팔 수도 살 수도 없고 생산물도 정부를 거쳐서만 판매되었다. 부농은 재산은 물론 다 뺏기지만 집단농장 편입마저 허용되지 않았다. 대부분은 굶어 죽거나 '재교육'받기 위해 수용소로 보내졌다. 실은 거의 모든 농민이 가난했으므로 그 당시 '쿨락'이란 말은 스탈린 체제에 저항하는 농민이란 뜻이 되었다.

집단농장이 더 나을 것도 없었다. 경영 미숙과 혼란이 이어지고 농산물 강제공출로 농민은 더욱 피폐해졌다. 집산화 과정에서 죽은 농민 수는 1,000만 명, 즉 1차 대전 때의 총사망자 수보다 많았다. 스탈린이 우크라이나 집단농장의 곡물을 과도하게 공출하여 600만 명이 굶어 죽는, 인간이 만든 대기근(1932년)도 발생했다. 1930년대에 소련이 겪은 심각한 재난은 무리한 집산화에서 초래된 것이었다. 서방세계의 대공황과는 본질적으로 달랐다.

집산화는 결국 새로운 실험(사회주의) 추진 비용을 농민이 부담하게 한 작업이었다. 농민 가구의 93퍼센트까지 집산화되면서(1938년) 이미 낮은 농업 생산성이 더욱 낮아졌다. 이제 농민은 스탈린과 공산당에게 더 이상 잠재적으로조차 위협 집단이 되지 못했다. 농민에게는 소규모의 가족 텃밭이 허용되었다(1938년). 그러자 총경작지의 4퍼센트 규모 텃밭에서 총농업 생산의 22퍼센트가 산출되었다. 신경제정책 때의 생산 수준을 회복한 것은 1940년이다. 1960년대 초에 엄격한 스탈린주의는 소멸하고 집단농장의 독립성이 확대되며 일부에서 강제공출제가 폐지되었다. 그러나 1970년대 초부터 소련은 계속 총수요의 4분의 1 수준까지 세계 곡물 시장에 의존했다. 요컨대 소련은 비효율적인 소농 농업을 막대한 비용을 들여 역시 비효율적인 집단 농업으로 바꿨던 것이다.

농업 희생을 통한 소련 공업의 놀라운 성공

스탈린 체제의 공업은 농업에 비하면 성공적이었다. 이 급성장의 핵심은 무엇인가? 스탈린은 농산물에 낮은 가격을, 농민에 판매되는 상품에는 높은 가격을 적용했다. 이러한 협상鋏狀 가격 체계로 축적된 엄청난 자본과 무제한 수준의 노동력(필요할 때마다 집단농장에서 충원)을 공업에 집중 투입한 것이다. 1937년 공업 생산량이 1928년의 4배에 달했다. 이 성장은 중공업과 에너지 생산이 주도했다. 시베리아 서부의 완전 불모지에 중공업 단지가 대거 조성되고 여기에 총투자가 집중되었다. 투자율이 매우 높아 순수입의 3분의 1 이상이 투자되었고 특히 철강 생산, 국방비 지출이 서방세계에 비해 월등히 높았다.* 참으로 무모한 투자였다. 엄청난 투자 몫을 빼고 남은 것으로 소비했으므로 생활수준은 향상되지 않았고 소비재공업의 성장은 매우 굼떴다.

계획된 혼란

소련의 계획은 '영구불변가격' 개념을 기초로 한 것이었다. 계획,

---

* 국방비는 1928~1937년에 GNP의 1퍼센트에서 6퍼센트로 증가했다. 1938~1939년에 소련이 지출한 군비는 독일의 군비 지출을 능가했다. 같은 기간 영국의 국방비 지출은 GNP의 0.5퍼센트, 미국은 0.3퍼센트에 그쳤다.

소비 양측을 단순화하기 위해 가격은 고정되었다. 하지만 계획도 시장에서 수요, 공급에 따라 형성된 시장 신호(가격)가 있어야 가능하다. 정부가 자원을 '공정히' 배분하기 위해 시장 기능을 파괴하면 가격, 임금, 이윤은 시장 신호가 아니라 단지 양적 표시에 불과하다. 이에 따라 계획이 불가능해진다.

여하튼 소련의 계획자들은 그저 '가격'을 원자재 이하로 낮추고 그 차이는 계속 보조금으로 메웠다. 보조금은 혁신이 아니라 예산 적자를 야기했다. 특성과 품질이 미리 정해진 제품 생산고를 계속 늘리도록 촉구할 뿐 품질 향상, 기술혁신을 위한 메커니즘은 없었다. 공장 설계는 주로 해외의, 특히 대공황 시기에 실직한 미국의 고급 엔지니어가 맡았다.

생산 목표액은 비용에 대한 고려 없이 정해졌다. 계획자는 기업이 팽창해야 원자재를 공급했다. 자본은 기업에 무상으로 할당되었다. 기업은 삭감을 예상하여 필요 이상으로 자본을 요청하고 이를 예상한 계획 당국은 그 액수의 30~40퍼센트를 무조건 삭감하는 숨바꼭질이 이어졌다. 기업이 자본을 축적하지 못하도록 이윤에는 대부분 중과세되었다. 정해진 시기에 목표를 달성하는 것이 이윤보다 중요했다. 국내 자원은 물론 수입 자원도 정부가 통제했다. 서방 세계와의 교역은 이데올로기적인 이유로 단절되었다.

신경제정책을 포기하고 새 계획을 담당하는 관료는 전문가에서 당에 충성하는 자로, 더욱 충성하는 자로 끊임없이 교체되었다. 1937년 초까지 각 관료직 절반이 3년 임기의 1년도 못 채우고 숙청되거나 떠났다. 10퍼센트만이 3년 임기를 마쳤다. 경영자는 목표 이행에 대한 보너스를 받았다. 품질 개선, 혁신에 대한 보상은 없었다. 경영자도 당에 충성하는 자 가운데에서 선발되었다. 숙청의 첫 번째 희생자가 엔지니어, 기업가였다. 전문성을 이용해 독자적인 경영 판단을 했다는 것이 숙청 근거였다. 처벌은 계획 이탈 방지를 위해 극심하고 공개적이었다.

그런데도 경제의 많은 부분이 이 혼란스러운 계획을 벗어나 작동했다. 1934년에 계획은 105개 상품에 대해서만 이루어지고 나머지 상품은 다른 대행 기관이나 시장을 통해 그때그때 할당 혹은 배분되었다. 이때 블라트^{blat}가 중요했다. 한국에서의 '백^{back}' 혹은 연줄과 유사한 의미의 이 블라트는 개인적 영향력을 이용해 원하는 것을 얻게 해주는 것이었다. 관료주의가 강하고 물자 부족은 극심한데 이 블라트만 있으면 거의 모든 일상생활에서 안 되는 일이 없을 정도였다. 물물교환도 성행했다(1930년 모스크바의 물물교환 대행소는 2,500개로 추산). 블라트와 암거래는 계획 상품과 시장 상품을 기나긴 대기 행렬에 서지 않고 확보하는 수단이었다.

유토피아?

소련 계획경제의 목적은 무엇이었는가? '세계의 모든 악은 시장과 시장가격이 존재한다는 사실에서 유래한다. 이를 없애자. 마르크스가 재화와 노동의 상품성이라고 부를 만한 것을 폐지하자. 화폐 없이 노동에 대한 직접적 보상이 이루어지는 사회를 건설하자.'는 것이었다. 하지만 러일전쟁 패배의 기억이 생생하고, 공산화를 추구할 때 외국의 간섭을 간신히 모면하면서 기나긴 내전을 겪었으며, 중국 공산주의의 패배(1927년)를 지켜보면서 살아남은 소비에트공산당은 공업 발전이 국방력 강화에 맞춰져야 한다고 결론지었다

(1927년 12월). 스탈린 노선의 중요한 지침이 정해진 것이다.

평등주의 정책은 중단되었다. 노동자의 나라에서 노조는 권력을 거의 상실했다. 정부가 노동자에게 직업을 할당했다. 개인은 허가가 없이는 이주할 수도 없었다. 노동력이 필요하면 집단농장에서 무제한 충원되었다. 때로는 특정 지역 개발을 위해 장거리 집단 이주가 강제로 단행되기도 했다. 노동자가 누린 혜택은 노령연금, 무료 의료 서비스, 무료교육과 탁아 등이었다. 직종을 국가가 정해주었으므로 실업은 없었다. 주요 국가적 과제에 기여하는 기술, 경영 엘리트는 높은 보수와 특혜를 받으며 차르 시대의 귀족을 대신하는 신흥 상류층으로 떠올랐다. 조지 오웰이 『동물농장』에서 표현한 대로 '더욱 평등한more equal' 층이 생긴 것이다.

모든 것을 국유화하면 새로운 사회와 인간형이 출현하리라 믿은 스탈린의 실험은 1980년대까지 '존속'하다가 붕괴했다. 기본적으로 이 소련의 실험을 사회주의 경제계획이 가능함을 말해주는 사례라 할 순 없다. 그 계획이 그 기간이나마 '존속'할 수 있었던 것은 소련이 서방세계와 교역을 단절했다고는 하지만 엄밀히 말해 세계시장에서 생산요소, 원료, 가격이 존재하는 가운데 이를 참고하여 계획을 운용했기 때문일 것이다.

누가 무엇을 소유하는지 분명해야 사고파는 일이 가능하다. 서방세계에서도 시장경제로의 이행은 많은 고통을 수반하면서 중세 이래 오랜 세월에 걸쳐 이루어져왔다. 러시아 경제사에서 개인 소유권이 도입된 것은 20세기 초 스톨리핀 시절뿐이었다. 그만큼 러시아는 계약, 재산 소유, 법치국가에 대한 경험과 역사가 일천한 데다, 소련 붕괴 이후 범죄와 정치 부패가 더 극심해졌다. 그래서 풍부한 자원 보유국임에도 불구하고 국가적 잠재력은 불투명하다. 푸틴을 보면 현대판 차르 같기도 하다.

김철수 (2004), 『독일 통일의 정치와 헌법』, 박영사.

양동휴 (1986), "19세기 말 철강공업의 기술진보와 국제경쟁", 『한국과학사
학회지』 8-1.

_____ (1996), "바이마르 공화국 사회경제사 연구서설", 『경제논집』 35-2, 3.

_____ (1997), "나치 정권 초기 경기회복의 과정과 성격", 『경제사학』 22.

_____ (2004), "마셜플랜의 경제적 성과와 의의: 서독의 재건과 유럽통합의
추진," 『경제사학』 37.

_____ (2007), "연합국 점령하의 서독(1945-55)과 일본(1945-52) 경제: 지
역통합, 집단안보, 무역망 구축", 『국제지역연구』 11-1.

_____ (2009), 『대공황 시대』, 살림.

_____ (2012), "금본위제의 성립은 역사적 진화인가: 복본위제 단상", 『경제
논집』 51-1

오인석 (2002), 『바이마르 공화국—격동의 역사』, 삼지원.

정해본 (1991), 『독일 근대 사회경제사』, 지식산업사.

Abelshauser, Werner (2011), *Deutsche Wirtschaftsgeschichte. Von 1945
bis zur Gegenwart*, 2.Aufl. C.H. Beck.

Aldcroft, Derek H. (1995), *Economic Change in Eastern Europe Since
1918*, Edward Elgar.

Allen, Robert C. (2009), *Farm to Factory: A Reinterpretation of the Soviet
Industrial Revolution*, Princeton University Press.

Anderson, Perry (1974), *The Lineages of the Absolute States*, New Left

Books.

Aslund, Anders (2013), *How Capitalism Was Built: The Transformation of Central and Eastern Europe, Russia, the Caucasus, and Central Asia*, 2nd ed., Cambridge University Press.

Aubin, Hermann und Wolfgang Zorn (hrsg.) (1971), *Handbuch der Deutschen Wirtschafts-und Sozialgeschichte*, Ernst Klett Verlag.

Balderston, Theo (1993), *The Origins and Course of the German Economic Crisis, 1923-1932*, Haude & Spener.

_____ (2002), *Economics and Politics in the Weimar Republic*, Cambridge University Press.

Barraclough, Geoffrey (1984), *The Origins of Modern Germany*, W.W. Norton & Co..

Berend, Ivan T. (1996), *Central and Eastern Europe 1944-1993: Detour from the periphery to the periphery*, Cambridge University Press.

_____ (1998), *Decades of Crisis: Central and Eastern Europe before World War II*, University of California Press.

_____ (2003), *History Derailed: Central and Eastern Europe in the Long Nineteenth Century*, University of California Press.

_____ (2006), *An Economic History of Twentieth Century Europe*, Cambridge University Press, 이헌대, 김홍종 옮김, 『20세기 유럽경제사』, 대외경제정책연구원, 2008.

Berend, Ivan T. and Gyorgy Ranki (1974), *Economic Development in East-Central Europe in the 19th and 20th Centuries*, Columbia University Press.

Berend, Nora, Przemyslaw Urbańczyk and Przemyslaw Wiszewski (2013), *Central Europe in the High Middle Ages: Bohemia, Hungary and Poland, c.900-1300*, Cambridge University Press.

Berghoff, Hartmut, Jürgen Kocka and Dieter Ziegler (eds.) (2013), *Business in the Age of Extremes: Essays in Modern German and Austrian Economic History*, Cambridge University Press.

Bideleux, Robert and Ian Jeffries (2007), *A History of Eastern Europe:*

Crisis and Change, 2nd ed., Routledge.

Blum, Jerome(1961), Lord and Peasants in Russia from the 9th to the 19th Century, Princeton University Press.

Bochardt, Knut (1982), Wachstum, Krisen, Handlungsspielräume der Wirtschaftspolitik, Vandenhoeck und Ruprecht.

Brady, Thomas A., Jr. (2009), German Histories in the Age of Reformations, 1400-1650, Cambridge University Press.

Burhop, Carsten (2011), Wirtschaftsgeschichte des Kaiserreichs 1871-1918, UTB.

Bury, J.B. (ed.) (2011), The Cambridge Medieval History: vol. 3 Germany and the Western Empire, CreateSpace Independent Publishing Platform.

Butschek, F. (1985), Die Österreichische Wirtschaft im 20. Jahrhundert, Österreichisches Institut für Wirtschaftsforschung.

Cavaliero, Roderick (2013), Genius, Power and Magic: A Cultural History of Germany from Goethe to Wagner, I.B. Tauris.

Chandler, Alfred D. (1990), Scale and Scope: The Dynamics of Industrial Capitalism, Harvard University Press.

Chirot, D. (ed.) (1989), The Origins of Backwardness in Eastern Europe: Economics and Politics from the Middle Ages until the Early Twentieth Century, University of California Press.

Clark, Christopher (2006), Iron Kingdom: The Rise and Downfall of Prussia, 1600-1947, Belknap Press.

Conrad, Sebastian and Sorcha O'Hagan (2014), Globalisation and the Nation in Imperial Germany, Cambridge University Press.

Davies, R., Mark Harrison and S.G. Wheatcroft (1994), The Economic Transformation of the Soviet Union, 1913-1945, Cambridge University Press.

Drelichman, Mauricio and Hans-Joachim Voth (2014), Lending to the Borrower from Hell: Debt, Taxes, and Default in the Age of Phillip II, Princeton University Press.

Dukes, Paul (1997), *A History of Russia: Medieval, Modern, Contemporary, c.882-1996*, 3rd ed., Duke University Press.

Egremont, Max (2011), *Forgotten Land: Journeys among the Ghosts of East Prussia*, Farrar, straus and Giroux.

Feinstein, Charles H., Peter Temin and Gianni Toniolo (2008), *The World Economy between the World Wars*, Oxford University Press.

Fuhrmann, Horst and Timothy Reuter (1986), *Germany in the High Middle Ages: c.1050-1200*, Cambridge University Press.

Gaider, Yegor (2012), *Russia: A Long View*, MIT Press.

Geary, Dick (ed.)(1989), *Labour and Socialist Movements in Europe Before 1914*, Bloomsbury Academic.

Goldman, Minton F. (1997), *Revolution and Change in Central and Eastern Europe: Political, Economic, and Social Challenges*, M.E. Sharpe.

Good, David F. (1984), *The Economic Rise of the Habsburg Empire, 1750-1914*, University of California Press.

_____ (ed.) (1994), *Economic transformation in East and Central Europe: Legacies from the Past and Policies for the Future*, Routledge.

Götschmann, Dirk (2010), *Wirtschaftsgeschichte Bayerns: 19. und 20. Jahrhundert*, Pustet.

Häberlin, Mark (2012), *The Fuggers of Augsburg: Pursuing Wealth and Honor in Renaissance Germany*, University of Virginia Press.

Hacken, Richard D. (1987), *Central European Economic History from Waterloo to OPEC, 1815-1975: A Bibliography*, Greenwood Press.

Haden-Guest, Leslie Haden (2011), *The Struggle for Power in Europe, 1917-1921: An Outline Economic and Political Survey of the Central States and Russia*, Ulan Press.

Hagen, William W. (2012), *German History in Modern Times: Four Lives of the Nation*, Cambridge University Press.

Hahn, Hans-Werner (2011), *Die Industrielle Revolution in Deutschland*, Odenbourg Wissenschaftsverlag.

Heenan, Patrick and Monique Lamontagne (eds.) (1999), *Central and Eastern Europe Handbook*, Routledge.

Henderson, W.O. (1975), *The Rise of German Industrial Power, 1834-1914*, University of California Press.

Henning, F.-W. (1993), *Das Industrialisierte Deutschland 1914 bis 1992*, 8. Aufl., Schoeningh.

Hoffmann, Walther G. (hrsg.) (1971), *Untersuchungen zum Wachstum der deutschen Wirtschaft*, J.C.B. Mohr.

Innes, Matthew (2006), *State and Society in the Early Middle Ages: The Rhine Valley, 400-1000*, Cambridge University Press.

Jeffreys, Diarmuid (2010), *Hell's Cartel: IG Farben and the Making of Hitler's War Machine*, Holt Paperbacks.

James, Harold (1987), *The German Slump: Politics and Economics, 1924-1936*, Oxford University Press.

_____ (2001), *A German Identity*, Phoenix.

_____ (2012), *Krupp: A History of the Legendary German Firm*, Princeton University Press.

Janos, A.C. (1982), *The Politics of Backwardness in Hungary 1825-1945*, Princeton University Press.

Johnson, Lonnie (2011), *Central Europe: Enemies, Neighbors, Friends*, 3rd ed., Oxford University Press.

Kaser, Michael Charles and Edward Albert Radice (eds.) (1985, 1986), *The Economic History of Eastern Europe 1919-1975*, 2 vols. Clarendon Press.

Kitchen, Martin (1994), *Cambridge Illustrated History of Germany*, Cambridge University Press, 유정희 옮김, 『사진과 그림으로 보는 케임브리지 독일사』, 시공사, 2001.

Knortz, Heike (2010), *Wirtschaftsgeschichte der Weimarer Republik. Eine Einfürung in Ökonomie und Gesellschaft der ersten Deutschen Republik*, UTB.

Kocka, Jürgen (1983, 1997), *Lohnarbeit und Klassenbildung. Arbeiter und Arbeiterbewegung in Deutschland 1800-1875*, Dietz Verlag.

MacMillan, Margaret (2013), *The War that Ended Peace: The Road to 1914*, Random House.

Mamatey, Victor S. (1971), *Rise of the Habsburg Empire, 1526-1815*, Krieger Pub Co.

Mathias, Peter and Sidney Pollard (eds.) (1989), *The Cambridge Economic History of Europe*, vol. VII, Cambridge University Press.

Mitra, Pradeep K., Marcelo Selowski, and Juan F. Zalduendo (2009), *Turmoil at Twenty: Recession, Recovery and Reform in Central and Eastern Europe and the Former Soviet Union*, World Bank.

Mosse, W.E. (1996), *Economic History of Russia, 1856-1914*, I.B. Tauris.

Nipperdey, Thomas (2013), *Deutsche Geschichte 1800-1918: 1800-1866. Bürgerwelt und starker Staat. 1866-1918. Bd.1: Arbeitswelt und Bürgergeist. Bd.2: Machtstaat vor der Dem*, C.H. Beck.

Nove, Alec(1992), *An Economic History of the USSR, 1917-1991*, Pelican Books.

Otte, Thomas (2014), *July Crisis: The World's Descent into War, Summer 1914*, Cambridge University Press.

Overy, Richard J. (1996), *The Nazi Economic Recovery, 1932-1938*, 2nd ed., Cambridge University Press.

Overy, Richard J. and Sheilagh Ogilvie (eds.)(2003), *Germany: A New Social and Economic History Since 1800*, Hodder Arnold.

Pflanze, Otto (1971), *Bismarck and the Development of Germany*, vol.1: *The Period of Unification, 1815-1871*, Princeton University Press.

_____ (1990), Vol.2: *The Period of Consolidation, 1871-1880*, 2nd ed.

_____ (1990), Vol.3: *The Period of Fortification, 1880-1898*, 2nd ed.

Pierenkemper, Toni, T. Pierenkemper and R. Tilly (2005), *The German Economy During the Nineteenth Century*, Berghan Books.

Pirenne, Henri (1925), *Medieval Cities: Their Origins and the Revival of Trade*, trans. by Frank D. Halsey, with a new introduction by Michael McCormick, Princeton University Press, 2014, 강일휴 옮김,

『중세 유럽의 도시』, 도서출판 신서원, 1997.

Porter, Anna (2011), *The Ghosts of Europe: Central Europe's Past and Uncertain Future*, Thomas Dunne Books.

Rothschild, Joseph (1974), *East Central Europe Between the Two World Wars*, University of Washington Press.

Rudolph, Richard L. (2008), *Banking and Industrialization in Austria-Hungary: The Role of Banks in the Industrialization of the Czech Crownlands, 1873-1914*, Cambridge University Press.

Schimmelfennig, Frank and Ulrich Sedelmeier (eds.) (2005), *The Europeanization of Central and Eastern Europe*, Cornell University Press.

Scribner, Bob (ed.) (1996), *Germany: A New Social and Economic History*, 3 vols, Hodder Arnold.

Simms, Brendan (2013), *Europe: the Struggle for Supremacy from 1453 to the Present*, Basic Books.

Steiner, Andre (2010), *The Plan that Failed: An Economic History of East Germany, 1945-1989*, Berghahn Books.

Teichova, Alice (1997), *Central Europe in the Twentieth century: An Economic History Perspective*, Scolar Pr.

Wandycz, Piotr S. (2001), *The Price of Freedom: A History of East Central Europe from the Middle Ages to the Present*, 2nd ed., Routledge.

Watson, Alexander (2014), *Ring of Steel: Germany and Austria-Hungary in World War I*, Basic Books.

Webb, Adrian (2008), *The Routledge Companion to Central and Eastern Europe since 1919*, Routledge.

Wedgwood, C.V. (2005), *The Thirty Years War*, NYRB Classics.

Wehler, Hans-Ulrich (2008), *Deutsche Gesellschaftsgeschichte*, Band 1-5, C.H. Beck.

_____ (2014), *Die Deutschen und der Kapitalismus: Essays zur Geschichte*, C.H. Beck.

Wilson, Peter H. (2011), *The Thirty Years War: Europe's Tragedy*, Belknap Press.

Winkler, Heinrich August (2000), *Der lange Weg nach Westen*, Band I: *Vom Ende des Alten Reiches bis zum Untergang der Weimarer Republik*, Band II: *Vom <Dritten Reich> bis zur Wiedervereinigung*, C.H. Beck.

Zauberman, Alfred (1964), *Industrial Progress in Poland, Czechslovakia and East Germany*, 1937-1962, Camlot Press.

중부 유럽 경제사

지은이

양동휴

서울대학교(학사), 메릴랜드대학교(석사), 하버드대학교(경제학박사)에서 수학했으며, 런던정경대학(LSE), 베를린자유대학교, 캔자스대학교에서 연구교수를 지냈다. 1985년부터 서울대학교 경제학부 교수로 재직하고 있다. 주요 저서로 『미국경제사 탐구』(1994), Antebellum Agriculture and Other Essays(2003), 『20세기 경제사』(2006), 『양동휴의 경제사 산책』(2007), 『대공황 시대』(2009), 『세계화의 역사적 조망』(2012), 『유럽의 발흥』(2014), 『화폐와 금융의 역사 연구』(2015)가 있다.

김영완

이화여자대학교 사학과를 졸업하고 같은 학교 대학원에서 서양사 전공으로 문학박사학위를 받았다. 고려대, 연세대, 이화여대에서 가르쳤으며 다수의 논문을 집필했다. 『미완의 천국 하버드』(2003), 『제이콥의 손』(2008) 등 여러 번역서가 있다.

중부 유럽 경제사
서양 문명의 변방에서 떠오르는 경제의 심장으로

발행일	2016년 2월 29일 (초판 1쇄)
지은이	양동휴·김영완
펴낸이	이지열
펴낸곳	미지북스
	서울시 마포구 성암로 15길 46(상암동 2-120번지) 201호
	우편번호 03930
	전화 070-7533-1848 팩스 02-713-1848
	mizibooks@naver.com
	출판 등록 2008년 2월 13일 제313-2008-000029호

책임 편집	오영나
출력	상지출력센터
인쇄	한영문화사
ISBN	978-89-94142-54-8 03920
값	16,000원

· 블로그 http://mizibooks.tistory.com
· 트위터 http://twitter.com/mizibooks
· 페이스북 http://facebook.com/pub.mizibooks